国家社科基金
后期资助项目

RESEARCH
ON ENGELS' DIALECTICS
OF NATURE

恩格斯"自然辩证法"研究

赵江飞 著

上海社会科学院出版社
SHANGHAI ACADEMY OF SOCIAL SCIENCES PRESS

图书在版编目（CIP）数据

恩格斯"自然辩证法"研究 / 赵江飞著. -- 上海：上海社会科学院出版社，2024. -- ISBN 978-7-5520-4466-9

Ⅰ.A811.24

中国国家版本馆 CIP 数据核字第 202436SP07 号

恩格斯"自然辩证法"研究

著　　者：赵江飞
责任编辑：范冰玥
封面设计：裘幼华
出版发行：上海社会科学院出版社
　　　　　上海顺昌路 622 号　邮编 200025
　　　　　电话总机 021-63315947　销售热线 021-53063735
　　　　　https://cbs.sass.org.cn　E-mail：sassp@sassp.cn
排　　版：南京展望文化发展有限公司
印　　刷：上海龙腾印务有限公司
开　　本：710 毫米×1010 毫米　1/16
印　　张：13
字　　数：230 千
版　　次：2024 年 8 月第 1 版　2024 年 8 月第 1 次印刷

ISBN 978-7-5520-4466-9/A·016　　　定价：78.00 元

版权所有　翻印必究

国家社科基金后期资助项目
出版说明

　　后期资助项目是国家社科基金设立的一类重要项目,旨在鼓励广大社科研究者潜心治学,支持基础研究多出优秀成果。它是经过严格评审,从接近完成的科研成果中遴选立项的。为扩大后期资助项目的影响,更好地推动学术发展,促进成果转化,全国哲学社会科学工作办公室按照"统一设计、统一标识、统一版式、形成系列"的总体要求,组织出版国家社科基金后期资助项目成果。

全国哲学社会科学工作办公室

序　言

在对恩格斯哲学思想,特别是对恩格斯辩证法思想的批评中,对《自然辩证法》的批评是最为激烈的。在国内外的一些学者看来,马克思的辩证法是实践的辩证法、历史的辩证法、人学的辩证法,而恩格斯的辩证法则是经验的辩证法、自然的辩证法、自然科学的辩证法,因此,他们把马克思的哲学视为"人道主义"哲学,而把恩格斯的哲学指认为"科学主义"哲学。这表明,以《自然辩证法》为主要"文本"而阐释恩格斯的辩证法思想,是一项重要的理论任务。我指导的博士研究生赵江飞以恩格斯的《自然辩证法》为研究对象撰写了博士学位论文,并在此基础上形成了他的第一部学术专著。在这部著作面世之际,我想再谈几点想法。

长期以来,对恩格斯《自然辩证法》的批评,主要有两个方面:一是它的学术价值,二是它的理论后果。就前者说,批评者认为这部著作只不过是常识性地介绍了当时的自然科学成果;就后者说,批评者认为这部著作构成了对马克思主义哲学的"科学主义"阐释,是"哲学教科书"模本最主要的"始作俑者"。因此,如何评价《自然辩证法》的学术价值,怎样看待《自然辩证法》的理论后果,就成为研究《自然辩证法》的关键问题和重要任务。

恩格斯的《自然辩证法》是研究"自然"的"科学",还是反思"自然科学"的"哲学"? 是"叙述"关于"自然"的"科学知识",还是探索"自然科学"的"思维理论"? 如果《自然辩证法》是研究自然的科学,是叙述关于自然的科学知识,那么,它充其量只不过是普及当时的自然科学知识的"手册"或"读本";如果《自然辩证法》是反思自然科学的哲学,是探索自然科学的思维方式,那么,它所要回答的问题就是如何以理论思维把握"自然"和"自然科学"的问题,它所构成的就是作为理论思维的辩证法。事实表明,它是后者,而不是前者。

关于为何要研究"自然辩证法",恩格斯本人作过明确说明:"马克思和我,可以说是唯一把自觉的辩证法从德国唯心主义哲学中拯救出来并运用于唯物主义的自然观和历史观的人。可是要确立辩证的同时又是唯物主义的自然观,需要具备数学和自然科学的知识。马克思是精通数学的,可是对于自然科学,我们只能作零星的、时停时续的、片断的研究。因此,当我退出商界并移居伦敦,从而有时间进行研究的时候,我尽可能地使自己在数学和自然科学方面来一次彻底的——像李比希所说的——'脱毛',八年当中,我把大部分时间用在这上面。"①

这个"说明"对于理解《自然辩证法》极为重要。在这个"说明"中,恩格斯既明确了研究"自然辩证法"的目的——"把自觉的辩证法""运用于唯物主义的自然观和历史观",又明确了研究"自然科学"的目的——"确立辩证的同时又是唯物主义的自然观""需要具备数学和自然科学的知识"。对此,恩格斯进一步指出:"在自然界里,正是那些在历史上支配着似乎是偶然事变的辩证运动规律,也在无数错综复杂的变化中发生作用;这些规律也同样地贯串于人类思维的发展史中,它们逐渐被思维着的人所意识到。这些规律最初是由黑格尔全面地、不过是以神秘的形式阐发的,而剥去它们的神秘形式,并使人们清楚地意识到它们的全部的单纯性和普遍有效性,这是我们的期求之一。显然,旧的自然哲学,无论它包含多少真正好的东西和多少可以结果实的萌芽,是不能满足我们的需要的。"②对于如何理解"辩证运动规律",恩格斯说:"事情不在于把辩证法规律硬塞进自然界,而在于从自然界中找出这些规律并从自然界出发加以阐发。"③这是恩格斯所理解的"自然辩证法",也是恩格斯研究"自然辩证法"的出发点。

首先,"要确立辩证的同时又是唯物主义的自然观,需要具备数学和自然科学的知识"。这是因为,"原则不是研究的出发点,而是它的最终结果;这些原则不是被应用于自然界和人类历史,而是从它们中抽象出来的;不是自然界和人类去适应原则,而是原则只有在符合自然界和历史的情况下才是正确的。这是对事物的唯一唯物主义的观点"。④ 这表明,恩格斯之所以八年当中把大部分时间用在研究与思考数学和自然科学,是因为他反对把"原则"当作"研究的出发点",是因为他坚持把唯物主义的观点贯彻于自己的研究活动,是因为他自觉地要"从自然界中找出这些规律并从自然界出发加以阐发"。总之,坚持从实际出发的唯物主义原则,这是恩格斯研究"自然辩证法"的根本性出发点。

其次,"要确立辩证的同时又是唯物主义的自然观",不仅"需要具备数

---

① 《马克思恩格斯文集(第9卷)》,人民出版社,2009年,第13页。
② 同上书,第13~14页。
③ 同上书,第15页。
④ 同上书,第38页。

学和自然科学的知识",还必须具有辩证法的理论思维。比如,"18世纪上半叶的自然科学在知识上,甚至在材料的整理上大大超过了希腊古代,但在以观念形式把握这些材料上,在一般的自然观上却大大低于希腊古代。在希腊哲学家看来,世界在本质上是某种从混沌中产生出来的东西,是某种发展起来的东西、某种生成的东西。在我们所探讨的这个时期的自然科学家看来,世界却是某种僵化的东西、某种不变的东西,而在他们中的大多数人看来,是某种一下子就造成的东西。"①这表明,"自然哲学家与自觉的辩证的自然科学的关系,就像空想主义者与现代共产主义的关系一样",②"学会辩证地思维的自然科学家到现在还屈指可数"。③"现在几乎没有一本理论自然科学著作不给人以这样的印象:自然科学家们自己就感觉到,这种杂乱无章多么严重地左右着他们,并且现今流行的所谓哲学又决不可能使他们找到出路。在这里,既然没有别的出路,既然无法找到明晰思路,也就只好以这种或那种形式从形而上学思维向辩证思维复归。"④"这种复归可以通过不同的道路来实现。它可以仅仅通过自然科学的发现本身所具有的力量自然而然地实现,……但这是一个旷日持久的、步履艰难的过程,在这一过程中要克服大量额外的阻碍。……如果理论自然科学家愿意较为仔细地研究一下辩证哲学在历史上有过的各种形态,那么上述过程可以大大缩短。"⑤正是基于这种理论自觉,恩格斯力图在总结辩证法史的基础上,为自然科学展现一种建立在通晓思维的历史和成就基础上的理论思维,推进自然科学的发展,并从对自然科学成果的理论总结中提升人类把握世界的理论思维。

再次,"要确立辩证的同时又是唯物主义的自然观",迫切需要"理论家"与"自然科学家"的"联盟"。恩格斯说:"现今的自然科学家,不论愿意与否,都不可抗拒地被迫关心理论上的一般结论,同样,每个从事理论研究的人也不可抗拒地被迫接受现代自然科学的成果,这里出现了某种相辅相成现象。如果说理论家在自然科学领域中是半通,那么今天的自然科学家在理论的领域中,在迄今为止被称为哲学的领域中,实际上也同样是半通。"⑥"经验的自然研究已经积累了庞大数量的实证的知识材料,因而迫切

---

① 《马克思恩格斯文集(第9卷)》,人民出版社,2009年,第412页。
② 同上书,第14页注释①。
③ 同上书,第25~26页。
④ 同上书,第438页。
⑤ 同上书。
⑥ 同上书,第435页。

需要在每一研究领域中系统地和依据其内在联系来整理这些材料,同样也迫切需要在各个知识领域之间确立正确的关系。于是,自然科学便进入理论领域,而在这里经验的方法不中用了,在这里只有理论思维才管用。但理论思维无非是才能方面的一种生来就有的素质。这种才能需要发展和培养,而为了进行这种培养,除了学习以往的哲学,直到现在还没有别的办法。"①"然而,在理论自然科学中,往往非常明显地露出对哲学史缺乏认识。哲学上在几百年前就已经提出,并且在哲学界往往早已被抛弃的一些命题,在理论自然科学家那里却常常作为崭新的知识出现,甚至在一段时间里成为时髦。"②由于"理论家在自然科学领域中是半通",甚至是在自然科学领域中尚未"脱毛",因而又把辩证法当作"刻板公式""硬塞进自然界",以至造成自然科学家的反感和"拒斥"。正是基于"哲学"与"科学"联盟的迫切需要,恩格斯力图以"自然辩证法"打通"哲学"与"科学",在理论思维的层面上"确立辩证的同时又是唯物主义的自然观"。

  本书通过重新研究恩格斯"自然辩证法",有力回应了学术界对其的种种批判,并指出了在批判"自然辩证法"基础上所衍生出的"马恩对立论"的不合理之处。正如在马克思和恩格斯合著的《德意志意识形态》中所论述的:"我们仅仅知道一门唯一的科学,即历史科学。历史可以从两方面来考察,可以把它划分为自然史和人类史。但这两方面是不可分割的;只要有人存在,自然史和人类史就彼此相互制约。"③马克思主要从"人类史"出发来论证阐释二人共同创立的马克思主义哲学,恩格斯则着重从"自然史"出发予以论证阐释,二人共同创建了马克思主义的"历史科学"。本书研究恩格斯"自然辩证法",具体地论证了"马恩一致论",维护了马克思主义哲学的一致性和统一性。同时,对推进辩证法理论研究及挖掘恩格斯在马克思主义哲学创立和发展过程中所做出的独特贡献起到了积极作用。

  在本书出版之际,我以上述的"序言"概括说明了本书所研究的问题及其所取得的研究成果,以期引发对恩格斯哲学思想的深入研究,并祝愿赵江飞博士在学术研究的道路上取得更大的进步。

孙正聿

---

① 《马克思恩格斯文集(第9卷)》,人民出版社,2009年,第435~436页。
② 同上书,第436页。
③ 《马克思恩格斯文集(第1卷)》,人民出版社,2009年,第516页注释②。

目 录

绪论 为何需要重新研究恩格斯"自然辩证法"? ············· 1
 一、批判恩格斯"自然辩证法"的源起 ················· 1
  (一)"西方马克思主义"对第二国际马克思主义的拒斥及对
    恩格斯的批判 ································· 2
  (二)西方"马克思学"对苏联"正统马克思主义"的拒斥及对
    恩格斯的批判 ································· 4
 二、批判恩格斯"自然辩证法"的依据 ················· 9
  (一)从自然观出发,对恩格斯"自然辩证法"的批判 ······ 10
  (二)从辩证法出发,对恩格斯"自然辩证法"的批判 ······ 11
 三、"自然辩证法"释义 ······························· 13

第一章 "自然辩证法"与恩格斯自然观 ················· 19
 一、对恩格斯自然观不符合马克思自然观的诸种论述 ······ 19
 二、马克思自然观 ····································· 24
  (一)马克思自然观能否仅仅概括为"自然是一个社会的
    范畴"? ······································· 24
  (二)马克思对以往抽象自然观的批判 ··············· 25
  (三)马克思自然观的"人化自然"和"自在自然"的统一 ····· 29
 三、恩格斯自然观 ····································· 32
  (一)恩格斯是否脱离实践抽象地考察自然界? ········· 32
  (二)恩格斯自然观的"自在自然"和"人化自然"的统一 ····· 35
  (三)恩格斯自然观与马克思自然观的内在统一 ········· 40

第二章 "自然辩证法"与恩格斯辩证法 ················· 44
 一、对恩格斯辩证法不符合马克思辩证法的诸种论述 ······ 44
 二、批判者对马克思和恩格斯辩证法的误读 ············· 50

  （一）马克思是否将辩证法限定于社会历史领域？ …………… 50
  （二）借助马克思主义哲学教学体系对恩格斯辩证法的误读 …… 54
 三、恩格斯辩证法 ………………………………………………………… 56
  （一）恩格斯关于辩证法的集中论述 …………………………… 56
  （二）古希腊哲学的世界观与自在辩证法 ……………………… 58
  （三）形而上学的思维方式 ……………………………………… 61
  （四）黑格尔辩证法——概念层面的唯心辩证法 ……………… 64
  （五）恩格斯辩证法——实践层面的合理辩证法 ……………… 69

第三章 "自然辩证法"的真实内容 …………………………………… 76
 一、批判者对"自然辩证法"的误读 …………………………………… 76
  （一）恩格斯与形而上学体系 …………………………………… 77
  （二）恩格斯与辩证法"三大规律" ……………………………… 81
 二、"自然辩证法"：恩格斯对黑格尔辩证法的"颠倒" ……………… 85
  （一）对恩格斯"颠倒"黑格尔辩证法的通常理解及批判 ……… 85
  （二）如何理解恩格斯对费尔巴哈的肯定及对唯物主义和唯心
     主义的划分？ ………………………………………………… 92
  （三）恩格斯"颠倒"黑格尔辩证法的真实含义 ………………… 96
 三、恩格斯借助"自然辩证法"对黑格尔辩证法"颠倒"的具体展开
  ………………………………………………………………………… 103
  （一）对立的相互渗透的规律 …………………………………… 103
  （二）量转化为质和质转化为量的规律 ………………………… 106
  （三）否定的否定的规律 ………………………………………… 108

第四章 "自然辩证法"与历史唯物主义 ……………………………… 112
 一、恩格斯研究"自然辩证法"的真实目的 …………………………… 112
  （一）恩格斯研究自然科学的历程 ……………………………… 112
  （二）恩格斯研究"自然辩证法"的目的 ………………………… 115
 二、辩证思维与历史唯物主义 ………………………………………… 119
  （一）马克思、恩格斯对历史唯物主义的阐释 ………………… 119
  （二）理解历史唯物主义的关键——辩证思维 ………………… 123
 三、辩证思维培养与"自然辩证法" …………………………………… 127
  （一）辩证思维的缺失与自然科学中的"形而上学的残渣" …… 128
  （二）"自然辩证法"与自然科学中"形而上学的残渣"的消除
    ………………………………………………………………… 130

四、恩格斯依据辩证思维对历史唯物主义及其结论的阐释 …………… 132

第五章 "自然辩证法"与恩格斯对马克思主义辩证法的重大贡献 …… 140
一、首次系统论述马克思主义辩证法 ……………………………… 140
（一）首次系统论述：定义辩证法、揭示辩证法本性 ………… 142
（二）首次系统论述推进马克思主义辩证法研究 ……………… 146
二、总结凝练辩证法"三大规律" ………………………………… 150
（一）黑格尔对辩证法规律的论述 ……………………………… 151
（二）马克思对辩证法规律的论述 ……………………………… 152
（三）恩格斯对辩证法"三大规律"的总结凝练 ……………… 154
（四）列宁对辩证法规律的论述 ………………………………… 155
（五）毛泽东对辩证法规律的论述 ……………………………… 157
三、揭示马克思主义辩证法与自然科学研究之间的密切关系 …… 158
（一）马克思对自然科学的研究 ………………………………… 159
（二）马克思研究自然科学的目的 ……………………………… 161
（三）恩格斯对辩证思维培养和自然科学研究关系的揭示 …… 163

第六章 "自然辩证法"与恩格斯对马克思主义的独特贡献 …………… 168
一、"对立"，还是"独特贡献"？ ………………………………… 169
（一）"马恩对立论"者论证马克思、恩格斯思想"对立"的依据
　………………………………………………………………… 169
（二）对"马恩对立论"依据的简单反驳 ……………………… 171
（三）并非"对立"，而是"独特贡献" ………………………… 175
二、恩格斯对马克思主义的独特贡献 ……………………………… 178
（一）具有多重身份的恩格斯 …………………………………… 178
（二）恩格斯所作出的独特贡献 ………………………………… 180
三、重视恩格斯的独特贡献 ………………………………………… 185
（一）恩格斯的贡献被低估、忽视的原因 ……………………… 185
（二）合理评价恩格斯的贡献 …………………………………… 186

主要参考文献 ……………………………………………………………… 190
后　记 ……………………………………………………………………… 195

绪论　为何需要重新研究恩格斯"自然辩证法"？

"自然辩证法"是人们对恩格斯辩证法思想的一种通称，"自然辩证法"不仅体现于与之同名的《自然辩证法》手稿之中，还体现于其《反杜林论》《路德维希·费尔巴哈和德国古典哲学的终结》《社会主义从空想到科学的发展》等著作之中。然而，自乔治·卢卡奇（György Lukács）在《历史与阶级意识》中的一个注释①开始，西方学者通常将"自然辩证法"理解为一种脱离人的主体意识而寻求抽象自然界辩证规律的学说。在他们看来，马克思的辩证法是一种未脱离人的、仅适用于社会历史领域的思维方法，而恩格斯却将辩证法理解为脱离人的、抽象的自然界本身存在的客观规律，这违背了马克思对辩证法的理解。自此之后，人们开始了对恩格斯"自然辩证法"的批判。

一、批判恩格斯"自然辩证法"的源起

从表面上看，对恩格斯"自然辩证法"的批判始于卢卡奇，但从深层根源来看，这种批判体现了"西方马克思主义"和西方"马克思学"对第二国际和苏联"正统马克思主义"的拒斥。"西方马克思主义"和西方"马克思学"认为，"正统马克思主义"对马克思思想的阐释，并非马克思本意，本身存在巨大缺陷。同时，他们又将这种阐释的源头归于恩格斯。于是，打着拒斥"正统马克思主义"、还原"本真马克思"的旗号，以"西方马克思主义"和西方"马克思学"为代表的西方学者开始了对恩格斯哲学思想的批判。

---

① "这里把这种方法限制在历史和社会领域，极为重要。恩格斯对辩证法的表述之所以造成误解，主要是因为他错误地跟着黑格尔把这种方法也扩大到对自然界的认识上。然而辩证法的决定性因素，即主体和客体的相互作用、理论和实践的统一、在作为范畴基础的现实中的历史变化是思想中的变化的根本原因等等，并不存在于我们对自然界的认识中。"〔匈〕卢卡奇：《历史与阶级意识》，杜章智等译，商务印书馆，1999年，第51页。

(一)"西方马克思主义"对第二国际马克思主义的拒斥及对恩格斯的批判

"西方马克思主义"是第一次世界大战之后产生的一种思潮。19世纪末20世纪初,资本主义从自由资本主义阶段发展到垄断资本主义阶段(帝国主义阶段),各国政治经济发展不平衡。其中,处于帝国主义链条薄弱环节的俄国,在列宁领导下取得了"十月革命"的胜利。"十月革命"的胜利标志着马克思主义发展到了新的历史阶段——列宁主义阶段。很快,以列宁主义作为指导思想,芬兰、德国、匈牙利等国相继爆发了无产阶级革命,英国、法国、意大利等国先后发动了群众性的罢工浪潮。但与"十月革命"最终胜利不同,西方各国的无产阶级革命却陆续遭到反动当局的镇压而失败。面对这种情形,上述各国共产党领导人如卢卡奇、卡尔·柯尔施(Karl Korsch)等开始寻求一种"适合西方政治经济特点"的、新的无产阶级革命战略,于是产生了一种对马克思主义的新理解——"西方马克思主义"。

"西方马克思主义"将西欧各国无产阶级革命失败的原因归于受第二国际马克思主义和列宁主义影响,过分重视客体而忽略主体,并提出要注重主体、意识和文化等因素在革命中的作用。因此,在其创始人卢卡奇和柯尔施那里就展现了一种对第二国际马克思主义和列宁主义的拒斥、批判。

在《历史与阶级意识》的《什么是正统马克思主义?》一文中,卢卡奇开篇就指出正统马克思主义不是"无批判地接受马克思研究的结果",而"是一种革命的辩证方法"。[①] 以爱德华·伯恩斯坦(Eduard Bernstein)为代表的第二国际马克思主义反对革命性的辩证法,求助于自然科学的"观察、抽象、实验"等方法,将马克思主义变为一种机会主义理论、一种没有革命的进化理论。[②] 针对此情况,他指出要恢复马克思主义的主客体辩证统一的方法。

在《马克思主义和哲学》一书中,柯尔施指出:无论资产阶级学者还是"正统马克思主义"者都否认马克思主义的哲学性,这其实是将马克思主义实证主义化。他追溯了马克思主义经历的三个阶段:第一个阶段从1843年前后到1848年《共产党宣言》发表,这个阶段的马克思主义批判继承于德国古典哲学,富含着主体和客体之间、实践和理论之间的辩证性;第二个阶段从1848年欧洲资产阶级革命失败到19世纪末,这个阶段的马克思主义逐渐从"辩证的唯物史观"变为"某种非辩证的东西"。在柯尔施看来,这种马克思主义主要体现在第二国际马克思主义和列宁主义那里;第三个阶段从

---

① 〔匈〕卢卡奇:《历史与阶级意识》,杜章智等译,商务印书馆,1999年,第48页。
② 同上书,第52~53页。

20世纪初开始,这个阶段马克思主义者开始从不同的方面恢复马克思主义和哲学之间的关系,也开始恢复本来的马克思主义。[1]

以卢卡奇和柯尔施为代表的"西方马克思主义"对第二国际马克思主义的拒斥、批判有一定合理性。第二国际马克思主义的确有重客体而轻主体、将马克思主义庸俗化为社会进化论等问题。1889年,在世界进入资本主义和平发展时期、欧洲各国纷纷建立起群众性社会主义工人政党的基础上,在恩格斯直接关怀和指导下,"社会主义国际"——"第二国际"成立。此时,资本主义由自由资本主义阶段发展到垄断资本主义阶段,资本主义社会在政治、经济和科学技术上发生了深刻变化。一方面,国际共产主义外部借助这些新变化,比以往任何时候都更猖狂地攻击着马克思主义;另一方面,国际共产主义内部也有部分成员利用各国无产阶级政党在资产阶级民主议会选举中取得的偶然胜利,传播机会主义、修正主义等错误思想。此外,第二国际多数马克思主义理论家主要组织指导现实的国际共产主义运动,自身理论功底不够,缺乏对马克思主义形成史及相关著作的全面了解,[2]这就不可避免地使第二国际有庸俗化马克思主义的倾向。

例如,1890年8月,德国社会民主党内"青年派"代表人物保尔·恩斯特(Paul Ernst)在《柏林人民论坛》上发表《马克思主义的危险》一文,他在文中说道:"在马克思那里历史是完全自动形成的,丝毫没有(正是创造历史的)人的参与","经济关系(但是它们本身就是人创造的!)就像玩弄棋子一样地玩弄这些人"。[3] 这是将历史唯物主义理解为"历史自发论",认为历史唯物主义仅仅强调历史必然性,而忽略人和主体的作用。再如,弗兰茨·梅林(Franz Mehring)在面对国际共产主义外部人士对历史唯物主义的质疑时,过分强调经济在社会发展中的决定性作用,而忽视政治和思想对经济的反作用,因此无法认清这些人将"历史唯物主义"理解为"经济唯物主义"的真面目;保尔·拉法格(Paul Lafargue)错误地将马克思和恩格斯的历史唯物主义理解为"经济决定论",没有真实理解历史唯物主义,从而给了机会主义攻击历史唯物主义的可乘之机;安东尼奥·拉布里奥拉(Antonio Labrioia)单纯从客体方面理解"辩证法",因此,他曾给恩格斯写信建议把"辩证法"

---

[1] 〔德〕卡尔·柯尔施:《马克思主义和哲学》,王南湜等译,重庆出版社,1989年,第22页。
[2] 正如第二国际修正主义代表伯恩斯坦在回忆时说道:"我们当时几乎都是社会主义的折衷主义者""我们当中的大多数人没有工夫去深入钻研……,更不必说理论上的进修了""我们职业工作之余的自由时间全被用来参加党的实际鼓动工作了"。参见中共中央马克思恩格斯列宁斯大林著作编译局国际共运史研究室编:《研究〈反杜林论〉参考史料》,生活·读书·新知三联书店,1980年,第8页。
[3] 《马克思恩格斯全集(第22卷)》,人民出版社,1965年,第97~98页。

概念改为"发生法";伯恩斯坦无法理解经济和思想之间的辩证关系,试图在用一种折中主义庸俗唯物论阐释"历史唯物主义"的同时,主张将辩证法从马克思主义中排除出去。

但卢卡奇和柯尔施却将第二国际马克思主义的缺陷与恩格斯联系起来。卢卡奇指出,恩格斯在《反杜林论》中对辩证法的论述,证明其将"改变现实"的、"革命的"辩证法理解为"直观的""纯科学"的方法;[1]柯尔施也指出,在第二个阶段的马克思主义发展过程中,后期的恩格斯及其后期著作《反杜林论》起到了重要作用。"后期的恩格斯完全堕入了自然主义的唯物主义的世界观之中,而不同于马克思",[2]"恩格斯接受了全部社会历史现象(包括意识的社会历史形式)最终由经济所决定这一论点,并补充了另一点,即甚至更为决定性地'由自然所决定'。"[3]

卢卡奇和柯尔施对第二国际马克思主义的批判及对其缺陷与恩格斯关系的总结,影响着后来的整个"西方马克思主义",以及西方"马克思学"。佩里·安德森(Perry Anderson)说:"西方马克思主义是以对恩格斯的哲学遗产发出决定性的双重批驳而开始的——这种批驳是由科尔什[4]和卢卡奇分别在《马克思主义与哲学》和《历史与阶级意识》两书中进行的。从那时以后,西方马克思主义实际上所有思潮——从萨特到科莱蒂,从阿尔都塞到马尔库塞——一般都反对恩格斯后来的著作。"[5]

(二)西方"马克思学"对苏联"正统马克思主义"的拒斥及对恩格斯的批判

继"西方马克思主义"之后,西方"马克思学"也开始了对恩格斯的批判。西方"马克思学"产生于20世纪50年代末,这一概念是由马克西米里安·吕贝尔(Maximiliem Rubel)提出的。在奠定其"马克思学"创始人地位的《马克思学研究》丛刊中,他将"马克思学"定义为一种对马克思的著作版本、思想发展及理论观点等方面独立的、不带任何意识形态色彩的纯粹学术研究。此时,吕贝尔所面对的是苏联"正统马克思主义"。他认为这种马克思主义将马克思学说彻底变成一种作为无产阶级统治工具的意识形态,自己的研究则是为了摆脱既有的对马克思主义的阐释而返回"本真马克思"的

---

[1] 〔匈〕卢卡奇:《历史与阶级意识》,杜章智等译,商务印书馆,1999年,第50页。
[2] 〔德〕卡尔·柯尔施:《马克思主义和哲学》,王南湜等译,重庆出版社,1989年,第50页。
[3] 同上书,第50页注释75。
[4] 科尔什,即柯尔施。
[5] 〔英〕佩里·安德森:《西方马克思主义的探讨》,高铦等译,人民出版社,1981年,第78页。

一种努力。并且,吕贝尔将苏联的这种不同于马克思的"正统马克思主义"看作恩格斯的"产品"。"马克思主义并不是马克思的思想方式的最初产物","它是在弗里德里希·恩格斯心中所创立的","'马克思主义'这个术语包含着一个理论上的可以理解的主题,这个责任并不在于马克思,而在于恩格斯"。①

与"西方马克思主义"拒斥第二国际马克思主义有一定合理性相同,西方"马克思学"创立者吕贝尔提出拒斥苏联"正统马克思主义"也有一定的合理性。苏联"正统马克思主义"的确也有曲解马克思思想的缺陷。苏联"正统马克思主义"对马克思思想的阐释,主要体现于其马克思主义哲学教学体系之中,该体系的形成发展有着深厚的历史原因。

在1917年俄国"十月革命"胜利之前,"二月革命"就推翻了沙皇制度,取消了政府和教会方面对书籍和报刊予以审查的制度,人民获得了空前的舆论自由。"十月革命"胜利之后,刚刚建立政权的布尔什维克党和苏维埃政府为了争取一切可争取的力量,在全力镇压反革命叛乱的同时,对知识分子仍旧实行宽松的争取政策,对学术活动无任何限制。在这样自由的社会学术氛围下,苏联知识界各种思想"百家争鸣,百花齐放"。其中,最活跃的当数本身在俄国有着悠久历史传统和广泛群众基础的宗教唯心主义。相比之下,苏维埃政权刚刚建立,从事马克思主义哲学专业研究的人员和机构不多,人们对马克思主义哲学的了解也不深。在农村,广大农民对其极其陌生;在城市,虽然工人识字率已达60%以上,他们对马克思主义有了初步认识,但还远未达到哲学层面的思考。在这种情况下,为了向广大人民群众宣传马克思主义哲学,抵御宗教唯心主义对苏维埃政权的攻击,苏联开始创立马克思主义哲学教学体系。

国内学者袁贵仁、杨耕曾撰写多篇文章分析研究苏联马克思主义哲学教学体系。在《马克思主义哲学教学体系的形成与演变(上)》一文中,袁贵仁和杨耕详细分析了这一体系的形成发展。在该文中,袁贵仁和杨耕指出,苏联最初创立马克思主义哲学教学体系就是为了阐释、宣传马克思主义哲学,而这一形式可以回溯至德波林和布哈林。1916年德波林出版了《辩证唯物主义纲要》;1921年布哈林出版了《历史唯物主义理论——马克思主义社会学通俗教材》。这两本书分别以辩证唯物主义和历史唯物主义为主要内容来阐释马克思主义哲学。"德波林的《辩证唯物主义纲要》和布哈林的

---

① 〔法〕吕贝尔:《吕贝尔马克思学文集》(上),郑吉伟等译,北京师范大学出版社,2009年,第45页。

《历史唯物主义理论》开启了教科书的形式阐释、宣传马克思主义哲学的先河,标志着苏联马克思主义哲学教学体系开始形成。"①

自此之后,在苏联,越来越多的人开始编纂出版马克思主义哲学教科书。1929 年芬格尔特和萨尔文特的《辩证唯物主义和历史唯物主义》一书,"标志着苏联马克思主义哲学教学体系初步形成";1932 年、1934 年米汀和拉祖莫夫斯基的《辩证唯物论与历史唯物论》一书,"标志着苏联马克思主义哲学教学体系的基本形成";直到 1938 年,斯大林出版《论辩证唯物主义和历史唯物主义》一书,"标志着辩证唯物主义与历史唯物主义教学体系在苏联以至整个国际共产主义运动中真正确立下来了"。②

可见,起源于苏联的马克思主义哲学教学体系并非由马克思、恩格斯、列宁等马克思主义经典作家直接创立,而是后人为了向广大人民阐释、宣传马克思主义哲学而创立,这一历史原因又导致了这一体系自身有重大缺陷。在《苏联马克思主义哲学模式:形成、特征和缺陷》一文中,杨耕通过评论最能体现马克思主义哲学教学体系本质特征的斯大林《论辩证唯物主义和历史唯物主义》一书,来揭示这一体系的缺陷。

在该文中,杨耕指出斯大林的《论辩证唯物主义和历史唯物主义》一书的根本缺陷是混淆了新唯物主义和旧唯物主义的区别。该书在论述马克思主义哲学时,将马克思复述托马斯·霍布斯(Thomas Hobbes)思想的一句话("物质是一切变化的主体"),误引为马克思本人的思想,并将其当作马克思主义哲学唯物主义的基本特征之一。但"这一点误引不是偶然的疏忽",它说明"斯大林并没有真正理解新唯物主义与旧唯物主义的本质区别","实际上是在用近代唯物主义的逻辑解读马克思的唯物主义"。③ 所以,"《论辩证唯物主义和历史唯物主义》所阐述的辩证唯物主义,实际上是一种……带有浓厚的机械唯物主义色彩的自然观"。④

由于斯大林的《论辩证唯物主义和历史唯物主义》一书在整个国际共产主义运动中具有重要地位,该书的根本缺陷也贯穿至整个马克思主义哲学教学体系之中。受该书影响,马克思主义哲学教学体系将马克思主义哲学划分为辩证唯物主义和历史唯物主义两部分,两部分之间的总体逻辑是以辩证唯物主义推导出历史唯物主义,遵循的是从自然推导社会的思维运行

---

① 袁贵仁、杨耕:《马克思主义哲学教学体系的形成与演变》(上),《哲学研究》2011 年第 10 期。
② 同上。
③ 杨耕:《苏联马克思主义哲学模式:形成、特征和缺陷》,《学术月刊》2012 年第 7 期。
④ 同上。

过程。但马克思主义哲学教学体系对待两部分的总体逻辑,是与马克思哲学的逻辑相反的。"从逻辑方向看,马克思创立新唯物主义是从社会到自然的思维运行过程",①即马克思哲学的立足点是人及其实践活动,马克思是从社会出发去理解自然的。而马克思主义哲学教学体系在表面上体现出对马克思哲学总体逻辑的颠倒,在本质上却表明了其忽略人及其实践活动在马克思哲学中的核心作用。

于是,马克思主义哲学教学体系"具有凝重的机械唯物主义色彩",在其中"物质也成了'一切变化的主体','人和自然都服从同样的规律'"。这一体系"并没有真正把握'马克思主义哲学唯物主义的基本特征',没有真正理解历史唯物主义的本质特征和哲学意义","在形式上表现为辩证唯物主义和历史唯物主义,在内涵上则是向一般唯物主义或自然唯物主义的倒退。"②因此,这一体系的哲学基础实质上是马克思所批判的"抽象的唯物主义"。

可见,苏联马克思主义哲学教学体系展现出来的苏联"正统马克思主义"不仅未能真正把握马克思哲学思想,反而有将马克思哲学思想降低为一般抽象唯物主义的重大缺陷。在此意义上,西方"马克思学"拒斥苏联"正统马克思主义"、还原"本真马克思"的主张是合理的。然而,与卢卡奇、柯尔施一样,西方"马克思学"也将恩格斯视为导致苏联"正统马克思主义"重大缺陷的源头。

受西方"马克思学"影响,汤姆·洛克曼(Tom Rockmove)于2002年出版《马克思主义之后的马克思——卡尔·马克思的哲学》一书。在该书中,洛克曼指出:苏联"正统马克思主义"并非真正的马克思思想,而是继承于恩格斯的阐释,"马克思主义实际上是基于他最亲密的朋友和同事恩格斯的观点,而不是马克思的观点的理论集结"。③ 在此处,他明确说道:"我赞成吕贝尔的看法"。④

洛克曼指出,苏联"正统马克思主义"由辩证唯物主义和历史唯物主义两个主要部分组成。"通常认为哲学和科学是马克思主义的两个主要组成部分。辩证唯物主义常常被看作马克思主义的科学,而历史唯物主义则常

---

① 杨耕:《苏联马克思主义哲学模式:形成、特征和缺陷》,《学术月刊》2012年第7期。
② 同上。
③ 洛克曼的《马克思主义之后的马克思——卡尔·马克思的哲学》一书被翻译为中文,并在2008年出版,本书引文引自中文版。〔法〕汤姆·洛克曼:《马克思主义之后的马克思——卡尔·马克思的哲学》,杨学功等译,东方出版社,2008年,第4页。
④ 同上书,第12页注释13。

常被视为(规范的)马克思主义的科学。"洛克曼首先分析了马克思、恩格斯对唯物主义的阐释。他认为:在马克思那里唯物主义并不清晰。虽然,人们通常用这一术语来表示马克思的思想,但是他在任何意义上都不是一个唯物主义者;然而,在恩格斯那里,唯物主义却是一种很清晰的学说,并且恩格斯对唯物主义的理解与实在论类似,"唯物主义和实在论是相关的学说"。①

接着,洛克曼分析了马克思和恩格斯对辩证唯物主义和历史唯物主义的理解。他指出:马克思生前既没有使用过"辩证唯物主义"这一概念,也没使用过"历史唯物主义"这一概念。恩格斯虽然也未使用过"辩证唯物主义"这一概念,但这一概念来源于其在《社会主义从空想到科学的发展》和《反杜林论》中的相关论述。在这些著作中,虽然恩格斯强调辩证唯物主义是自己和马克思一致的共同思想,但洛克曼却持不同观点:"马克思和恩格斯有着十分不同的辩证法观点。恩格斯在他最后的、未完成的著作《自然辩证法》中把辩证法运用到自然上,而在马克思的著作中不存在任何与之相关的蛛丝马迹。"②

除此之外,洛克曼还指出,虽然恩格斯承认马克思著作的优先性、独立性,但其认为自己的辩证法与马克思的辩证法等同,都奠定于马克思对经济学和历史学基本原理发现的基础上。受此影响,苏联"正统马克思主义"才将马克思主义哲学分为辩证唯物主义和历史唯物主义两部分,直到斯大林将历史唯物主义视为辩证唯物主义在社会历史领域的推广应用,完全颠倒了马克思主义哲学的总体逻辑。③

在《马克思以后的马克思主义》一书中,戴维·麦克莱伦(David Mclellan)同样认为:"马克思主义最终被描绘成苏联(及其他国家)的辩证唯物主义教科书所体现的"那种样态,最初是由恩格斯造成的;④在《辩证法的内部对话》一书中,诺曼·莱文(Norman Levine)也指出:"弗里德里希·恩格斯是一个转折点,马克思主义的理论通过他这个过渡环节进入第二国际时期。在把创立时期的马克思主义解释并转达成考茨基、普列汉诺夫和列宁时期的马克思主义方面,他比任何人起的作用都大。如果马克思是原稿,恩格斯就是神圣的注解。"⑤

---

① 〔法〕汤姆·洛克曼:《马克思主义之后的马克思——卡尔·马克思的哲学》,杨学功等译,东方出版社,2008年,第21页。
② 同上书,第22~23页。
③ 同上书,第24页。
④ 〔英〕戴维·麦克莱伦:《马克思以后的马克思主义(第3版)》,李智译,中国人民大学出版社,2008年,第7页。
⑤ 〔美〕诺曼·莱文:《辩证法的内部对话》,张翼星等译,云南人民出版社,1997年,第8页。

可见，以"西方马克思主义"和西方"马克思学"为代表的西方学者，意识到第二国际马克思主义和苏联"正统马克思主义"的重大缺陷，而主张还原"本真马克思"。然而，他们都将恩格斯视为造成这些缺陷的源头。在此基础上，他们在拒斥第二国际马克思主义和苏联"正统马克思主义"的同时，也开始指责恩格斯的哲学思想，尤其是作为其代表的"自然辩证法"思想。

二、批判恩格斯"自然辩证法"的依据

在"西方马克思主义"和西方"马克思学"中最先明确指责恩格斯"自然辩证法"的是卢卡奇。在被"西方马克思主义"视为"圣经"的《历史与阶级意识》一书中，卢卡奇大致通过以下两个方面对这一思想进行批判：

首先，他从自然观出发，指出马克思与恩格斯对自然的理解是不同的。在他看来，马克思对自然的理解可以归结为"自然是一个社会的范畴"这一命题。这也就意味着，"在社会发展的一定阶段上什么被看作自然，这种自然同人的关系是怎样的"，"人对自然的阐明又是以何种方式进行的"，"自然按照形式和内容、范围和对象性应意味着什么"，这些内容都为社会所制约。[①] 这表明马克思的自然观与人的实践有着密切关系，马克思始终从人的实践出发考察自然；而受黑格尔泛逻辑主义影响的恩格斯提出"自然辩证法"，表明其坚持抽象自然观，主张可以脱离人的实践抽象地考察自然界。

其次，他从辩证法出发，指出马克思与恩格斯对辩证法的理解是不同的。他认为，辩证法之所以成立即在于历史过程中主体与客体之间的辩证关系。因此，马克思的辩证法就是历史过程中主客体之间的辩证关系。客体是用于强调辩证法的历史性方面的人类实践建构的。如果人的实践不断改变世界，如果主体的性质持续地变化，那么人的条件也为生成所统治。主客体都是历史生成的，于是，历史成为辩证法的同义语，辩证法与人类社会历史便结合起来。所以，其辩证法只适用于社会历史领域；而恩格斯"自然辩证法"则将辩证法应用于对抽象自然界的考察之中，这表明他并未真正理解辩证法的决定因素是主客体之间的相互作用，仅认为"辩证法是由一个规定转变为另一个规定的连续不断的过程，是矛盾的不断扬弃，不断相互转换"。[②]

卢卡奇对恩格斯"自然辩证法"的批评和责难，对后来的"西方马克思

---

① 参见〔匈〕卢卡奇：《历史与阶级意识》，杜章智等译，商务印书馆，1999年，第325页。
② 同上书，第50页。

主义"、西方"马克思学"乃至部分国内学者①都产生了极大影响。自此之后,人们对恩格斯"自然辩证法"的批判,也大致从这两方面展开。

(一) 从自然观出发,对恩格斯"自然辩证法"的批判

自从卢卡奇提出"自然是一个社会范畴"之后,法兰克福学派代表人物A.施密特(A. Schmidt)创作《马克思的自然概念》一书。在该书中,施密特通过集中论述马克思关于"自然"概念的理解,来论述马克思唯物主义的特色和本质。在这一过程中,他也用了很大篇幅来论述马克思和恩格斯对"自然"理解的不同。

施密特指出:马克思的"自然观"具有非本质论的特征,他始终借助人的实践这一中介来看待"自然",而并非从本体论和物理学的角度出发抽象地考察"自然"。马克思与费尔巴哈一样,也肯定"外部自然界的优先地位"。但他比费尔巴哈前进了一步,给这种"优先地位"加了一个批判性的保留,即"一切这种优先地位只能存在于中介之中"。"马克思把自然——人的活动的材料——规定为并非主观所固有的、并非依赖人的占有方式出现的、并非和人直接同一的东西。但他决不是在无中介的客观主义的意义上,即决不是从本体论意义上来理解这种人之外的实在。"②

施密特则认为恩格斯的"自然观"仍建立于旧唯物主义基础上、仍然是本体论的。他引用《反杜林论》中的论述指出恩格斯的唯物主义仍然是以下列命题为本质的:"(一)'世界的……统一性是在于它的物质性'","(二)'一切存在的基本形式是空间和时间……'","(三)'运动是物质的存在方式。无论何时何地,都没有也不可能有没有运动的物质……'。"③施密特指出,这些命题表明恩格斯的唯物主义与一切旧唯物主义并无实质区别。并且,在这些命题中,恩格斯仍然将物质视为"世界的最高原则",表明他的"自然"仍然是本体论的。④

诺曼·莱文(Norman Levine)是美国印第安纳州德堡大学教授,1975 年出版了《可悲的骗局:马克思反对恩格斯》一书。在该书中,他从各个方面全面了论述马克思和恩格斯的思想分歧,其中就包括二人自然观的不同。

莱文分别将马克思的自然观和恩格斯的自然观称作"辩证的自然主义"

---

① 对恩格斯"自然辩证法"的评价,国内学者大多持肯定态度。但随着"西方马克思主义"、西方"马克思学"的传入,也有部分学者赞成西方学者的观点,开始批评恩格斯"自然辩证法",其中以俞吾金和何中华为代表。
② 〔德〕A.施密特:《马克思的自然概念》,欧力同等译,商务印书馆,1988 年,第 14 页。
③ 同上书,第 48 页。
④ 同上书,第 52 页。

和"形而上学的唯物主义"。他指出,在马克思看来,人和自然界"处于一种相互补充、相互依存的关系"之中。其中,人居主导地位,人的活动改造社会经济生活,而自然界则处于被改造的地位。① 所以,马克思绝不会脱离人的实践活动去孤立地考察"自然"。

"与马克思不同,恩格斯承认自然界的独立存在,把它当作独立存在的东西来研究。"②在他看来,恩格斯"自然辩证法"把辩证法扩充到自然界,就证明了其将自然界当作独立存在的东西予以研究。而且,恩格斯总结出了三条辩证规律("量变质变规律""对立面互相渗透的规律"以及"否定之否定规律"),认为从机械、化学、生命到思维的一切运动形式都遵从这三条规律。这就将整个宇宙视作了一个按规律运行的形而上学体系。在这个体系中,人与自然遵循同样的规律,人是遵循规律的消极客体,人很少影响自然界的发展过程。

国内学者俞吾金在《自然辩证法,还是社会历史辩证法?》一文中也坚持恩格斯"自然辩证法"体现出的抽象自然观与马克思的"社会历史辩证法"体现出的自然观并不相同。在该文中,俞吾金指出"自然辩证法"体现出的抽象自然观主要表现于两个方面:"其一,主张撇开人的目的活动,即实践活动对自然的影响,只考察自然自身的运动。""其二,主张自然科学与人类生活、自然科学与人的科学是相互分离的。"而在坚持"社会历史辩证法"的马克思看来:"这种撇开人的目的性活动而受到考察的自然只能是抽象的自然",并且,马克思始终坚持"自然科学与人的科学之间的辩证关系"。③

(二)从辩证法出发,对恩格斯"自然辩证法"的批判

自卢卡奇首次公开批判恩格斯"自然辩证法"之后,美国实证主义重要代表人物悉尼·胡克(Sidney Hook)出版了《对卡尔·马克思的理解》《从黑格尔到马克思》《理性、社会神话和民主》等著作,研究马克思辩证法并批判恩格斯对辩证法的理解。

在这些著作中,胡克指出意识在辩证法中有着重要作用。马克思辩证法来源于对黑格尔辩证法的"扬弃"。在黑格尔唯心主义哲学体系中,精神"创造"自然、自然的辩证运动来自理念的辩证运动。马克思对黑格尔辩证法的"扬弃"抛弃了其唯心主义式的、神秘莫测的"创造"活动,将辩证法理解为一种社会关系。在这一过程中,马克思仍坚持意识在辩证法中的作用,因为意识是社会关系的重要组成部分。因此,胡克认为应将马克思辩证法

---

① 杨金海总主编;林进平主编:《马克思主义研究资料(第24卷)》,中央编译出版社,2014年,第343~344页。
② 同上书,第344页。
③ 俞吾金:《自然辩证法,还是社会历史辩证法?》,《社会科学战线》2007年第4期。

限制于社会历史领域。"马克思的辩证法概念是历史的","辩证法是社会活动的原则,它的中介物是阶级斗争,它的矛头在阶级社会是社会革命"。①

恩格斯的"自然辩证法"虽然来源于黑格尔的自然哲学,但在胡克看来,却对黑格尔思想吸收得多、消化得少。恩格斯并未认识到黑格尔的自然哲学只有依靠意识作用才能成立。恩格斯在抛弃黑格尔辩证法的唯心主义前提的同时,也将其中的意识作用完全抛弃了。他将辩证法扩展到并无意识的自然界,这本身就已经不成立了。并且,在胡克看来,恩格斯的"自然辩证法"也并不符合马克思的想法,"马克思本人从未谈过一种自然辩证法",②"不论自然辩证法可能是什么东西,反正它不是阶级斗争的基础。为了证明社会中的革命是正当的,并没有必要去指明自然界存在着飞跃和跳跃。"③

在《可悲的骗局:马克思反对恩格斯》一书中,莱文还从辩证法出发论述马克思和恩格斯的思想分歧。在该书中,他以马克思、恩格斯辩证法与黑格尔辩证法的关系为切入点,来表明二人辩证法的不同。

莱文认为:黑格尔辩证法有三个重要因素,即主观性、否定性或外在性、实践性。马克思修正了黑格尔,而恩格斯则歪曲了黑格尔。马克思在修正黑格尔辩证法的过程中,保留了这三个重要因素;而恩格斯则完全不理解这三个重要因素,因而歪曲了黑格尔辩证法。"当恩格斯说自然界按辩证规律活动时,他绝对误解了黑格尔所说的辩证法的含义"。④ 恩格斯提及辩证法时,是一个赫拉克利特主义者,他将辩证法理解为"过程""变化""发展""运动"的同义语。而黑格尔所说的辩证法,与此完全不同。"对黑格尔说来,辩证法过程本身并不是与运动同义的。发展、运动是这种辩证过程的结果,但不是过程本身。"⑤在误读黑格尔辩证法的基础上,不同于马克思仅仅把辩证法应用于社会历史领域,恩格斯则把它扩充到自然界。

1984年,莱文出版《辩证法内部对话》一书。在这本书中,莱文搜集了更多的资料,从辩证法角度分析马克思、恩格斯思想的分歧。莱文指出,由于对黑格尔辩证法的不同套用,马克思、恩格斯对辩证法的理解完全不同:马克思对辩证法的理解是将其作为一种分析社会经济构成方法的历史唯物主义;而恩格斯对辩证法的理解则是将其作为一种探求自然界辩证运动规

---

① 〔美〕悉尼·胡克:《对卡尔·马克思的理解》,徐崇温译,重庆出版社,1989年,第332页。
② 同上书,第330页。
③ 同上书,第332页。
④ 杨金海总主编、林进平主编:《马克思主义研究资料(第24卷)》,中央编译出版社,2014年,第347页。
⑤ 同上书,第347页。

律的辩证唯物主义。

在该书中,莱文所理解的马克思对"自然辩证法"的态度与其他学者略有不同。其他学者大多认为马克思本人是不赞同、不支持恩格斯"自然辩证法"研究的;而莱文则指出马克思认为把辩证法运用于自然界中是一项需要完成的任务并鼓励恩格斯去完成。但问题在于,恩格斯的"自然辩证法"并不符合马克思的要求。"马克思认为,之所以存在自然辩证法,是因为独立于思想之外的领域被纳入了思想之中;恩格斯则认为,自然辩证法之所以存在,是因为独立于思想之外的领域本身按照辩证法规律运转。"①

国内学者何中华在《如何看待马克思和恩格斯的思想差别》一文中,借助马克思和恩格斯在1873年5月30日和5月31日的通信,提出马克思对"自然辩证法"是不赞同、不支持的,"自然辩证法"是恩格斯"自己的独创""个人发明",并指出原因在于:"马克思基于人的存在的现象学立场,对'自然辩证法'这种'人''不在场'的叙述不感兴趣是理所当然的。"②

三、"自然辩证法"释义

人们通常以"自然辩证法"来代指恩格斯的辩证法思想,但长久以来受"西方马克思主义"和"西方马克思学"的影响,越来越多学者对这一理论持批判态度。如前所述,无论是从自然观出发指责恩格斯坚持脱离人的实践抽象地考察自然界,还是从辩证法出发批判恩格斯忽略主体寻求客观自然界中存在的辩证规律,这些学者都将"自然辩证法"中的"自然"二字理解为抽象自然界,都将"自然辩证法"理解为寻求抽象自然界辩证规律的学说。然而,恩格斯"自然辩证法"的"自然"二字是否指抽象自然界?"自然辩证法"是否指寻求抽象自然界辩证规律的学说?接下来,我们通过对"自然辩证法"释义来说明这些问题。

提到"自然辩证法",人们都会想到恩格斯,但第一个使用"自然辩证法"这个名称的却不是恩格斯,而是德国哲学家 E. 杜林(E. Durring)。早在1865年,③柏林大学讲师杜林就出版了一部名为《自然辩证法:科学和哲学的新的逻辑基础》(*Natuerliche Dialektik: Neue logische Grundlegungen der Wissenschaft und Philosophie*)的著作。并且,马克思和恩格斯都批判过这本

---

① 〔美〕诺曼·莱文:《辩证法的内部对话》,张翼星等译,云南人民出版社,1997年,第14页。
② 何中华:《如何看待马克思和恩格斯的思想差别》,《现代哲学》2007年第3期。
③ 恩格斯开始动手写后来被人们命名为"自然辩证法"的第一批手稿的时间则是之后的1873年。

著作。

在1868年1月11日写给恩格斯的信中,马克思曾以嘲讽的口吻提道:"只翻了翻目录",就"发现杜林是个伟大的哲学家","他写了一本《自然辩证法》来反对黑格尔的'非自然'辩证法"。同时,马克思指出杜林之所以这样做,是与德国其他的哲学家一样受费尔巴哈的影响,将黑格尔辩证法视为一条"死狗"。① 可见,马克思对杜林以自己的《自然辩证法》反对黑格尔的"非自然"辩证法表达出强烈不满。

在1868年3月6日写给路德维希·库格曼(Ludwing Kugelman)的信中,马克思的这种不满表达得更为明显。他直接将杜林斥责为"极为傲慢无礼的家伙",并且表示自己的《资本论》第一卷在两个方面[杜林的"《国民经济学批判基础》(约500页)"和"新的《自然辩证法》(反对黑格尔辩证法的)"]将其"埋葬了"。②

恩格斯同样对杜林的"自然辩证法"(Natuerliche Dialektik)十分反感。在《反杜林论》中,他说道:"我们在所有的文明民族的历史初期所看到的不是'大地主'——杜林先生在这里也以他惯用的、被他称为'自然的辩证法'的那套变戏法的手法把大地主塞了进来——,而是土地共同占有的氏族公社和农村公社。"③杜林为了区别于黑格尔的"非自然的"辩证法,将自己的辩证法称作"自然的辩证法"。在这里,恩格斯将杜林的"自然辩证法"讽刺为"变戏法的手法"。

通过马克思和恩格斯的论述可知:杜林的"自然辩证法"倒的确是描述自然界辩证运动规律的学说。并且,杜林认为自己的"自然辩证法"批判了黑格尔的辩证法。"作为自然界辩证运动的'自然辩证法'的概念是由杜林率先提出来的","它所指称的对象却是自然界,并且是在反对黑格尔辩证法的语境中被阐述出来的"。④

杜林在自己的著作中也将"自然辩证法"归属于实证知识范畴,而并非哲学范畴。"科学学说,今天几乎只能是那些从事必要的实证知识研究的人的事,……一般的哲学工作者,不属于上面说的这种人","科学学说、逻辑学和自然辩证法,诚然属于一体,而且,在现实哲学的范围内,对它们的阐述应当是统一的","早年,我曾经在《自然辩证法》这个简明的标题下,以言简意

---

① 《马克思恩格斯全集(第32卷)》,人民出版社,1974年,第18页。
② 《马克思恩格斯文集(第10卷)》,人民出版社,2009年,第280页。
③ 《马克思恩格斯文集(第9卷)》,人民出版社,2009年,第182~183页。
④ 俞吾金:《论两种不同的自然辩证法的概念——兼论康德哲学的一个理论贡献》,《哲学动态》2003年第3期。

贬的形式和原则上是最重要的材料,对这门属于一个种类的科学作过阐述"。①

上述马克思、恩格斯对杜林研究"自然界辩证运动"的"自然辩证法"的批判,表明恩格斯的"自然辩证法"决不可能是人们通常认为的研究自然界辩证运动规律的思想。其实,最初恩格斯并未用"自然辩证法",而是用"自然科学的辩证法"来指代自己有关这一主题的研究。在1873年5月30日写给马克思的信②中,恩格斯说道:"今天早晨躺在床上,我脑子里出现了下面这些关于自然科学的辩证思想。"③接着,恩格斯谈到了自然科学中物理学、天文学、力学和化学等不同学科对物体不同运动形式的探讨。同时期,在《自然辩证法》手稿一篇名为"物质的运动形式以及各门科学的联系"的"札记"④中,恩格斯再次提到了"自然科学的辩证法"及作为其内容的不同学科中的物体不同运动形式。⑤

周林东在《人化自然辩证法——对马克思的自然观的解读》一书中,通过考证恩格斯在自己的著作中直呼"自然辩证法"其名的场合来分析其"自然辩证法"含义。他指出一共有四处:其中三处出现在《自然辩证法》手稿中,还有一处出现在恩格斯写给马克思的一封信中。⑥

第一处,在《自然辩证法》手稿中有关生物学的"片段":"自然辩证法——references[引据]。"在此,恩格斯标记了《自然》第294期及以下各期:1875年5月24日奥尔曼(Ollman)向林耐学会作的名为《我们关于纤毛虫类的知识方面的最新进步》的报告;署名J.F.B的对克罗尔(Kroll)的《气候和年代以及它们的地址关系》一书的评论;《自然》第326~327期的《丁铎尔教授论胚胎》。⑦

第二处,在《自然辩证法》手稿中有关物理学的"片段":"自然辩证法一个很好的例子是:根据现代的理论,用同性电流的吸引说明同性磁极的排斥"。在此,恩格斯也标记了格思里著作《磁和电》的第264页。⑧

---

① 〔德〕E.杜林:《哲学教程——严格科学的世界观和人生观》,郭官义等译,商务印书馆,1991年,第495页。
② 这封信通常被视为恩格斯研究"自然辩证法"的开始。
③ 《马克思恩格斯文集(第10卷)》,人民出版社,2009年,第385页。
④ 这篇札记通常被视为恩格斯研究"自然辩证法"的最初提纲。
⑤ 《马克思恩格斯文集(第9卷)》,人民出版社,2009年,第503~504页。
⑥ 周林东:《人化自然辩证法——对马克思的自然观的解读》,人民出版社,2008年,第4~9页。
⑦ 参见恩格斯:《自然辩证法》,于光远等译,人民出版社,1984年,第285页,第439~440页注释368、369、370。
⑧ 参见恩格斯:《自然辩证法》,人民出版社,2015年,第281页。

第三处,在1882年11月23日写给马克思的信中。在这封信中,恩格斯首先说自己取得了一个电学方面的"小小的胜利",他发现了电学中的"电阻"和机械运动中的"质量"是一回事,这种运动的量在电学中表现为"电流强度",而在机械运动中表现为"速度"。恩格斯说道:"这是由我首先表述出来的运动的普遍自然规律。但是现在必须尽快结束自然辩证法。"①

第四处,是恩格斯在逝世前不久将全部有关自然科学研究的论文札记分为四束,将其中的"第三束"命名为"自然辩证法",在这一束中有六篇接近完成的手稿:"《运动的基本形式》《运动的量度。——功》《电》《神灵世界中的自然科学》《导言》和《潮汐摩擦》"。②

上述第一段文字写于1876年。这可能是恩格斯首次明确使用"自然辩证法"这一概念。在这里,恩格斯认为当时的地质学和生物学等自然科学研究成果可以作为"自然辩证法"的论据;第二段文字由于谈及F.加思里(F. Gathrie)《磁和电》这本于1876年出版的著作,可以推断写作于1876年以后。在这里,恩格斯也借用物理学研究成果来论证"自然辩证法";第三段文字,是恩格斯研究电学之后的发现,与前面的论述相同,他也在用电学研究成果来论证自己的"自然辩证法"思想。

在这三处恩格斯用了一个新的德文词"Naturdialektik",来区别于杜林的"Natuerliche Dialektik"。并且,他也并非像杜林的"Natuerliche Dialektik"那样只是单纯描述"自然界辩证运动",而是结合自然科学研究来论证自己的"Naturdialektik"。

上述第四段文字中,恩格给第三束手稿加标题的时间尚无法确定。现存说法有三种:"逝世前不久",③"写于他生前最后几年,无论如何不早于1886年",④"大约在(十九世纪)九十年代"。⑤ 但可以确定,即便到最后恩格斯本人也仅将其作为第三束手稿的标题,而没有将自己自然科学研究全部手稿命名为"自然辩证法"的打算。

事实上,大卫·梁赞诺夫(David Riazanov)首次将恩格斯全部手稿命名为"自然辩证法"。恩格斯逝世后,其全部自然科学研究的手稿落在修正主义者伯恩斯坦手里,伯恩斯坦排斥马克思主义中的"辩证法"因素,所以他一

---

① 《马克思恩格斯全集(第35卷)》,人民出版社,1971年,第114~115页。
② 恩格斯:《自然辩证法》,于光远等译,人民出版社,1984年,第375~376页注释1。
③ 同上书,第365页。
④ 同上书,第446页注释409。
⑤ 〔苏〕勃·凯德洛夫:《论恩格斯〈自然辩证法〉》,殷登祥等译,生活·读书·新知三联书店,1980年,第34页。

直以各种借口阻碍这些手稿出版。直到 1925 年,苏联马克思恩格斯研究院第一次用德文和俄译文相对照的形式出版了恩格斯的自然科学研究手稿,时任院长、编辑人的梁赞诺夫将这些手稿命名为"自然辩证法"。此时,梁赞诺夫的命名还是有一定道理的,因为它的德文写法正是恩格斯本人为第三束手稿所加的标题:"Naturdialektik"。这个词既不同于杜林的"自然辩证法",也不同于后来苏联又出版过几种新版本逐渐演变成的"Dialektik der Natur"(后来,我国在出版中译本时也是据此译出的)。

因此,从严格意义上说,今天人们所说的"自然辩证法"(Dialektik der Natur)已不是恩格斯所说的"自然辩证法"(Naturdialektik)了。所以,将"自然辩证法"中的"自然"二字理解为抽象的自然界,将"自然辩证法"理解为寻求抽象自然界辩证规律的学说,并不符合恩格斯本意。

那么,"自然辩证法"究竟应如何理解?依据上述恩格斯关于"自然辩证法"的直接论述可以看出,他是将其表述为"自然科学的辩证法"。除此之外,恩格斯在写给马克思的另外两封信中也以"自然科学研究"来指代自己的研究工作。

在 1876 年 5 月 28 日写给马克思的信中,恩格斯提道:"我重温古代史和研究自然科学,对我批判杜林大有益处,并在许多方面有助于我的工作。特别是在自然科学方面。"正是在这种自然科学研究过程中,他更是表示连"自然辩证法"——"这部著作的最终全貌也已经开始呈现"。① 在 1882 年 12 月 8 日写给马克思的信中,恩格斯说道:"我自己很想摆脱这个不足道的东西,重新从事自然科学的研究。"②此时,恩格斯正在写作文章《马尔克》,但他觉得这个工作远没有自己的"自然科学的研究"重要。这里,恩格斯"自然科学的研究"其实也是研究创作"自然辩证法"。③ 这两处同样表明,恩格斯的"自然辩证法"是有关"自然科学的辩证法"。

因此,恩格斯的"自然辩证法"中"自然"二字是指"自然科学研究",而绝非指抽象自然界;"自然辩证法"是与"自然科学研究"有关的"辩证法",而绝非寻求抽象自然界的辩证规律。因此,可以肯定源于"西方马克思主义"和西方"马克思学"的对恩格斯"自然辩证法"的批判,建立于对其误读的基础之上。

在 1890 年 10 月 27 日、1891 年 7 月 1 日,恩格斯写信给康拉德·施密

---

① 参见《马克思恩格斯文集(第 10 卷)》,人民出版社,2009 年,第 416 页。
② 《马克思恩格斯全集(第 35 卷)》,人民出版社,1971 年,第 121 页。
③ 同上书,第 491 页注释 117。

特（Conrad Schmidt）批评巴尔特（Barthes）误解马克思的历史唯物主义时指出，巴尔特对马克思历史唯物主义的批判"是跟风车作斗争"。① 因为，他首先臆造出一种历史唯物主义，坚持这就是马克思的理论，但后来发现在马克思的著作中不是这么回事时，他并不认为自己将不正确的东西强加给了马克思，而是说马克思自相矛盾。在这里，恩格斯借用马克思的话批评巴尔特："咳，这些人哪怕能读懂也好啊！"②其实，恩格斯"自然辩证法"被误解批判的情况，也是如此。针对这种情况，我们也可以这样说："咳，这些人哪怕能读懂'自然辩证法'也好啊！"

可见，作为体现恩格斯辩证法思想的"自然辩证法"，长久以来饱受指责，但这些指责又建立于对其误读的基础之上。就连"自然辩证法"这一概念及其中的"自然"二字，人们通常的理解都不符合恩格斯的本意。因此，以这些对恩格斯"自然辩证法"的批判为切入点，重新研究恩格斯自然观、恩格斯对辩证法的理解，重新解读"自然辩证法"的真实内容，重新评估"自然辩证法"的重大贡献，显得尤为重要。

---

① 《马克思恩格斯文集（第10卷）》，人民出版社，2009年，第600页。
② 同上书，第616~617页。

第一章 "自然辩证法"与恩格斯自然观

正如绪论所言,人们批判恩格斯"自然辩证法"的一方面依据在于:从自然观出发,指责恩格斯对自然的理解与马克思不同。这些学者将"自然辩证法"中的"自然"二字理解为抽象自然界,进而指出:马克思自然观超越以往自然观的地方,就在于其始终借助人的实践活动这一中介来考察"自然",而从未脱离人的实践活动孤立地、抽象地考察"自然";"自然辩证法"则体现了恩格斯脱离人的实践活动,孤立地、抽象地考察"自然"的抽象自然观。因此,他们指责恩格斯的这种自然观仅仅停留于以往旧唯物主义水平之上,远未达到马克思自然观的思想水平。本章主要以上述从自然观出发对恩格斯"自然辩证法"的批判为切入点,重新思考恩格斯自然观及其与马克思自然观的关系。

一、对恩格斯自然观不符合马克思自然观的诸种论述

作为"西方马克思主义"创始人的卢卡奇,在《历史与阶级意识》一书中批判恩格斯"自然辩证法",就源于他认为马克思和恩格斯的自然观是不同的。他指出马克思的自然观可以归结为"自然是一个社会的范畴"。这也就意味着,"在社会发展的一定阶段上什么被看作是自然,这种自然同人的关系是怎样的","人对自然的阐明又是以何种方式进行的","自然按照形式和内容、范围和对象性应意味着什么",这些内容都被社会制约。① 在1925年发表的评论卡尔·魏特夫(K. Wittfogel)的《资产阶级社会的科学》一书的文章中,卢卡奇又重申了"自然是一个社会的范畴"这一命题:"对于作为一个历史的辩证法家的马克思主义者来说,自然和在理论与实践中支配自然的一切形式都是社会范畴"。② 在他看来,恩格斯之所以提出"自然辩证

---

① 〔匈〕卢卡奇:《历史与阶级意识》,杜章智等译,商务印书馆,1999年,第325页。
② 徐崇温:《怎样认识"西方马克思主义"》,重庆出版社,2012年,第265~266页。

法",就是因为其受黑格尔泛逻辑主义的影响抽象地考察自然界的结果。他批判恩格斯"自然辩证法"的一个原因,就在于他认为恩格斯忽视人的实践活动而体现出的抽象自然观。

此后,在《马克思的自然概念》一书中,施密特更为详细地论述了马克思和恩格斯自然概念的不同。在该书中,施密特认为:马克思始终借助人的实践这一中介来看待"自然",而并非从本体论和物理学的角度出发抽象地考察"自然";而恩格斯对"自然"的考察则仍建立于旧唯物主义基础之上、仍是本体论的。

施密特指出,与费尔巴哈一样,马克思也肯定"外部自然界的优先地位"。但是马克思给这一优先地位加了一个批判性的保留,即"一切这种优先地位只能存在于中介之中"。"马克思把自然——人的活动的材料——规定为并非主观所固有的、并非依赖人的占有方式出现的、并非和人直接同一的东西。但他决不是在无中介的客观主义的意义上,即决不是从本体论意义上来理解这种人之外的实在。"①在他看来,马克思的"自然"存在于人的实践活动、存在于主客体的辩证法之中。在马克思那里,"自然概念是人的实践的要素,又是存在着的万物的总体。"②费尔巴哈强调与人无关的"纯粹自然",马克思则处处强调与人的实践活动密切关联的"自然"。

施密特指出,马克思这种以人的实践活动为中介的自然观,打破了以往建立于旧唯物主义基础之上的形而上学"独断"。在这种自然观中,"自然"既独立于人,又以人为中介。"一方面它包含了人类社会的各种形态,同时,它又依附于这些形态而出现于思想和现实之中。"③人构成"自然"的一部分,人的自然概念和自然是统一的。在这种自然观中,"自然"与人的社会历史也密切相关。人常常以他们和自然斗争的形式为模式,从而形成形形色色的文化,这些文化又反过来影响着人们对"自然"的理解。人的自然概念总是随着社会历史的发展而变化。因此,这种自然观并不会导致一种终极的世界观或者一种"独断"的形而上学。

施密特认为恩格斯的"自然观"仍建立于旧唯物主义基础上、仍是本体论的。他引用《反杜林论》中的论述指出恩格斯的唯物主义仍然是以下列命题为本质:"(一)'世界的……统一性是在于它的物质性'","(二)'一切存在的基本形式是空间和时间……'","(三)'运动是物质的存在方式。

---

① 〔德〕A.施密特:《马克思的自然概念》,欧力同等译,商务印书馆,1988年,第14页。
② 同上书,第15页。
③ 同上书,第18页。

无论何时何地,都没有也不可能有没有运动的物质……'。"①他指出,这些命题表明恩格斯的唯物主义与一切旧唯物主义并无实质区别,区别仅仅在于其以辩证法解释事物的发展。"恩格斯承认:在世界的物质统一之内,有形式的区别。……但在它们仍然是一种物质本质的现象形态这一点则是不变的。恩格斯想借助辩证法解释事物从低级向高级的发展……"②在这些命题中恩格斯仍然将物质视为"世界的最高原则",表明他的"自然"仍然是本体论的。"恩格斯的自然概念归根结底仍然是本体论的"。③

因此,施密特指出,与马克思不同,恩格斯脱离了人的实践活动去考察"自然"。"在恩格斯那里,自然和人不是被首要意义的历史的实践结合起来的,人作为自然过程的进化产物,不过是自然过程的受动的反射镜,而不是作为生产力出现的。"④这种脱离了人的实践去考察"自然",只能造成对"自然"的漠视。

莱文在1975年出版的《可悲的骗局:马克思反对恩格斯》一书中,分别将马克思的自然观和恩格斯的自然观称作"辩证的自然主义"和"形而上学的唯物主义"。莱文指出,对马克思来说,自然界是一个包含两部分的整体:一部分是人类(这是一个有意识的、能动的、有感觉的和有改造作用的部分),另一部分是存在于人之外的自然界(这是一个无意识的、无机的、无感觉的和非能动的部分),这两个部分密不可分。当马克思谈及人时,他总是强调人的生产实践,人对无意识的自然界的改造影响;当马克思谈及无意识的自然界时,他也总是强调这个无意识的物质在什么程度上、以什么方式被人的生产实践改造影响。因此,莱文认为,在马克思看来,无机的自然界从来不是独立于人之外的有自己本质规律的存在,"人和外部自然界在本质上是相互补充和相互依存的关系",人和自然界"处于一种相互补充、相互依存的关系"之中。其中,人居主导地位,人的活动改造社会经济生活,而自然界则处于被改造的地位。所以,马克思绝不会脱离人的实践活动去孤立地考察"自然"。⑤

莱文认为:"与马克思不同,恩格斯承认自然界的独立存在,把它当作独立存在的东西来研究。"⑥在他看来,恩格斯的"自然辩证法"把辩证法扩充

---

① 〔德〕A.施密特:《马克思的自然概念》,欧力同等译,商务印书馆,1988年,第48页。
② 同上书,第48页。
③ 同上书,第52页。
④ 同上书,第50页。
⑤ 参见杨金海总主编、林进平主编:《马克思主义研究资料(第24卷)》,中央编译出版社,2014年,第343~344页。
⑥ 同上书,第344页。

到自然界,就证明了其将自然界当作独立存在的东西予以研究。并且,恩格斯总结出了三条辩证规律("量变质变规律""对立面互相渗透的规律"以及"否定之否定规律"),认为从机械、化学、生命到思维的一切运动形式都遵从这三条规律。这就将整个宇宙视作一个按规律运行的形而上学体系。在这个体系中,人与自然遵循同样规律,人是遵循规律的消极客体,人很少影响自然界的发展过程。

在该书中,莱文还用了大量篇幅通过把马克思、恩格斯自然观与黑格尔自然观比较,来说明两者自然观的不同。在他看来,黑格尔的自然界是自然概念的外化形式,这种外化形式必须与精神重新结合。于是,有了自然界的三个阶段:机械阶段、物理阶段和有机阶段。① 黑格尔的自然作为自然概念的外化,并且最终与精神结合,具有主观性。马克思的自然观,沿用了黑格尔的这种主观性。马克思的自然仍然以人为中心,人的实践改造非有机界,同时改造自身;恩格斯则不明白黑格尔的主观性,用物质代替黑格尔的精神,将物质视作自然界的中心,赋予自然界完全无关人的主体地位。马克思沿用黑格尔的主观性,注重实践在自然中的作用,而恩格斯把自然中的一切活动、一切因果关系看作自身的变化,忽略人的实践作用。所以,"马克思和恩格斯对黑格尔和宇宙的看法是直接矛盾的。马克思的宇宙是人为中心的,恩格斯的宇宙则是以物质世界为中心的。"②

另外,国内学者俞吾金在《自然辩证法,还是社会历史辩证法?》一文中,也坚称恩格斯"自然辩证法"体现出的抽象自然观,与马克思的"社会历史辩证法"体现出的自然观并不相同。在该文中,俞吾金认为"自然辩证法"体现出的抽象自然观主要表现于两个方面:"其一,主张撇开人的目的活动,即实践活动对自然的影响,只考察自然自身的运动。""其二,主张自然科学与人类生活、自然科学与人的科学是相互分离的。"③

在第一个方面,俞吾金引述恩格斯在《自然辩证法》手稿中的原话,即"坚持从世界本身说明世界"。④ 在这里俞吾金和施密特的观点是类似的,他认为这句话表明恩格斯肯定"自然"是自我运动的。而在此基础上的自然观实质与旧唯物主义的抽象自然观一致,区别仅仅在于"它批判地吸收了黑

---

① 杨金海总主编、林进平主编:《马克思主义研究资料(第24卷)》,中央编译出版社,2014年,第345页。
② 同上书,第350页。
③ 俞吾金:《自然辩证法,还是社会历史辩证法?》,《社会科学战线》2007年第4期。
④ 《马克思恩格斯文集(第9卷)》,人民出版社,2009年,第413页。

格尔辩证法的成果,自觉地强调了自然界自身的辩证运动"。① 在俞吾金看来,恩格斯的这种自然观包含着将"自然"与人的实践活动分离的倾向。同时,他还引述了恩格斯在《路德维希·费尔巴哈和德国古典哲学的终结》中的论述,"社会发展史却有一点是和自然发展史根本不相同的。在自然界中(如果我们把人对自然界的反作用撇开不谈)全是没有意识的、盲目的动力"。② 俞吾金认为,恩格斯在这里的论述表明其在考察自然界时,将人的作用"撇开不谈"。

在第二个方面,俞吾金认为,恩格斯赞同自然科学与人类社会生活、自然科学与人的科学相分离,即"纯粹自然科学的唯物主义"。他同样引述了恩格斯在《路德维希·费尔巴哈和德国古典哲学的终结》中的论述,"费尔巴哈说得完全正确:纯粹自然科学的唯物主义虽然'是人类知识的大厦的基础,但是,不是大厦本身'。因为,我们不仅生活在自然界中,而且生活在人类社会中,人类社会同自然界一样也有自己的发展史和自己的科学。"③ 俞吾金认为在这段话中:"第一,恩格斯同意费尔巴哈的观点,认为纯粹自然科学的唯物主义是全部自然科学和社会科学知识的基础;第二,正像自然界有自己的科学和发展史一样,人类社会也有自己的科学和发展史"。④ 他指出:恩格斯赞同费尔巴哈将"纯粹自然科学的唯物主义"视作知识基础,而且恩格斯忽略了自然科学与社会科学之间的联系,仅注意自然科学与社会科学之间的差异,证明其唯物主义仍然是旧的抽象唯物主义。

同时,俞吾金引用马克思的论述来证明马克思、恩格斯自然观并不相同。他引述马克思在《1844年经济学哲学手稿》中的一段话:"被抽象地理解的、自为的、被确定为与人分隔开来的自然界,对人来说也是无。"⑤ 所以,他强调马克思只考察人类以一定目的性活动为前提的现实自然,而绝不考察排除人的目的性活动的抽象的自然界。"在马克思看来,这种撇开人的目的性活动而受到考察的自然只能是抽象的自然","与恩格斯不同,马克思自然观的出发点不是排除人的目的性活动的抽象的自然界,而是被人的目的性活动中介过的'人化的自然界'。"⑥

俞吾金还引述马克思在《1844年经济学哲学手稿》中的另一段话:"自

---

① 俞吾金:《自然辩证法,还是社会历史辩证法?》,《社会科学战线》2007年第4期。
② 《马克思恩格斯文集(第4卷)》,人民出版社,2009年,第301页。
③ 同上书,第284页。
④ 俞吾金:《自然辩证法,还是社会历史辩证法?》,《社会科学战线》2007年第4期。
⑤ 《马克思恩格斯文集(第1卷)》,人民出版社,2009年,第220页。
⑥ 俞吾金:《自然辩证法,还是社会历史辩证法?》,《社会科学战线》2007年第4期。

然科学将抛弃它的抽象物质的方向，……从而成为人的科学的基础，正像它现在已经……成了真正人的生活的基础一样。"①他据此指出：对马克思而言，自然科学正是通过工业才进入人的生活，改造人的生活；工业体现着自然与人、自然科学与人的现实的、历史的科学之间的关系。并且，俞吾金指出在《德意志意识形态》中，马克思也认为自然科学只是由于商业和工业，由于人们的感性活动才获得材料并达到自己的目的，并据此批判德国哲学家关于"纯粹的自然科学"的神话。所以，如果撇开了人类的社会生活和需求，自然科学发展也将失去其原动力。

可见，人们从自然观出发批判恩格斯"自然辩证法"：一方面，认为马克思自然观主要体现于"自然是一个社会的范畴"这一命题中，马克思自然观优于以往自然观的地方，就在于他始终通过人的实践活动这一中介来考察自然界，而从不谈论脱离人的、抽象的、纯粹的自然界；另一方面，认为"自然辩证法"表明恩格斯力图寻求抽象自然界本身客观存在的辩证规律，而这正体现了恩格斯建立于旧唯物主义基础之上、脱离人的实践活动考察自然界的抽象自然观。那么，究竟马克思自然观是否真的从不谈论抽象自然界？恩格斯自然观是否真的脱离实践活动抽象地考察自然界？想要了解这些问题的答案就需要我们深入研究马克思、恩格斯的自然观。

二、马克思自然观

（一）马克思自然观能否仅仅概括为"自然是一个社会的范畴"？

对马克思与恩格斯自然观持不同观点并对恩格斯自然观予以批判的学者们通常将马克思自然观概括为"自然是一个社会的范畴"这一命题，即认为马克思始终从人的实践活动出发考察自然界，而脱离人的、抽象的、纯粹的自然界是存在着的"无"。

例如，前文提到的俞吾金就引用马克思在《1844年经济学哲学手稿》中的论述作为依据："被抽象地理解的、自为的、被确定为与人分隔开来的自然界，对人来说也是无"；②法国学者卡尔凡（Carvin）在《卡尔·马克思》一书中也依据这句话断定：对马克思而言，"没有人，自然既无意义，也无运动，它是混沌的、无差别的、无关紧要的物质，从而归根到底是虚无"。③但其实只要仔细分析就会发现这些观点只是依据马克思的只言片语而做出的

---

① 《马克思恩格斯文集（第1卷）》，人民出版社，2009年，第193页。
② 同上书，第220页。
③ 余其铨：《恩格斯哲学与现时代——评"新马克思主义"对恩格斯的责难》，广西师范大学出版社，1998年，第39页。

论断。

对于作为依据被引用的马克思的第一句话,只要仔细阅读原文就会发现,其实这句话并非马克思本人的观点。在《1844年经济学哲学手稿》中,紧接着这句话,马克思说:"不言而喻,这位决心转向直观的抽象思维者是抽象地直观自然界的。"①这位"抽象地直观自然界"者指的是黑格尔。所以,马克思这句话并不是陈述自己的观点,而是针对黑格尔自然观所发表的评论。

黑格尔的自然观体现于其自然哲学中,他的自然哲学又是其"绝对精神"的一个环节。黑格尔认为自然界是"绝对精神"的外化,"绝对精神"在"逻辑学"的最后阶段外化出自然界而转向自然哲学。在他的哲学体系中,"绝对精神"存在于自然界和人类社会之前,本质是一种独立于自然界和人类社会之上的精神。在逻辑学阶段,它仅仅是一个没有任何物质内容的、纯粹抽象的概念。在这一阶段,"绝对精神"呈现为一种抽象的概念运动,即从最初的"无"(没有任何规定性内容的绝对抽象的"存在")到中间的"无"(抽象的"本质")到最后的"无"(抽象的"概念"),最后演变为最高的抽象概念"绝对理念"。"绝对精神"在逻辑学发展到最高概念——"绝对理念"之后,不能再以抽象概念的形式出现,于是外化为"自然界"。

黑格尔指出,"自然界"是作为"逻辑学"的对立面而存在的——不同于"逻辑学"阶段的抽象——是物质性的存在。但在马克思看来,这种区别仅仅是表面上的,"当他把自然界从自身释放出去时,他实际上从自身释放出去的只是这个抽象的自然界"。② 马克思认为,黑格尔《逻辑学》中的"绝对精神"是一种"脱离自然的精神",那么,在《自然哲学》中这种精神就被异化为"脱离人的自然"。因此,马克思所说的"与人分隔开来的自然界",其实指的是黑格尔的"脱离人的自然",马克思的这句话针对的是黑格尔的"抽象自然界"。

可见,西方学者将马克思自然观概括为"自然是一个社会的范畴",并指出马克思只考察与人的实践相关的自然,而不关心纯粹的自然,只是依据于马克思的只言片语。接下来,我们将对马克思自然观进行分析,以证明这一命题还存在对马克思自然观的深层误解。

(二)马克思对以往抽象自然观的批判

马克思的自然观其实是在批判黑格尔和费尔巴哈抽象自然观的过程中

---

① 《马克思恩格斯文集(第1卷)》,人民出版社,2009年,第220页。
② 同上书,第221页。

形成的。为了更好地理解马克思自然观,我们先要了解马克思对以往抽象自然观的批判。

恩格斯曾在《英国状况。十八世纪》中论述,在 18 世纪以前人们"对自然的认识具有自己的科学形式",即以黑格尔为代表的"唯心主义"理解。18 世纪以来随着自然科学的发展,才形成了有关自然界的"唯物主义"理解。但由于这种理解产生于对"抽象主体性""精神"及"唯灵论"的批判过程中,也造成了自身与这些思想之间的对立。① 所以,受"实体和主体""自然和精神""唯物主义和唯灵论"截然对立思想影响的人们,只能"在一方面只知道自然界,在另一方面又只知道思想"。② 正是在此意义上,马克思之前的自然观或是只从"精神"出发形成以黑格尔为代表的抽象唯心自然观,或是只从"物质"出发形成以费尔巴哈为代表的抽象唯物自然观。

前文提到,因为黑格尔的自然哲学是其"绝对精神"的一环节。所以,在他看来:"自然是作为他在形式中的理念产生出来的。"③"绝对精神"构成了"自然"的根据。"自然在本质上是一种观念性的东西……这种东西仅仅是相对的,只有相对第一性的东西,才有其规定性。"④正是如此,黑格尔抽象唯心自然观从"精神"出发考察自然界,将自然界理解为"绝对精神"的派生物,"自然在时间上是最先的东西,但绝对 prius[在先的]的东西却是理念;这种绝对 prius 的东西是终极的东西,真正的开端。"⑤

马克思指出黑格尔这种从"精神"出发考察自然界,将自然界视为"绝对精神"外化派生物的做法,实际上是对真实关系的一种"颠倒"。他说:在黑格尔自然哲学中,自然与"精神"的关系是"儿子生出母亲,精神产生自然界"。⑥ 马克思批评黑格尔对"自然"的这种唯心主义式的考察,"颠倒"了"精神"和"自然"之间的真实关系。并且这种考察方式并不能得出真实自然界,只能得出抽象自然界。

马克思之所以能够发现黑格尔抽象唯心自然观的缺陷,是因为他直接受益于费尔巴哈。费尔巴哈于 1842 年和 1843 年分别撰写出版了《关于哲学改造的临时纲要》和《未来哲学原理》两本著作。在这两本著作中,费尔巴哈从对一切唯心主义的诘难开始了对黑格尔的批判,这当然也包含了对

---

① 《马克思恩格斯文集(第 1 卷)》,人民出版社,2009 年,第 88~89 页。
② 《马克思恩格斯文集(第 9 卷)》,人民出版社,2009 年,第 483 页。
③ 〔德〕黑格尔:《自然哲学》,梁志学等译,商务印书馆,1980 年,第 19 页。
④ 同上书,第 22 页。
⑤ 同上书,第 28 页。
⑥ 《马克思恩格斯全集(第 2 卷)》,人民出版社 1971 年版,第 214 页。

黑格尔自然观的批判。在《关于哲学改造的临时纲要》中,他明确指出:"思维与存在的真正关系只是这样的:存在是主体,思维是宾词","思维是从存在而来的","存在并不来自思维";①在《未来哲学原理》中,他说:"新哲学将人连同作为人的基础的自然当作哲学唯一的,普遍的,最高的对象——因而也将人类学连同生理学当作普遍的科学。"②

在此基础上,费尔巴哈批判黑格尔的作为"绝对精神"外化的自然。他指出:黑格尔的关于自然、现实是由理念设定的学说,不过是自然由上帝创造、物质存在由非物质的、抽象的存在创造的神学学说的理性表达而已。在他看来,黑格尔在"逻辑学"的最后阶段,有关"绝对理念"外化出"自然"的设定,是莫名其妙的。黑格尔有关"绝对精神"要经过"外化"自然才能自我实现、自我确证、自我肯定的设定,在费尔巴哈看来只是证明了"绝对精神"来源于"神学的天堂"。"绝对精神"再怎么经过"外化",也不可能得到真正的、具体的、肯定的东西,只能得到在正常人看来是抽象虚无的东西。③

费尔巴哈在批判黑格尔唯心主义自然观之后,提出了自己对自然的理解:自然是"人""意识""精神"的前提、原因和根据,是人产生和生存所依赖的东西。自然"是第一性的实体","有意识的、属人的实体,则在其发生的时间上是第二性的";④自然不依赖于精神、意识而存在,相反"没有了自然,人格性、'自我性'、意识就是无","就成了空洞的、无本质的抽象物"。⑤

费尔巴哈著作的出版及其对黑格尔哲学和自然观的批判,为马克思批判黑格尔抽象唯心自然观提供了极其重要的帮助。正如恩格斯在《路德维希·费尔巴哈和德国古典哲学的终结》中略带夸张地说:随着费尔巴哈著作的发表,"我们一时都成为费尔巴哈派了"。⑥ 弗·梅林(Franz Mehring)也曾在《马克思传》中说:费尔巴哈《关于哲学改造的临时纲要》的发表,"致命地打击了黑格尔哲学——神学的最后的避难所和合理的支柱"。⑦

在《1844年经济学哲学手稿》中,马克思也高度评价了费尔巴哈对黑格尔哲学及其自然观的批判。他指出:费尔巴哈是唯一对黑格尔哲学"采取

---

① 〔德〕路德维希·费尔巴哈:《费尔巴哈哲学著作选集(上卷)》,荣震华等译,生活·读书·新知三联书店,1959年,第115页。
② 同上书,第184页。
③ 同上书,第114页。
④ 〔德〕路德维希·费尔巴哈:《费尔巴哈哲学著作选集(下卷)》,荣震华等译,生活·读书·新知三联书店,1962年,第523页。
⑤ 同上书,第122页。
⑥ 《马克思恩格斯文集(第4卷)》,人民出版社,2009年,第275页。
⑦ 〔德〕弗·梅林:《马克思传》,樊集译,人民出版社,1965年,第71页。

严肃的、批判态度的人","他真正克服了旧哲学"。费尔巴哈点明了黑格尔哲学不过是思想并通过思维加以说明的宗教,批判了黑格尔从"无限的东西""抽象的普遍的东西"出发,明确了应该从"感觉确定的""以自身为依据的肯定"出发,创立了"真正的唯物主义和实在的科学"。① 也正是借助费尔巴哈的批判,马克思认识到黑格尔的自然只是从"绝对精神"自身释放出去的"抽象自然界",只是"自然界的思想物","无非是自然界诸规定的抽象概念"。在黑格尔那里,"整个自然界不过是在感性的、外在的形式下重复逻辑的抽象概念而已","他对自然界的直观不过是他把对自然界的直观加以抽象化的确证行动"。②

但马克思很快也认识到费尔巴哈自然观的缺陷。虽然,费尔巴哈将哲学的出发点确定为"人连同作为人的基础的自然",并多次强调"哲学必须重新与自然科学结合,自然科学必须重新与哲学结合"。③ 但在费尔巴哈那里,人只是具有纯粹自然性质的类本质的人,不是能动的、实践的人。由于费尔巴哈无法真正认识"人",于是,在他那里"人与自然""哲学与自然哲学"的结合也就变成了空话。

于是,费尔巴哈对自然的考察也仅仅是抽象唯物式的,这种考察方式同样不能得出真实自然界,而只能得出唯物主义的抽象自然界。因此,费尔巴哈认为:自然是"人拿来当作非人性的东西而从自己分别出来的一切感性的力量、事物和本质之总和"。④ 所以,在他看来自然是与人无关的。在他脱离人来看待自然时,自然只能"来自自身,它没有始端和终端";⑤自然只能"是非发生的永恒的实体"。⑥

马克思评价费尔巴哈的抽象唯物自然观虽提出了以"人和自然"考察自然,但实际上仍只是从"自然"自身出发,并未真正地考虑人及实践对自然界的影响。费尔巴哈没有看到自然其实是历史的产物,是世世代代人类实践活动的产物。在他那里,"'自然和历史的对立',好像这是两种互不相干的

---

① 《马克思恩格斯文集(第1卷)》,人民出版社,2009年,第199~201页。
② 同上书,第221页。
③ 〔德〕路德维希·费尔巴哈:《费尔巴哈哲学著作选集(上卷)》,荣震华等译,生活·读书·新知三联书店,1959年,第118页。
④ 〔德〕路德维希·费尔巴哈:《费尔巴哈哲学著作选集(下卷)》,荣震华等译,生活·读书·新知三联书店,1962年,第591页。
⑤ 〔德〕路德维希·费尔巴哈:《费尔巴哈哲学著作选集(上卷)》,荣震华等译,生活·读书·新知三联书店,1959年,第355页。
⑥ 〔德〕路德维希·费尔巴哈:《费尔巴哈哲学著作选集(下卷)》,荣震华等译,生活·读书·新知三联书店,1962年,第523页。

'事物',好像人们面前始终不会有历史的自然和自然的历史"。①

因此,在马克思看来,黑格尔与费尔巴哈分别从"精神"和"物质"出发对自然的考察,都未真正实现"人和自然"的结合,形成的只是抽象唯心自然观或抽象唯物自然观,也正是在对这两者的批判中马克思形成了自己的自然观。

(三) 马克思自然观的"人化自然"和"自在自然"的统一

马克思在批判以往以黑格尔和费尔巴哈为代表的抽象自然观过程中,意识到单纯从"精神"或者"物质"出发,都无法真正考察自然界。只有从真正实现"人和自然"结合的实践出发,才能真正认识自然。在他看来,之所以应该将实践视为"人和自然"的真正结合,其根源在于人及作为其对象的自然界都是实践的产物。

在《1844年经济学哲学手稿》中,马克思曾借助实践揭示过人与动物的区别。他指出:由于动物没有意识,它们生命活动是直接与自己同一的;而人有意识,他使自己的生命活动变成自己意识的对象。"有意识的生命活动把人同动物的活动直接区别开来"。人对自己是有意识的存在物,则是"通过实践创造对象世界,改造无机界"来证明的。因此,在有意识的实践活动中,人证明了自己的区别于动物的有意识性。② 在这个意义上,马克思认为是实践创造了"人"。

同样,在马克思看来,自然界也与实践密切相关,实践也再造着自然界。他指出:动物的生产是片面的,只受到自己直接的肉体需要支配。动物的这种生产只生产其自身;而"人的生产是全面的","人再生产整个自然界"。③ 马克思举例,人最初的生产,如古埃及、古印度、墨西哥建造神庙,不是单纯为了供奉神,而是为了人自身。因此,人通过实践使自然日益受自己支配,更是为了人自身。这种为了人自身的实践活动,必然使自然日益摆脱纯粹性,而打上人的印记。在这个意义上,马克思认为人的实践同样再造了自然界。

除此之外,在《1844年经济学哲学手稿》中,马克思在论述共产主义问题时也表达了类似观点。他将共产主义看作人对人本质的真正占有,而这需要对作为人的自我异化的私有财产的扬弃来实现。④ 在这里,马克思认为,人的有意识的实践证明了人的类本质。但是,在以私有财产为基础的资

---

① 《马克思恩格斯文集(第1卷)》,人民出版社,2009年,第529页。
② 同上书,第162~163页。
③ 同上书,第162页。
④ 同上书,第185页。

本主义社会,人的劳动却是无意识的、动物式的异化劳动。这种劳动"把自主活动、自由活动贬低为手段",把人的有意识的实践变为维持肉体生存的手段。① 要消灭这种异化劳动,实现人的本质的复归,只能扬弃私有制、扬弃私有财产。而人之所以能够扬弃私有财产,实现从"异化人"向"社会人"的复归,实现人的真正本质,归根结底又是因为实践。

另外,马克思介绍了扬弃了私有财产之后的人和劳动资料都成为实践的产物,"无论是劳动的材料还是作为主体的人,都既是运动的结果,又是运动的出发点"。② 他说:"这种扬弃之所以是这种解放,正是因为这些感觉和特性无论在主体上还是在客体上都成为人的。眼睛成为人的眼睛,正像眼睛的对象成为社会的、人的、由人并为了人创造出来的对象一样。"人的眼睛不同于野性的、非人的眼睛,源于实践;眼睛的对象与人发生关系,也源于人的实践。"当物按人的方式同人发生关系时,我才能在实践上按人的方式同物发生关系。"③这里,马克思以眼睛为例,说明了无论人的眼睛(人),还是眼睛的对象(自然)都是实践(人创造出来的)的产物。马克思还以音乐感为例,"只有音乐才激起人的音乐感;对于没有音乐感的耳朵来说,最美的音乐也毫无意义,不是对象"。但音乐和音乐感都是实践的产物。所以,马克思指出:"五官感觉的形成是迄今为止全部世界历史的产物。"④

可见,在马克思看来,"人和自然"由实践真正结合起来。他说:"只有通过实践方式,只有借助于人的实践力量",才能解决"主观主义和客观主义""唯灵主义和唯物主义"彼此间的对立。⑤ 因此,在马克思的自然观中:"自然界的社会的现实和人的自然科学或关于人的自然科学,是同一个说法";自然界为科学提供基础,使其成为现实的科学。同时,历史也成为自然的一个现实部分。⑥

以"人和自然"真正结合的实践为中介考察自然界,当然能够避免以往自然观得出抽象自然的缺陷。在《德意志意识形态》中,马克思批评费尔巴哈无视实践,只能借助"直观"看待自然,将自然事物看作开天辟地以来就直接存在的、始终如一的东西,而看不到这些事物其实是历史的产物、是工业和社会状况的产物。马克思举例,当时在曼彻斯特可以看到一些工厂、机

---

① 参见《马克思恩格斯文集(第1卷)》,人民出版社,2009年,第163页。
② 同上书,第187页。
③ 同上书,第190页。
④ 同上书,第191页。
⑤ 同上书,第192页。
⑥ 同上书,第194页。

器,但是如果在100年前的费尔巴哈,就只能看到一些脚踏纺车、织布机;当时在古罗马的坎帕尼亚发现了一些牧场、沼泽,而在奥古斯都时代的费尔巴哈就只能发现罗马富豪的葡萄园、别墅。马克思指出:对于费尔巴哈而言"除去在澳洲新出现的一些珊瑚岛之外",①就再也没有自然界了。

在《关于费尔巴哈的提纲》第一条中,马克思揭示了"从前的一切唯物主义(包括费尔巴哈的唯物主义)"和"唯心主义"脱离"实践"理解"对象、现实、感性"的缺陷性。② 这种评价同样适用于马克思对黑格尔和费尔巴哈自然观的批判。在马克思看来,黑格尔从"精神"而非"现实的、感性的活动本身"出发,所理解的自然"只是自然界的思想物";而费尔巴哈仅从"实体的或者直观方面去理解"自然,所理解的自然只能是"直观"自然。

与黑格尔和费尔巴哈不同,对马克思而言,实践是作为"人和自然"的真正结合,借助这一中介得出的"自然"既是现实、客观性的事物,又是需要结合实践、一定的社会发展状况来考察的事物。于是,在马克思那里"自然"有两层含义:一是指那些被实践改造过的、打上了人们印记的自然界,我们可称之为"人化自然";二是指那些未被人们认识和加工改造过的、但又客观存在的自然界,我们可称之为"自在自然"。

可见,马克思对自然的考察始终坚持"人化自然"和"自在自然"的统一。马克思自然观也绝非将其归纳为"自然是一个社会的范畴"这一命题的学者所认为的那样,只研究与人的实践相关的"人化自然",而不关心客观纯粹的"自在自然"。

在《1844年经济学哲学手稿》中,马克思在强调实践造成人与动物的区别的同时,也强调人与动物一样要靠无机界才能生存。在这里,马克思用"无机界"表示"自在自然"对人的重要性。他说道:与动物一样,人的肉体方面也得依靠无机界才能生存。自然界是人的无机的身体,人靠自然界生活。人为了生存、为了不致死亡,必须与这个无机的身体处于持续不断的交互作用过程。并且,"人和动物相比越有普遍性,人赖以生活的无机界的范围就越广阔""植物、动物、石头、空气、光,等等"既作为自然科学的对象,为人的肉体生存提供资源,是人的肉体的无机界;也作为艺术的对象,为人的意识提供资源,是人的精神的无机界。因此,人是自然的一部分,人的肉体和精神生活同自然相联系。③ 同时,马克思也强调"自然界是个有缺陷的存

---

① 《马克思恩格斯文集(第1卷)》,人民出版社,2009年,第530页。
② 同上书,第499页。
③ 同上书,第161页。

在物"。① 这个有缺陷的存在物,无法直接为人提供生产和生活资料,人只有通过实践将"自在自然"转化为"人化自然",才能为人所用。因此,马克思对自然界的考察是以实践为中介,强调"人化自然"与"自在自然"的统一。

在《德意志意识形态》中,马克思批评费尔巴哈仅仅通过"直观"来认识自然界,而未看到自然界总是随着工业和社会的发展而发生变化。即便此时,马克思的论述重点是通过强调"人化自然"、通过论述自然界与人类实践之间的关系,达到批判费尔巴哈抽象唯物自然观的目的,他也强调"当然,在这种情况下,外部自然界的优先地位仍然会保持着"。②

在《资本论》第一卷中,马克思对商品的分析也强调商品体是社会劳动和自然物质的结合,是具有社会属性和自然属性的"二重物"。商品体是人们的实践创造物,是人化了的自然存在物。所以,马克思说:"在商品体的价值对象中连一个自然物质原子也没有。"③商品是劳动的物化,它本身"隐藏着某种社会关系",因此是"超自然的属性"。但同时商品又以自然物为基础,以这些物品的物理的和化学的性质为基础。所以,马克思又说:"物的有用性使物成为使用价值。但这种有用性不是悬在空中的。它决定于商品体的属性"。④ 这就是说,马克思认为不能用自然人化、劳动产品的社会属性否定产品的自然属性和自然基质。因为"人化自然"只不过是人通过自己的实践活动、按照自己的方式改变自然的物质形态而已,不管它具有如何多的社会属性,但归根结底是离不开"自在自然"的,是以"自在自然"为基础的。

因此,马克思的自然观始终坚持"人化自然"和"自在自然"的统一,既强调"人化自然",即"人及其对象——自然界——都是实践活动的产物",也强调"自在自然"相对于人的实践活动的"优先地位"。正如,在《德意志意识形态》一段删去的手稿中所说的那样:"我们仅仅知道一门唯一的科学,即历史科学。历史可以从两方面来考察,可以把它划分为自然史和人类史。但这两方面是不可分割的;只要有人存在,自然史和人类史就彼此相互制约。"⑤

三、恩格斯自然观

(一)恩格斯是否脱离实践抽象地考察自然界?

我们前面分析了马克思自然观,发现马克思并非只研究与人的实践相

---

① 《马克思恩格斯文集(第 1 卷)》,人民出版社,2009 年,第 222 页。
② 同上书,第 529 页。
③ 《马克思恩格斯文集(第 5 卷)》,人民出版社,2009 年,第 61 页。
④ 同上书,第 48 页。
⑤ 《马克思恩格斯文集(第 1 卷)》,人民出版社,2009 年,第 516 页。

关的"人化自然",而始终坚持"人化自然"和"自在自然"的统一。人们通常批判恩格斯自然辩证法的这一方面理由并不成立。接下来,我们将分析恩格斯自然观究竟是否如批判者所说,是一种建立于旧唯物主义基础上,只单纯研究"自在自然"的抽象自然观。

批判者指责恩格斯脱离实践而抽象地考察自然界,与以往旧唯物主义并无差别。前文提到,施密特在《马克思的自然概念》一书中指出恩格斯对自然的考察建立于从德谟克利特(Democritus)到霍尔巴赫(Holbach)的一切旧唯物主义基础之上。在该书中,他还引用了恩格斯在《自然辩证法》手稿中的原话,即"唯物主义自然观只是按照自然界的本来面目质朴地理解自然界,不添加任何外来的东西"①。他评价道:"如果唯物主义的自然观只是像他在关于费尔巴哈的论文中所说的那样,无疑是'对自然界本来面目的朴素了解,不附加任何外来成分',那和马克思的立场相比,意味着倒退成素朴的实在论。"②

俞吾金在《自然辩证法,还是社会历史辩证法?》一文中也引用恩格斯在《自然辩证法》手稿中的原话,即"当时的哲学博得的最高荣誉就是:它没有被同时代的自然知识的狭隘状况引入迷途,它——从斯宾诺莎一直到伟大的法国唯物主义者——坚持从世界本身来说明世界,并把细节的证明留给未来的自然科学。"③他指责道:"坚持从世界本身说明世界",这句话证明恩格斯自然观实质上与自斯宾诺莎开始直至法国唯物主义者的抽象自然观一致。④

在该文中,俞吾金还引述了恩格斯在《路德维希·费尔巴哈和德国古典哲学的终结》中的论述,"社会发展史却有一点是和自然发展史根本不相同的。在自然界中(如果我们把人对自然界的反作用撇开不谈)全是没有意识的、盲目的动力"⑤。他指责,恩格斯在这里的论述表明其在考察自然界时将人的作用"撇开不谈"。

可见,这些学者借助恩格斯"按照自然界的本来面目质朴地理解自然界""坚持从世界本身来说明世界""人对自然界的反作用撇开不谈"等论述,将其自然观理解为素朴实在论、抽象自然观并予以指责。事实上这些指责却是断章取义。第三处"把人对自然界的反作用撇开不谈",只是恩格斯

---

① 《马克思恩格斯文集(第9卷)》,人民出版社,2009年,第458页。
② 〔德〕A.施密特:《马克思的自然概念》,欧力同等译,商务印书馆,1988年,第50~51页。
③ 《马克思恩格斯文集(第9卷)》,人民出版社,2009年,第413页。
④ 参见俞吾金:《自然辩证法,还是社会历史辩证法?》,《社会科学战线》2007年第4期。
⑤ 《马克思恩格斯文集(第4卷)》,人民出版社,2009年,第301页。

为了方便说明社会发展史和自然发展史的区别而作的假设,这并不能说明恩格斯对自然考察真的将"人对自然界的反作用撇开不谈"。其余两处,联系论述的上下文就会发现,恩格斯是在强调对自然的考察要坚持唯物前提、不掺杂任何唯心内容,而并非抛弃实践抽象考察自然界。

在第一处,恩格斯指出,"唯物主义自然观按照自然界的本来面目质朴地理解自然界",这是不言而喻的。但是由于存在了两千多年的唯心主义世界观,而显得困难得多。为了更好地培养唯物主义自然观,只能抛弃唯心主义内容,坚持唯物主义前提。① 在第二处,恩格斯也表述了类似的观点。他介绍了18世纪上半叶自然状况仍然"深深地禁锢在神学之中",人们往往用"一种不能从自然界本身来解释的外来的"原因解释自然界。相对而言,18世纪的哲学却并未受到自然科学影响,所以恩格斯评价"当时的哲学博得最高荣誉"就是"坚持从世界本身来说明世界"。②

恩格斯认为对自然的考察,首先要坚持唯物主义前提。对此,在《路德维希·费尔巴哈和德国古典哲学的终结》一文中,他有更为明确的论述。他指出,18世纪中叶以前自然科学发展水平还不高,自然界中很多现象还没有相应的科学解释。于是,以黑格尔为代表的唯心主义哲学家开始对自然界予以唯心主义阐释,他们"用观念的、幻想的联系来代替尚未知道的现实的联系,用想象来补充缺少的事实,用纯粹的臆想来填补现实的空白"。③ 针对这种唯心主义自然观,恩格斯提出对自然的考察必须坚持唯物主义前提,在理解自然时要"按照它本身在每一个不以先入为主的唯心主义怪想来对待它的人面前所呈现的那样来理解",必须"毫不怜惜地抛弃一切同事实(从事实本身的联系而不是从幻想的联系来把握的事实)不相符合的唯心主义怪想"。④ 在这里可以更加清晰地看到,恩格斯所说的"不附加任何外来成分",并不是施密特、俞吾金等人所说的"实践",而是"唯心主义怪想";恩格斯所说的"按照自然界的本来面目质朴地理解自然界""坚持从世界本身说明世界",并不是施密特、俞吾金等人所说的"朴素实在论"式地考察自然界,而是坚持唯物主义前提如实地考察自然界。

可见,人们通常认为恩格斯基于旧唯物主义水平脱离实践考察自然界,只是对恩格斯只言片语论述的断章取义。其实,恩格斯在确立对自然界考察的唯物前提,即"坚持从世界本身说明世界"后,一直借助于实践——尤其

---

① 《马克思恩格斯文集(第9卷)》,人民出版社,2009年,第458~459页。
② 同上书,第412~413页。
③ 《马克思恩格斯文集(第4卷)》,人民出版社,2009年,第300~301页。
④ 同上书,第297页。

是借助形成发展于其基础之上的自然科学成果——来考察自然。这当然也说明在恩格斯那里,自然也包含着"自在自然"和"人化自然"两层含义,其自然观也体现着"自在自然"和"人化自然"的统一。

(二)恩格斯自然观的"自在自然"和"人化自然"的统一

恩格斯在确立了对自然考察的唯物前提后,也意识到实践对自然科学发展有重要作用。在《自然辩证法》手稿"历史导论"的"札记和片断"中,恩格斯通过分析自然科学各个部门产生发展的历史,肯定了实践对自然科学的重要作用。他指出:天文学的出现是由于游牧和农业民族需要确定季节;天文学的出现促进了数学的发展;随着农业、手工业的发展,提水灌溉、城市、大型建筑的出现,又促进了力学的产生;航海和战争的需要,进一步促进了力学的发展。因此,恩格斯说道:"科学的发生和发展一开始就是由生产决定的"。[1]

在《自然辩证法》手稿"历史导论"的"导言"中,恩格斯更是借助当时自然科学的最新成果考察自然界,论述了辩证唯物主义自然观。恩格斯指出18世纪中叶以前通行的是形而上学自然观:"其核心就是自然界绝对不变的看法"。自然界只要存在,就会以存在时的样子一直存在下去;自然界中没有时间上的历史,只有空间上的扩展;自然界中没有任何变化和发展,自然界中的事物自产生起,就与今天乃至世界末日时,一模一样。[2]

在恩格斯看来,形而上学自然观的形成源于当时自然科学发展水平较低的状况。18世纪初的自然科学仍处于刚刚起步阶段,仅仅只有"关于地球上的物体和天体的力学"及为之服务的"一些数学方法的发现和完善化","液体和气体的力学只是在这个时期末才有了更多的研究","本来意义上的物理学在当时还没有超出最初的阶段","化学刚刚借助燃素说从炼金术中解放出来","地质学还没有超出矿物学的胚胎阶段","在生物学领域内,人们主要还是从事搜集和初步整理大量的材料"。[3]

在这种情况下,即使被恩格斯评价为颇有"历史感"的黑格尔,都对自然界持有一种非历史主义的看法。黑格尔曾写道:"凡是在自然界里发生的变化,无论它们怎样地种类庞杂,永远只是表现一种周而复始的循环。在自然界里真是'太阳下面没有新的东西',而它的种种现象的五光十色也不过徒然使人感觉无聊。"[4]恩格斯评价道:"在黑格尔看来,自然界只是观念的'外

---

[1] 《马克思恩格斯文集(第9卷)》,人民出版社,2009年,第427页。
[2] 同上书,第412页。
[3] 同上书,第411页。
[4] 〔德〕黑格尔:《历史哲学》,王造时译,上海书店出版社,2006年,第49页。

化',它不能在时间上发展,只能在空间扩展自己的多样性,因此,它把自己所包含的一切发展阶段同时地、并列地展现出来,并且注定永远重复始终是同一的过程。黑格尔把发展是在空间以内,但在时间(这是一切发展的基本条件)以外发生的这种谬论强加于自然界"。① 施密特也评价道:与18世纪一般机械唯物主义一样,黑格尔也缺乏一种"自然史"的概念,他"把自然看成是互不关心的存在物之物质分离状态,在他那里,严格意义上的自然史并不存在:'思维的考虑必须放弃那类模糊不清的、根本上属于感性的观念,例如,尤其是所谓植物产生于水,而后较高级动物的组织产生于较低级动物的组织等等观念'"。②

恩格斯指出,随着1755年康德《自然通史和天体论》的出版,上述形而上学自然观才被突破了。在该著作中,康德不认同以往牛顿借助"神的第一推动"解释整个自然体系,而用"天体演化假说"解释自然界。恩格斯评价道:康德的著作使"关于第一推动的问题被排除了;地球和整个太阳系表现为某种在时间的进程中生成的东西"。③ 随之而来,一个被逐渐认识到的观点产生:"即关于自然界不是存在着,而是生成着和消逝着的观点。"④并且,伴随着自然科学各门学科的发展,越来越多的论据也开始证明这一观点。

最开始是地质学。赖尔(Lyell)首先提出地球的变化是由各种外力长期的缓慢的作用造成的;乔治·居维叶(George Cuvier)也指出地球曾经历了多次灾变,每一次灾变都使旧的生物毁灭、新的生物出现。随着越来越多的发现揭示了相继形成的和逐次累积起来的地层,在这些地层中发现了已经灭绝的动物的甲壳和骨骼,以及已经灭绝的植物的茎、叶和果实。于是,人们开始相信:"不仅整个地球,而且地球现今的表面以及在这一表面上生存的植物和动物,也都有时间上的历史"。⑤

接着是物理学。迈尔(Mayr)1842年发表《关于非生物界的各种力的意见》,焦耳(Joule)1843年发表《论磁电的热效应和热的机械值》,都证明了从热到机械力和从机械力到热的转化。1855年,格罗夫(Grove)在《物理力的相互关系》一书中证明了以下观点:"一切所谓物理力,即机械力、热、光、电、磁,甚至所谓化学力,在一定的条件下都可以互相转化,而不会损失任何

---

① 《马克思恩格斯文集(第4卷)》,人民出版社,2009年,第282~283页。
② 〔德〕A.施密特:《马克思的自然概念》,欧力同等译,商务印书馆,1988年,第35~36页。
③ 《马克思恩格斯文集(第9卷)》,人民出版社,2009年,第414页。
④ 同上书,第415页。
⑤ 同上。

力。"于是，种种物理力的存在便不再是偶然，而是它们之间的联系和转化。①

再者，化学的惊人迅速发展也猛烈地攻击着旧的自然观：用无机的方法制造出以前只能在活的有机体中才发现的化合物，"证明了适用于无机物的化学定律对有机物是同样适用的"。于是，填平了无机界和有机界之间不可逾越的鸿沟。②

最后是生物学。古生物学、解剖学和生物学的发展，显微镜的系统应用，尤其是细胞发现以来的发展，"使运用比较的方法成为可能，同时也成为必要"，而且"这种研究越是深刻和精确，那种固定不变的有机界的僵硬系统就越是一触即溃"。③

于是，一种新的自然观形成了："一切僵硬的东西溶解了，一切固定的东西消散了，一切被当做永恒存在的特殊的东西变成了转瞬即逝的东西，整个自然界被证明是在永恒的流动和循环中运动着"，这就是辩证唯物自然观。恩格斯评价道：这种自然观"又回到了希腊哲学的伟大创立者的观点"，但在希腊人那里得出这一观点是借助"天才的直觉"，辩证唯物自然观则建立于"以实验为依据的严格科学的研究的结果"之上。④

可见，一方面，恩格斯对自然的考察坚持唯物主义前提，如实地呈现自然本来的面目，决不添加任何"唯心主义怪想"；另一方面，重视实践基础上自然科学的作用，借助自然科学最新成果来考察自然界。因此，在恩格斯那里，自然也有"自在自然"（不添加任何"唯心主义怪想"的本来的"自然"）和"人化自然"（借助自然科学最新成果呈现出来的"自然"）两层含义。恩格斯自然观也坚持二者的统一。

恩格斯"自然辩证法"思想的一个重要内容就在于论述自然规律与社会规律的关系，他认为人与动物、社会与自然、社会规律与自然规律有所区别，但归根结底，自然、自然规律是人、社会规律的基础，为了更好地认识人和社会规律，必须研究自然和自然规律。恩格斯自然观的"自在自然"和"人化自然"的统一便体现于这一内容之中。

在《自然辩证法》手稿中，恩格斯多次论述人虽然不同于动物、具有意识，但终究无法摆脱自然规律，人需要研究自然界、认识自然规律、遵守自然规律，否则就会受到自然的报复。

---

① 参见《马克思恩格斯文集（第9卷）》，人民出版社，2009年，第416页。
② 同上。
③ 同上书，第417页。
④ 同上书，第418页。

在"历史导论"的"导言"中,恩格斯强调人虽由自然界分化而来,可以有意识地自己创造自己的历史,但仍无法摆脱自然规律的"铁的必然性"。

在该文中,恩格斯描绘了宇宙岛、星系、行星、星云、地球、地球上的水和空气、生命的载体——蛋白质、细胞、原生生物的产生发展过程。接着,他论述道:在这些原生生物中,有的分化为最初的植物,有的分化为最初的动物。而最初的动物又进一步的分化出动物的无数的纲、目、科、属、种,最后在脊椎动物中,发展出这样一种有自我意识的脊椎动物,这就是人。[1]

恩格斯指出,人从自然界分化出来之后,又经过数万年的努力,开始手脚分化、直立行走。此时,人与猿区别开来。手脚分化、直立行走又促进了语言和人脑的巨大发展,这些发展又形成了人和猿之间不可逾越的鸿沟。"手的专业化意味着工具的出现,而工具意味着人所特有的活动,意味着人对自然界进行改造的反作用,意味着生产。"[2]当然,诸如蚂蚁、蜜蜂、海狸之类的动物也使用工具、也进行生产,但它们只使用身躯的肢体、它们的生产丝毫不影响周围自然界。只有人使用工具,人的生产才能够给自然界打上自己的印记。

由于手的发展,人的大脑也慢慢地发展起来,产生了意识。最先产生的是对取得某些实际效益条件的意识,后来在一些发展较好的群体中,产生了对制约这些条件的自然规律的意识。"随着自然规律知识的迅速增加,人对自然界起反作用的手段也增加了",于是,"随同人,我们进入了历史。"[3]恩格斯指出,这是一种与动物完全不同的历史。动物的历史是非自觉、非自愿的,而"人离开狭义的动物越远,就越有意识地自己创造自己的历史,未能预见的作用、未能控制的力量对这一历史的影响就越小,历史的结果和预定的目的就越加符合。"[4]

但恩格斯马上指出,"如果用这个尺度来衡量人类的历史,甚至衡量现代最发达的民族的历史,我们就会发现:在这里,预定的目的和达到的结果之间还总是存在着极大的出入。未能预见的作用占据优势,未能控制的力量比有计划运用的力量强大得多。"[5]而恩格斯认为之所以出现上述不可控制的状态,就源于人尽管有自我意识,可以自己创造自己的历史。但人终究是自然界的产物,终究摆脱不了自然规律的"铁的必然性"。恩格斯说道:

---

[1] 参见《马克思恩格斯文集(第9卷)》,人民出版社,2009年,第420~421页。
[2] 同上书,第421页。
[3] 同上。
[4] 同上书,第421~422页。
[5] 同上书,第422页。

"一切产生出来的东西,都注定要灭亡。"①也许,数亿年以后,太阳热能日益枯竭,当人们再也找不到足够的热能来维持地球上有机生命生存时,地球将变成一个和月球一样的死寂的、冰冻的球体,沿着日益狭小的轨道围着同样死寂的、冰冻的太阳旋转,最终落到太阳上面;原本充满着光明和温暖、一派和谐的太阳系,也将变成一个死寂的、冰冻的球体,在宇宙空间中遵循着自己孤寂的轨道运行。最终,当这样一个太阳系完成自己的生命旅程时,将遭受一切有机物的命运——死亡。然后,太阳系的残骸会由于运动的转换而重新产生出来。恩格斯认为:"这是物质运动的一个永恒的循环"。并且,对这一循环有自我意识的人同样是无能为力的。"物质在其一切变化中仍永远是物质,它的任何一个属性任何时候都不会丧失,因此,物质虽然必将以铁的必然性在地球上再次毁灭物质的最高的精华——思维着的精神,但在另外的地方和另一个时候又一定会以同样的铁的必然性把它重新产生出来。"②

在《劳动在从猿到人的转变中的作用》一文中,恩格斯同样论述了劳动造成人与动物本质的不同,但也强调人仍需认识自然规律、尊重自然规律,否则终将受到自然界的报复。

在该文中,恩格斯首先论述劳动在从猿到人转变过程中的作用:第一,劳动在人从自然界、从高等动物类人猿分化出来的这一过程中,起着根本性作用。"劳动是整个人类生活的第一个基本条件,而且达到这样的程度,以致我们在某种意义上不得不说:劳动创造了人本身。"③第二,劳动标志着人和动物的本质区别。"一句话,动物仅仅利用外部自然界,简单地通过自身的存在在自然界中引起变化;而人则通过他所作出的改变使自然界为自己的目的服务,来支配自然界。这便是人同其他动物的最终的本质的差别,而造成这一差别的又是劳动。"④

在后面的论述中,恩格斯却指出:虽然由于劳动,人从自然界中分化出来,人与动物有着本质区别,但人不能过分陶醉于对自然界的胜利。"对于每一次这样的胜利,自然界都对我们进行报复。每一次胜利,起初确实取得了我们预期的结果,但是往后和再往后却发生完全不同的、出乎预料的影响,常常把最初的结果又消除了。"⑤恩格斯举了大量例子向我们发出警告,

---

① 《马克思恩格斯文集(第9卷)》,人民出版社,2009年,第422页。
② 同上书,第426页。
③ 同上书,第550页。
④ 同上书,第559页。
⑤ 同上书,第559~560页。

美索不达米亚、希腊、小亚细亚等地居民,通过大量砍伐树木、毁灭森林的方式扩大自己的耕地面积,但最终他们的行为使这些地方失去了森林,失去了水分的积聚中心和贮藏库,这些地方最终成为不毛之地;居住在阿尔卑斯山的意大利人,将那些在山北坡得到精心保护的枞树林砍光用尽时,也摧毁了南山坡的高山畜牧业的根基,致使南山坡山泉在大部分时间内枯竭,而到了雨季则造成了更加凶猛的洪水;在欧洲推广马铃薯的人,在他们推广这种含粉块茎的同时,也传播了瘰疬症,等等。①

恩格斯指出要避免这些教训就必须认识和运用自然规律。因为,在自然界中任何事物都是相互作用的,而不是孤立发生的。所以,人们"每走一步都要记住":"决不像征服者统治异族人那样支配自然界,决不像站在自然界之外的人似的去支配自然界","我们对自然界的整个支配作用,就在于我们比其他一切生物强,能够认识和正确运用自然规律。"②

可见,恩格斯自然观并非人们通常所批判的忽视人及实践,抽象地考察自然界,而是依据建立于实践基础之上的自然科学成果来考察自然。恩格斯自然观也体现了"自在自然"和"人化自然"的统一,他对自然界、自然规律的考察,是为了使人们更好地认识和运用自然规律,免受自然界的报复。所以,恩格斯自然观与马克思自然观并非批判者所认为的不同,反而与其内在统一,对马克思主义自然观作出了独特贡献。

(三)恩格斯自然观与马克思自然观的内在统一

通过上述分析,可以发现从自然观出发对恩格斯"自然辩证法"的批判,建立于对马克思和恩格斯自然观双重误解的基础之上。马克思自然观并非只重视"人化自然"而忽略"自在自然",恩格斯自然观也并非脱离实践抽象考察自然界。不可否认,马克思和恩格斯自然观论述的侧重点的确有所不同。我们在概括马克思自然观的"自然"两层含义统一时用的是"人化自然"和"自在自然",在概括恩格斯自然观的"自然"两层含义统一时用的是"自在自然"和"人化自然",这是源于马克思自然观论述的重点在"人化自然",而恩格斯自然观论述的重点在"自在自然"。但这种论述侧重的不同,仅仅源于马克思、恩格斯论述自然观时各自所面对的情况不同。

如前所述,马克思自然观形成于对黑格尔和费尔巴哈的抽象自然观的批判过程中。尤其是为了区分与同样坚持唯物主义前提却忽略实践的费尔巴哈抽象唯物自然观,马克思在论述自然观时不得不侧重阐述"人化自然"。

---

① 《马克思恩格斯文集(第9卷)》,人民出版社,2009年,第560页。
② 同上。

在《德意志意识形态》中,马克思论述完"仅仅知道一门唯一的科学,即历史科学""只要有人存在,自然史和人类史就彼此相互制约"后,马上就说道:"自然史,即所谓自然科学,我们在这里不谈,我们需要深入研究的是人类史","我们在这里既不能深入研究人们自身的生理特性,也不能深入研究人们所处的各种自然条件"。他也谈到了"在这里"不展开研究论述"自然史"的原因,因为当时面对状况是"几乎整个意识形态不是曲解人类史,就是完全撇开人类史"。①

虽并未展开论述,但马克思从未忘记"自在自然"的基础性作用,他仍强调:"任何历史记载都应当从这些自然基础以及它们在历史进程中由于人们的活动而发生的变更出发。""这些条件不仅决定着人们最初的、自然形成的肉体组织,特别是他们之间的种族差别,而且直到如今还决定着肉体组织的整个进一步发展或不发展。"②这与他在批判费尔巴哈时仍强调"外部自然界的优先地位",在从实践作为中介论述自然时同样强调"没有自然界,没有感性的外部世界,工人什么也不能创造",③是一样的。

到恩格斯创作"自然辩证法"、研究自然时,所面对的情况又与马克思不同。那时,资本主义社会经济危机周期出现,危机不仅毁灭了生产力创造出来的生产资料、享受资料和发展资料,而且通过毁灭一大部分生产力才能复归平衡。

在《自然辩证法》手稿的"历史导论"的"导言"中,恩格斯描绘了人无法认识运用社会生产力所造成的社会冲突和社会矛盾。他说道:在最发达的工业国家中已经降服了生产力,使其为人们服务。现在,1个小孩子所生产出来的东西比以往100个成人所生产出来的东西还要多。结果却是,过度劳动日益增加,群众日益贫困,每10年发生一次大规模的经济危机。达尔文所赞扬的"自由竞争、生存斗争"的动物界的正常状态正充斥着人类社会。④

在《反杜林论》中,恩格斯也描绘了自1825年以来资本主义社会每隔10年左右就爆发一次的经济危机。恩格斯总结道:这些经济危机证明在资本主义社会中"生产方式起来反对交换方式,生产力起来反对已经被它超过的生产方式",⑤"暴露出资产阶级没有能力继续驾驭现代生产力"。⑥

---

① 参见《马克思恩格斯文集(第1卷)》,人民出版社,2009年,第516~519页。
② 同上书,第519页。
③ 同上书,第158页。
④ 参见《马克思恩格斯文集(第9卷)》,人民出版社,2009年,第422页。
⑤ 同上书,第293页。
⑥ 同上书,第295页。

恩格斯认为,要驾驭现代生产力就必须认识这种生产力的规律。"一旦我们认识了它们,理解了它们的活动、方向和作用,那么,要使它们越来越服从我们的意志并利用它们来达到我们的目的,就完全取决于我们了。这一点特别适用于今天的强大的生产力。""它的本性一旦被理解,它就会在联合起来的生产者手中从魔鬼似的统治者变成顺从的奴仆。"①于是,"人们自己的社会行动的规律,这些一直作为异己的、支配着人们的自然规律而同人们相对立的规律,那时就将被人们熟练地运用,因而将听从人们的支配。"②

如前所述,恩格斯认为要认识运用社会规律,必须认识研究自然规律。因此,恩格斯在论述自然观时又不得不侧重"自在自然"、侧重自然规律、侧重自然规律对认识运用社会规律的作用。

马克思、恩格斯的自然观虽面对不同情况、出于不同目的而有所侧重,但其实质都坚持"人化自然"和"自在自然"的统一,二者是内在一致的。"自然辩证法"所体现出来的恩格斯自然观,不仅不与马克思自然观相矛盾,反而补充了他们早年认为很重要但没有机会展开研究论述的"自然史"部分,对理解马克思主义自然观所包含的"自在自然"和"人化自然"、"自然史"和"人类史"的统一至关重要。正如在《从混沌到有序——人与自然的新对话》一书中伊·普里戈金(I. Prigogine)等人所说:"自然史的思想作为唯物主义的一个完整部分,是马克思所断言的,并由恩格斯所详细论述过的"。③

另外,恩格斯自然观对"自在自然"的强调,肯定了马克思主义自然观的唯物主义前提,避免将其主观化、唯心主义化。西方学者由于曲解马克思自然观对"人化自然"的强调,将其歪曲为"自然是一个社会的范畴"这一命题,有将马克思主义自然观主观化、唯心主义化的倾向。正如卡尔·克拉勒所说:"西方马克思主义"者们"恢复马克思主义核心中的人类意识、人类主观性",但由于他们"给了马克思主义以这么大剂量的主观性,以致使它在理论上和实践上都失去了平衡",④"他们往往夸大主观成分,低估现实客观条件的支配地位"。⑤"早期的卢卡奇和法兰克福学派把我们在其中生活、工作和思维的人造环境称为'第二自然'。他们把注意力完全集中在这个领域

---

① 《马克思恩格斯文集(第9卷)》,人民出版社,2009年,第296页。
② 同上书,第300页。
③ 〔比〕伊·普里戈金、〔法〕伊·斯唐热:《从混沌到有序——人与自然的新对话》,曾庆宏等译,上海译文出版社,2005年,第252页。
④ 杨金海总主编、林进平主编:《马克思主义研究资料(第24卷)》,中央编译出版社,2014年,第219页。
⑤ 同上书,第221页。

的现象上,试图抹杀本来的和基本的自然。"①

马克思虽然强调"人化自然",但仍肯定"自在自然"的"优先地位",批判黑格尔自然观是"儿子生出母亲"。马克思的自然观有着明确的唯物主义前提。他肯定自然界在人类主体之前和主体之外,具有客观实在性,人及其实践活动是在这一客观实在基础上活动的。恩格斯自然观对"自在自然"的强调,对自然规律对人类社会、社会规律重要性的阐释,恰恰坚持了马克思主义自然观的唯物主义前提,避免对马克思主义自然观主观化、唯心主义化解读。

持马克思自然观与恩格斯自然观不同并对恩格斯自然观予以批判的观点,建立于对马克思自然观和恩格斯自然观双重误解基础之上。马克思并非批判者所认为的只关注与人及实践相关的自然,而不关注客观纯粹的自然,而是始终坚持"人化自然"和"自在自然"的统一;恩格斯也并非批判者所认为的基于一种旧唯物主义基础,脱离实践考察抽象自然,而始终借助实践基础上的自然科学成果来考察自然,也始终坚持"自在自然"和"人化自然"的统一。

马克思和恩格斯的自然观虽论述各有侧重,但实质内在统一,共同组成了完整的马克思主义自然观。真正的马克思主义自然观是"自在自然"和"人化自然"的统一:人的实践活动在对自然的考察中当然起到了重要的作用,但人的这种考察活动本身是在"自在自然"基础上进行的。在马克思主义自然观中,"自在自然"和"人化自然"缺一不可。恩格斯自然观对"自在自然"的强调避免了将马克思主义自然观主观化、唯心主义化。

---

① 杨金海总主编、林进平主编:《马克思主义研究资料(第24卷)》,中央编译出版社,2014年,第220页。

第二章 "自然辩证法"与恩格斯辩证法

人们批判恩格斯"自然辩证法"的依据在于：从辩证法出发,将"自然辩证法"所体现的恩格斯辩证法理解为以三大规律形式存在于自然界、人类社会和思维领域的脱离主体的抽象规律。进而指出：马克思的辩证法批判继承于黑格尔辩证法,但在这一过程中,马克思从未否定过辩证法的主体性因素。在他那里,辩证法是一种不脱离人的、仅适用于社会历史领域的思维方式；而恩格斯之所以提出"自然辩证法",则在于他将辩证法与"运动""发展"等等同,并将辩证法理解为以三大规律的形式广泛存在于自然界、人类社会和思维领域的抽象客观规律。恩格斯不仅将辩证法扩展到对于自然界的考察,而且将辩证法理解为一种经验层面的自在辩证法。因此,人们指责自然辩证法所体现的恩格斯辩证法不仅不符合马克思对辩证法的理解,反而降低了马克思辩证法的思想水平。本章主要以上述从辩证法出发对恩格斯自然辩证法的批判为切入点,重新思考恩格斯辩证法及马克思对"自然辩证法"的真实态度。

一、对恩格斯辩证法不符合马克思辩证法的诸种论述

在《历史与阶级意识》一书中,卢卡奇批判"自然辩证法"时,也指出了马克思辩证法和恩格斯辩证法的不同。他指出马克思主义的本质并非它的某些具体结论,而是它的方法。"正统马克思主义并不意味着无批判地接受马克思研究的结果。……恰恰相反,马克思主义问题中的正统仅仅是指方法。"[1]这种方法就是辩证法,即历史过程中主客体之间的辩证关系。卢卡奇认为,辩证法之所以成立,即在于历史过程中的主体与客体之间的辩证关系。客体是用于强调辩证法历史性方面的人类实践建构的。如果人的实践不断改变世界,如果主体的性质持续地变化,那么人的条件也为生成所统

---

[1] 〔匈〕卢卡奇：《历史与阶级意识》,杜章智等译,商务印书馆,1999年,第47~48页。

治。主客体都是历史生成的,因此,在卢卡奇那里,历史便成为辩证法的同义语。所以,他强调要"把这种方法限制在历史和社会领域"。①

然而,卢卡奇认为,恩格斯在《反杜林论》中的论述表明其并未意识到作为主客体之间相互作用的这一辩证法的关键性决定因素。在他看来,尽管恩格斯认为"辩证法是由一个规定转变为另一个规定的连续不断的过程,是矛盾的不断扬弃,不断相互转换",在其中"片面的和僵化的因果关系必定为相互作用所取代";但恩格斯"对最根本的相互作用,即历史过程中的主体和客体之间的辩证关系连提都没有提到,更不要说把它置于与它相对称的方法论的中心地位了"。而辩证法失去了这一重要因素,就不再是革命的方法了。卢卡奇指出恩格斯忽视了辩证法这一重要因素,这表明他并未真正理解辩证法。于是,在恩格斯那里,辩证法仅仅成为"纯科学"的直观方法,而失去其"改变现实"的作用。"如果理论的这一中心作用被忽视,那末构造'流动的'概念的优点就会全成问题,成为纯'科学的'事情。"②卢卡奇进一步指出,由于恩格斯不懂辩证法,所以才受黑格尔泛逻辑主义的影响而将其扩展到自然界,提出"自然辩证法"。③

胡克在《对卡尔·马克思的理解》《从黑格尔到马克思》《理性、社会神话和民主》等著作中,在研究马克思辩证法的同时,也批判了恩格斯对辩证法的理解。在这些著作中,胡克指出意识在辩证法中有着重要作用。他认为,马克思辩证法来源于对黑格尔辩证法的"扬弃"。在黑格尔唯心主义哲学体系中,精神"创造"自然、自然的辩证运动来自理念的辩证运动。马克思对黑格尔辩证法的扬弃抛弃了其唯心主义式的、神秘莫测的创造活动,而引用适当领域中的适当实例来例证其真知灼见。

这些适当领域便是心理学和社会学,适当实例便是个性发展和社会制度的成长。胡克指出:个性发展可以被理解为一个克服由过去成就所创造障碍的过程。这些过去成就,就像是为了防止它们束缚新经验和使这些新经验成为常规而做出的必要性努力一样,是个性体现;而社会制度的成长,则是一个摆脱既往规则和原则限制(这些规则和原则曾是保证社会制度正常运作所必需的)影响的过程。④

胡克认为马克思对辩证法的理解正是如此,马克思将辩证法理解为一

---

① 〔匈〕卢卡奇:《历史与阶级意识》,杜章智等译,商务印书馆,1999年,第51页。
② 同上书,第50页。
③ 同上书,第51页。
④ 参见〔美〕悉尼·胡克:《对卡尔·马克思的理解》,徐崇温译,重庆出版社,1989年,第325页。

种社会关系。在人类社会中,有意识的个人由于需要、欲望对社会环境产生作用,社会环境和人的需要的相互作用促进社会发展。于是,在对黑格尔辩证法的扬弃过程中,马克思仍然坚持了意识在辩证法中的作用。因此,胡克认为应将马克思辩证法限制于社会历史领域:"马克思的辩证法概念是历史的""辩证法是社会活动的原则,它的中介物是阶级斗争,它的矛头在阶级社会是社会革命。"①而恩格斯自然辩证法虽然来源于黑格尔的自然哲学,但在胡克看来,恩格斯自然辩证法对黑格尔思想吸收得多、消化得少。"黑格尔只是靠了意识的能动性才写出了一部自然哲学"。② 在黑格尔的自然哲学中,自然作为理念的"外化",每个方面被描绘为企求在连续的整体中辩证地超越和实现其自身。自然既是客观存在,又是精神。如果没有这个唯心主义的设定,一切就是不成立的。

恩格斯在抛弃黑格尔辩证法唯心主义前提的同时,也将其中的意识作用完全抛弃了,他将辩证法扩展到并无意识的自然界。脱离了黑格尔唯心主义前提,恩格斯只能将辩证法与自然规律等同,用物理学的"变化"和生物学的"发展"实例来进行论述。但是,"伽利略的运动规律和一个昆虫的生命史,同辩证法毫无关系,除非根据一切自然都是精神这样的假设。"③胡克指出,恩格斯的这一做法还造成了后来的部分马克思主义者对辩证法的错误理解,如普列汉诺夫就认为在计算过程中,从9过渡到10、从90过渡到100,都是辩证法起作用的证据。

在胡克看来,恩格斯的自然辩证法也并不符合马克思的本意,"马克思本人从未谈过一种自然辩证法",④"不论自然辩证法可能是什么东西,反正它不是阶级斗争的基础。为了证明社会中的革命是正当的,并没有必要去指明自然界存在着飞跃和跳跃。"⑤

1975年,在《可悲的骗局:马克思反对恩格斯》一书中,莱文以马克思、恩格斯辩证法与黑格尔辩证法的关系为切入点,来表明二人辩证法的不同。他详细分析了黑格尔辩证法的三个重要因素:主观性、否定性或外在性、实践性,并指出马克思修正了黑格尔,而恩格斯则歪曲了黑格尔。马克思在修正黑格尔辩证法的过程中,保留了这三个重要因素;而恩格斯则完全不理解这三个重要因素,因而歪曲了黑格尔辩证法。

---

① 〔美〕悉尼·胡克:《对卡尔·马克思的理解》,徐崇温译,重庆出版社,1989年,第332页。
② 同上书,第324页。
③ 同上书,第331页。
④ 同上书,第330页。
⑤ 同上书,第332页。

在黑格尔的辩证法中,主观性是一种有目的的活动,标志着走向自我规定。因此,主观性只能是精神的,只有精神才能自我规定。否定性或外在性,也是黑格尔辩证法中固有的。在黑格尔那里,其设定使主观性与否定性对立起来。为了使精神、主体成为自由的自我规定,必须面对否定性。黑格尔辩证法的主观性和否定性,形成了一个由明确的对立面构成的二重性体系。于是,它要求活动、要求自由。这种活动、自由又形成了实践性,主体必须实践,必须取消否定,必须实现自我规定。①

莱文认为,马克思在对黑格尔辩证法"头脑倒置"的过程中保留了它的三个重要因素。首先,"马克思保留了主观性的概念。"②对于黑格尔而言,辩证法的主观性是指一种有意识的、主动的和改变事物的动因,这种动因是精神的而非物质的;对马克思而言,这种动因是社会的人,社会的人为了维持自己的生存而改变自然。其次,"马克思也保留了黑格尔的实践概念。"③马克思和黑格尔都认为人是劳动者、改革者和创造者。在马克思看来,人与自然界相互渗透,人从自然界提供的物质中制造出人的生存所必需的物品。马克思认为人是自然界的人化,依据自身需要对自然加以控制改造。马克思以物质的方式理解人;而黑格尔以非物质的方式理解人,认为人通过改变观念来改变自己的概念世界。最后,"马克思也忠于黑格尔的否定性或外在性概念。"④对黑格尔和马克思来说,否定性都是被动的,能被影响但本身并非主动力量。但在黑格尔看来,外部的东西作为对立面在观念向自己的自由前进过程中被观念扬弃、吸收和创造;在马克思看来,否定性则是人在实践活动中创造工具、食物和房屋时被克服的。

在莱文看来,恩格斯对黑格尔辩证法的理解则完全是歪曲的。首先,恩格斯完全不理解黑格尔的主观性。恩格斯用物质运动代替黑格尔的客观精神充当宇宙的"终极原因"。在坚信只有精神才有主动力量的黑格尔看来,恩格斯的做法是"纯粹胡闹"。"恩格斯在他的自然哲学中,使物质成为主体。这样,他就完全毁坏了黑格尔赋予主观性概念的任何意义,因为物质不能进行有目的的活动。"⑤因为,恩格斯不了解主观性,使物质成为主体,这就与黑格尔的否定性、实践性完全失去了联系。

----

① 参见杨金海总主编、林进平主编:《马克思主义研究资料(第24卷)》,中央编译出版社,2014年,第347~348页。
② 同上书,第348页。
③ 同上书,第349页。
④ 同上。
⑤ 同上。

在此基础上,莱文认为恩格斯完全不懂辩证法,"当恩格斯说自然界按辩证规律活动时,他绝对误解了黑格尔所说的辩证法的含义"。恩格斯提及辩证法时,是一个赫拉克利特主义者,他将辩证法理解为"过程""变化""发展""运动"的同义语;而黑格尔所说的辩证法,与此完全不同。"对黑格尔说来,辩证过程本身并不是与运动同义的。发展、运动是这种辩证过程的结果,但不是过程本身。"①因此,在莱文看来,由于马克思和恩格斯对黑格尔辩证法的理解完全不同,二人的辩证法也是完全不同的。

1984年,在《辩证法的内部对话》中,莱文进一步依据恩格斯在《反杜林论》中的论述,详细分析了恩格斯如何将辩证法变成"过程""变化"的同义词,并将其发展成为一种"关于自然的形而上学"。

在莱文看来,恩格斯将以往机械唯物主义的缺点仅归结为一点,即它们将自然界理解为固定不变的,而缺乏关于自然界本身是历史的理解。于是,恩格斯求助于黑格尔辩证法来克服这一缺点。他认为黑格尔辩证法思想的历史性观点可以超越以往唯物主义的机械形式。在此基础上,恩格斯理解的辩证唯物主义或现代唯物主义,主要克服了自然永远不变这种观点。因此,恩格斯对黑格尔辩证法进行了一种赫拉克利特式的理解,将其理解为与"过程""变化"同义的概念,并赋予了辩证法一种形而上学的特性。"物质是第一性的,而如果没有运动,物质是不可思议的。"②因此,莱文认为,恩格斯在套用黑格尔时,将辩证法与形而上学一元论及绝对实在论融合起来。黑格尔用来分析意识和精神活动逻辑范畴的辩证法,被恩格斯用来分析物质的自然界。③

之后,莱文评价恩格斯自然辩证法。与其他学者大多认为马克思本人不赞同、支持恩格斯自然辩证法研究不同,莱文认为马克思是认可自然辩证法的,并把辩证法运用于自然界中视为一项需要完成的任务,鼓励恩格斯去完成,但恩格斯对这一工作的完成情况不符合马克思要求。

莱文仍然借助黑格尔自然观来分析恩格斯"自然辩证法"及其与马克思之间的关系。莱文指出,在黑格尔那里,基于其唯心主义哲学前提,自然界既是"自在的",又是"为他的"。黑格尔的整个辩证过程是绝对理念实现主观自我规定的过程,但这一过程不能无对立面的展开。于是,"绝对理念"外化为自然界,并且外化于"绝对理念"的自然界获得与"绝对理念"

---

① 杨金海总主编、林进平主编:《马克思主义研究资料(第24卷)》,中央编译出版社,2014年,第347页。
② 〔美〕诺曼·莱文:《辩证法内部对话》,张翼星等译,云南人民出版社,1997年,第32页。
③ 同上书,第33~34页。

一致的逻辑结构。"自然界和心灵是同一过程的两个方面,既然辩证法支配着精神世界,自然界本身也必然包含在辩证过程之中。"①但自然界并非自在地是辩证的,自然界只是与现在的精神逻辑范畴相一致,而反映了辩证法。② 因此,在黑格尔的体系中,自然界是"自在"时,它是经验的自然规律,并不按照辩证法起作用;自然界只有是"为他"时,它为了精神和人的目的而表现出来,这个"为他的"自然界由于反映精神的辩证运动才被反映为"辩证的"。③

与黑格尔相同,马克思也不认为自然界本身是辩证的,只有用辩证法观点看待自然界时,自然界才表现为辩证法。对马克思来说,"一方面用辩证法的观点看待自然界,同时又不认为自然界的运动法则本身是辩证的,这是可以做到的"④。所以,如果马克思自己创立一套自然辩证法,他必然会将其与自己的其他科学研究结合起来。恩格斯则将黑格尔哲学中的精神范畴置换为物质范畴,将辩证法放在"自在的"自然界中,认为"自在"自然本身具有辩证规律,这与黑格尔、马克思是不同的。"马克思认为,之所以存在自然辩证法,是因为独立于思想之外的领域被纳入了思想之中;恩格斯则认为,自然辩证法之所以存在,是因为独立于思想之外的领域本身按照辩证规律运转。"⑤

另外,国内学者何中华在《如何看待马克思和恩格斯的思想差别》一文中借助马克思、恩格斯在1873年5月30日和5月31日的通信,指出马克思对自然辩证法是不赞同、不支持的,自然辩证法是恩格斯"自己的独创"、"个人发明"。

1873年5月30日,在写给马克思的信中,恩格斯说道:"今天早晨躺在床上,我脑子里出现了下面这些关于自然科学的辩证思想。"⑥接着,他谈到了自然科学中物理学、天文学、力学和化学等不同学科对物体不同运动形式的探讨,并谈到自己研究自然辩证法的计划。⑦5月31日,马克思回信说道:"我没有时间对此进行认真思考,并和'权威们'商量,所以我不敢冒昧地发表自己的意见。"⑧针对马克思的回复,何中华指出:"马克思基于人的存在

---

① 〔美〕诺曼·莱文:《辩证法内部对话》,张翼星等译,云南人民出版社,1997年,第23页。
② 同上书,第24页。
③ 同上书,第25页。
④ 同上书,第11页。
⑤ 同上书,第14页。
⑥ 《马克思恩格斯文集(第10卷)》,人民出版社,2009年,第385页。
⑦ 同上书,第385~389页。
⑧ 《马克思恩格斯全集(第33卷)》,人民出版社,1973年,第86~87页。

的现象学立场,对'自然辩证法'这种'人''不在场'的叙述不感兴趣是理所当然的"。①

可见,人们从辩证法出发批判恩格斯自然辩证法:一方面,认为马克思辩证法来源于黑格尔辩证法,在对黑格尔辩证法的扬弃过程中,他保留了辩证法的主体因素,将辩证法限定于社会历史领域,对超越社会历史领域的自然辩证法,他是不支持、不感兴趣的;另一方面,认为恩格斯将辩证法与"过程""变化"等同,并以三大规律的形式形而上学化为广泛存在于自然界、人类社会和思维领域的客观规律,他不仅将辩证法扩展到对自然界的考察,而且表明其将辩证法理解为一种经验层面的自在辩证法。然而,马克思是否将辩证法限定于社会历史领域,而对"自然辩证法"不支持、不感兴趣?恩格斯辩证法是否仅仅是一种经验层面的自在辩证法?这同样需要我们深入研究。

二、批判者对马克思和恩格斯辩证法的误读

(一)马克思是否将辩证法限定于社会历史领域?

持马克思辩证法与恩格斯辩证法不同的观点并对恩格斯辩证法予以批判的学者们通常认为马克思将辩证法严格限定于社会历史领域,对自然辩证法不支持、不感兴趣,自然辩证法不过是恩格斯"自己的独创"或者"个人发明"。

前文提到的卢卡奇和胡克就曾明确表示过,应该把辩证法"限制在历史和社会领域","辩证法的原则主要地表现历史意识和阶级活动的逻辑",②"必须把那种将辩证法应用于自然界的企图看作同自然主义的出发点相矛盾的而予以排除。马克思本人从未谈到过一种自然辩证法";③美国著名学者、斯坦福大学教授乔治·李希特海姆(G. Lichtheim)在其所著《马克思主义》一书中也认为,自然辩证法是"马克思不敢涉足的领域";美国肯色大学教授戴·乔治(Day George)也表示:"究竟马克思是否认为整个自然以及社会和历史是辩证地运转的,这是一个未决的问题。"④

如果只从马克思著作的表面来看,的确容易得出上述结论。马克思著作侧重对社会历史领域的研究考察,很少涉及自然科学领域,更从未集中论

---

① 何中华:《如何看待马克思和恩格斯的思想差别》,《现代哲学》2007年第3期。
② 〔美〕悉尼·胡克:《对卡尔·马克思的理解》,徐崇温译,重庆出版社,1989年,第332页。
③ 同上书,第330页。
④ 余其铨:《恩格斯哲学与现时代——评"新马克思主义"对恩格斯的责难》,广西师范大学出版社,1998年,第40页。

述过"自然辩证法",这样的确容易使人得出马克思认为应该将辩证法限定于社会历史领域的结论。但事实上,马克思本人曾在不同时期的不同著作中多次谈论过有关自然界的辩证思想。

19世纪40年代,受黑格尔和费尔巴哈哲学的双重影响,马克思开始形成自己的哲学观点。这一阶段,他曾在几本代表性著作中谈到过自然界的辩证思想。

在《黑格尔法哲学批判》一书中,马克思为了批判黑格尔将"两极相通"的中介作用理解为"抽象逻辑""逻辑的思辨奥秘""合乎理性的关系",论述了自然界中磁的南极和北极的对立统一关系。他说:"'两极是相通的',北极和南极相互吸引","北极和南极都同样是极,它们的本质是同一的","北和南是同一种本质的两种对立的规定"。①

在《1844年经济学哲学手稿》中,马克思在批判黑格尔把自然界看作"绝对精神"的异化时,列举了月亮、彗星和地球等星球之间的对立统一关系。他说道:"像月亮和彗星这样的物体,是对立物的自然形式,按照《逻辑学》,这种对立物一方面是以自身为根据的肯定的东西,而另一方面又是以自身为根据的否定的东西。地球是作为对立物的否定性统一的逻辑根据的自然形式,等等。"②当然,在这里,马克思所说的月亮、彗星和地球的等星球间的对立统一关系,是没有主体介入的自然界客观存在的关系,不同于黑格尔在《自然哲学》中认为受"绝对精神"作用而存在的关系。另外,在该书中,马克思还借用矿物学家阿·哥·韦尔纳(A. G. Werner)于1780年发表的关于地球的形成、地球的结构和岩石的构成的大地创造说,说明大地及自然有其自身的辩证发展过程,以批判当时流行的创世说。③

在《哲学的贫困》一书中,马克思针对蒲鲁东唯心主义地理解辩证法,像黑格尔那样将一切存在物抽象为逻辑范畴的做法时指出:辩证法本身是自然界中客观存在的规律,"一切存在物,一切生活在地上和水中的东西,只是由于某种运动才得以存在、生活。"④

19世纪50年代初,马克思新哲学思想创立并正式问世。他在为《纽约每日论坛报》撰写的《中国革命和欧洲革命》一文中说道:"有一位思想极其深刻但又怪诞的研究人类发展原理的思辨哲学家,常常把他所说的两极相

---

① 《马克思恩格斯全集(第1卷)》,人民出版社,1956年,第355页。
② 《马克思恩格斯文集(第1卷)》,人民出版社,2009年,第221页。
③ 同上书,第195页。
④ 同上书,第600页。

联规律誉为自然界的基本奥秘之一。在他看来,'两极相联'这个朴素的谚语是一个伟大而不可移易地适用于生活一切方面的真理,是哲学家所留不开的定理,就像天文学家离不开开普勒的定律或牛顿的伟大发现一样。"①文中提到的思辨哲学家就是黑格尔。在这里,马克思同样肯定辩证法作为自然界及生活一切方面真理的作用。

19世纪60年代以后,马克思开始从事政治经济学批判工作。在《资本论》中,他在论述货币与资本的关系时说道:"不是任何一个货币额或价值额都可以转化为资本。相反地,这种转化的前提是单个货币占有者或商品占有者手中有一定的最低限额的货币或交换价值。"②接着,他指出:"在这里,也像在自然科学上一样,证明了黑格尔在他的《逻辑学》中所发现的下列规律的正确性,即单纯的量的变化到一定点时就转变为质的区别。"③这同样表明,马克思对自然科学中的量变引起质变的辩证思想是肯定的。

另外,正如恩格斯在《在马克思墓前的讲话》中提道:"马克思在他所研究的每一个领域,甚至在数学领域,都有独到的发现。"④从19世纪70年代开始,马克思陆续阅读了大量有关微积分方面的书籍,并留下了详细的读书笔记,即《数学手稿》,这些笔记主要是他借用辩证法对微积分的研究。因此,马克思对微积分的研究,也体现了他对数学领域中辩证思想的肯定。

除此之外,马克思、恩格斯之间及与其他人的通信,也可以证明马克思对自然界辩证思想的认可。1867年,德国著名化学家威·霍夫曼(W. Hofmann)出版了《现代化学入门》一书,提出了化学新理论,这引起了恩格斯极大的兴趣。同年6月16日,恩格斯给马克思写信道:"这种比较新的化学理论,虽然有种种缺点,但是与以前的原子理论相比,它是一大进步。作为物质的能够独立存在的最小部分的分子,是一个完全合理的范畴,如黑格尔所说的,是在可分割的无穷系列中的一个'关节点',它并不结束这一系列,而是规定质的差别。"⑤马克思在22日写了回信,表示完全赞同恩格斯的评述,并且引用《资本论》中的有关思想作为印证。他说道:"你对霍夫曼的看法是完全正确的。此外,你从我描述手工业师傅——由于单纯的量变——变成资本家的第三章结尾部分可以看出,我在那里,在正文中引证了黑格尔所发现

---

① 《马克思恩格斯文集(第2卷)》,人民出版社,2009年,第607页。
② 《马克思恩格斯文集(第5卷)》,人民出版社,2009年,第356页。
③ 同上书,第358页。
④ 《马克思恩格斯文集(第3卷)》,人民出版社,2009年,第601~602页。
⑤ 《马克思恩格斯文集(第10卷)》,人民出版社,2009年,第261~262页。

的单纯量变转化为质变的规律,并把它看做在历史上和自然科学上都同样有效的规律。"①

前文何中华提到的马克思、恩格斯 1873 年 5 月 30 日和 5 月 31 日的通信,马克思在回信中的确提到"不敢冒昧地发表自己的意见",但这证明不了他对自然辩证法不感兴趣。因为,在信的结尾处马克思提到当时著名的有机化学家卡尔·肖莱马(Carl Schorlemmer)"基本上完全同意你的看法"。②其实,此处马克思不发表意见只是出于严谨的治学态度,在仅有一天时间、自己未认真思考的情况下不冒昧发表评论而已。假设马克思果真对自然辩证法不感兴趣,那他又为何会将恩格斯的信转呈肖莱马,并转达肖莱马"基本上完全同意"的看法呢?这封回信不仅不能成为马克思对自然辩证法不感兴趣、不支持的证据,反而证明马克思对恩格斯要开展的自然辩证法研究是知情的、赞同的。

另外,1876 年 10 月 7 日,马克思在给威廉·李卜克内西(Wilhelm Liebknecht)的信中说道:"现在恩格斯正忙于写他的批判杜林的著作。这对他来说是一个巨大的牺牲,因为他不得不为此而停写更加重要得多的著作。"③1877 年 1 月 22 日,马克思在给威廉·亚历山大·弗罗恩德的信中拜托其向制造成"人造细胞"的特劳白(Traub)博士索要已出版的著作目录,并写道:"这对我的朋友恩格斯很重要,他正在写关于自然哲学的著作"。④ 在这两处马克思提到的"更加重要得多的著作""关于自然哲学的著作"都指的是恩格斯创作"自然辩证法"。这表明马克思对恩格斯"自然辩证法"是极尽肯定的,而且尽自己所能为其创作提供资料。

前面提到过,1882 年 11 月 23 日,恩格斯在给马克思的信中说自己取得了一个电学方面的"小小的胜利",自己发现了电学中的"电阻"和机械运动中的"质量"是一回事,这种运动的量在电学中表现为"电流强度",而在机械运动中表现为"速度"。马克思在当月 27 日给恩格斯的回信中写道:"你对于平方在变换形式的能的传递中所起的作用的论证非常好,为此向你祝贺。"⑤

由此可见,马克思本人从未强调过要将辩证法限定于社会历史领域,从未否定过自然科学领域中的辩证思想;对恩格斯研究创作自然辩证法,马克

---

① 《马克思恩格斯文集(第 10 卷)》,人民出版社,2009 年,第 264 页。
② 《马克思恩格斯全集(第 33 卷)》,人民出版社,1973 年,第 89 页。
③ 《马克思恩格斯全集(第 34 卷)》,人民出版社,1972 年,第 194 页。
④ 同上书,第 229 页。
⑤ 《马克思恩格斯全集(第 35 卷)》,人民出版社,1971 年,第 115 页。

思是知情的、赞同的,他充分肯定这一工作的重要性和价值,并尽其所能为这一工作搜集资料。因此,人们坚持自然辩证法为恩格斯"自己的独创"或者"个人发明",进而批判恩格斯自然辩证法并不合理。

(二)借助马克思主义哲学教学体系对恩格斯辩证法的误读

另外,人们通常将恩格斯辩证法理解为与"运动""发展"等同,并以三大规律的形式形而上学化为广泛存在于自然界、人类社会和思维领域的抽象客观规律。这其实仅仅是人们借助马克思主义哲学教学体系中对辩证法的论述来理解的恩格斯辩证法,而并非真正的恩格斯辩证法。

在本书的绪论中曾介绍过,通行的马克思主义哲学教学体系并非由马克思、恩格斯或者列宁等马克思主义经典作家所创立,而是起源于苏联,是后人出于向广大人民阐释、宣传马克思主义哲学的目的而创立的。由于教学体系形成的历史原因,它又有着将马克思主义哲学降低为一般抽象唯物主义的重大缺陷。在此基础上,它将辩证法阐述为"相互联系、变化发展、量变质变、对立面斗争""几条简单结论相加的直观型的辩证法"。在教学体系中,马克思主义辩证法失去了其实践基础,变成了黑格尔辩证法的某些因素和旧唯物主义的简单结合。辩证法从马克思主张的一种批判性思维变成了扼杀批判性的、实际上的形而上学的思维方式。[1]

以最能体现其本质特征的斯大林《论辩证唯物主义和历史唯物主义》一书为例。斯大林在论述辩证法时说道:"辩证法从根本上说去,是同形而上学截然相反的","把自然界现象看作是永恒地运动着、变化着的现象,把自然界的发展看作是自然界中各种矛盾发展的结果,看作是自然界中对立力量互相影响的结果"。[2] 他详细论述:辩证法将自然界看作有联系的统一整体;辩证法将自然界看作永恒地运动着、变化着的现象;辩证法将自然界的运动、变化看作由量变引起质变的发展;辩证法坚持自然界的发展源于内在的正反两面的矛盾。[3] 并且,在这部分斯大林主要引用了恩格斯在《反杜林论》和《自然辩证法》手稿中的相关论述。

随着《论辩证唯物主义和历史唯物主义》的出版,马克思主义哲学教学体系不仅在苏联,而且在整个国际共产主义阵营中确立起来,这当然也影响着中国马克思主义哲学教学体系。新中国成立后的第一本马克思主义哲学教科书是1961年艾思奇主编的《辩证唯物主义 历史唯物主义》。这本教科

---

[1] 参见杨耕:《苏联马克思主义哲学模式:形成、特征和缺陷》,《学术月刊》2012年第7期。
[2] 《斯大林选集》(下),人民出版社,1979年,第425页。
[3] 同上书,第425~429页。

书由中国学者编写,体现了当时国内马克思主义哲学教学的最高水平。中国改革开放前通行的马克思主义哲学教学体系,就是由该书所确定的基本理论体系。但该书仍深受斯大林《论辩证唯物主义和历史唯物主义》的影响。

在《辩证唯物主义 历史唯物主义》中对形而上学和辩证法的定义是:形而上学"用孤立的、静止的和片面的观点去看世界,把一切事物看成彼此孤立的和永久不变的,如果说到变化,也只是限于数量的增减和位置的变更,而不是承认事物的实质的变化;并且硬说一切变化的原因在于事物外部的力量的推动";辩证法则坚持"世界上一切事物都是发展变化的,事物发展的原因在于它的内部矛盾性"。①

改革开放后,中国马克思主义哲学界日益意识到旧的教学体系的局限性,做了许多摆脱旧的教学体系的尝试。1991 年肖前、李秀林、王永祥等主编出版的《辩证唯物主义原理》和《历史唯物主义原理》,1982 年李秀林、王于、李淮春等主编出版的《辩证唯物主义和历史唯物主义原理》,都是这种尝试。在这些著作中,这些学者凸显实践作用,力图实现辩证唯物主义和历史唯物主义的"一体化",但最终都未摆脱旧的教学体系的本质。在 2004 年李秀林、王于、李淮春等主编出版的《辩证唯物主义和历史唯物主义原理》(第 5 版)中仍是如此定义辩证法:辩证法是"研究并揭示了自然、社会和思维发展的一般规律"的学说,辩证法的"基本的规律是:质量互变规律、对立统一规律和否定之否定规律"。②

孙正聿评价马克思主义哲学教学体系主要包括四个部分:"以'物质'作为基本范畴的唯物论部分""以'矛盾'作为基本范畴的辩证法部分""以'反映'为基本范畴的认识论部分""以'社会存在'为基本范畴的唯物史观部分",其中第二部分辩证法的主要内容又是"以对立统一规律、质量互变规律和否定之否定规律论述物质运动规律"。③

可见,由于马克思主义哲学教学体系中"辩证法"部分的论述,大多出自恩格斯在《反杜林论》和《自然辩证法》手稿中的相关论述,人们通常将教学体系对辩证法的阐释直接等同于恩格斯辩证法。在教学体系中,恩格斯关

---

① 艾思奇主编:《辩证唯物主义 历史唯物主义》,人民出版社,1978 年,第 6 页。
② 李秀林等主编:《辩证唯物主义和历史唯物主义原理》(第 5 版),中国人民大学出版社,2004 年,第 172 页。
③ 孙正聿:《三组基本范畴与三种研究范式——当代中国马克思主义哲学研究的历史与逻辑》,《社会科学战线》2011 年第 3 期。

于"辩证法不过是自然界、人类社会和思维的运动和发展的普遍规律的科学"①的这一命题被用来定义辩证法,人们也认为恩格斯辩证法是以三大规律形式广泛存在于自然界、人类社会和思维领域的抽象客观规律;在教学体系中,与形而上学相反,辩证法主要强调事物的"运动""发展",人们也认为恩格斯辩证法等同于"运动""发展"等概念;教学体系以"抽象唯物主义"为基础,忽视辩证法的实践性、主体性,将辩证法从一种批判性的思维方式变成一种由几条简单结论组成的经验层面的自在辩证法。人们也认为恩格斯将马克思辩证法降低为一种忽视主体作用的经验层面的自在辩证法。然而,教学体系为后人所创立,其中对辩证法阐释不能直接等同于恩格斯辩证法。对恩格斯辩证法的理解,尚需借助其本人的著作和论述。

三、恩格斯辩证法

如前所述,人们对恩格斯辩证法的批判通常建立于对马克思和恩格斯辩证法误读的基础之上。马克思并未将辩证法限定于社会历史领域,否定自然领域中的辩证思想;马克思主义哲学教学体系中对辩证法的阐释,虽然引用了恩格斯关于辩证法的定义及相关论述,但不能直接将其等同于恩格斯辩证法。我们必须回归恩格斯的著作和论述本身,分析其辩证法。

(一)恩格斯关于辩证法的集中论述

虽然恩格斯在不同的著作中都论述过辩证法,但最集中、最系统的论述是在《反杜林论》引论中。在《反杜林论》的引论中,他先后论述了古希腊哲学的世界观、形而上学的思维方式和辩证法。

(1)古希腊哲学的世界观。恩格斯论述道:古希腊人在考察自然界、人类历史和人类精神活动时看到的是这样的画面:在其中"种种联系和相互作用无穷无尽地交织起来""没有任何东西是不动的和不变的""一切都在运动、变化、生成和消逝"。这幅画面正像古希腊哲学家赫拉克利特所表述的:"一切都存在而又不存在,因为一切都在流动,都在不断地变化,不断地生成和消逝。"恩格斯评价道:这种世界观是一种"原始的、素朴的、但实质上正确的世界观",但这种世界观也有缺陷,即"虽然正确地把握了现象的总画面的一般性质,却不足以说明构成这幅总画面的各个细节"。②

(2)形而上学的思维方式。恩格斯说道,这种思维方式形成于克服"古希腊哲学的世界观"局限性的过程中。为了了解各个细节,人们只能将其

---

① 《马克思恩格斯文集(第9卷)》,人民出版社,2009年,第149页。
② 同上书,第23页。

"从自然的或历史的联系中抽出来,从它们的特性、它们的特殊的原因和结果等方面来分别地加以研究"。当然,这种细节研究在古希腊人那里是无法进行的。因为,那时人们的主要任务是搜集材料。从15世纪下半叶开始,随着真正自然科学日益迅速发展,这种精确的自然研究才成为可能。这种研究将各种自然过程、各个自然对象分门别类,也留下一种习惯:将各种自然过程和各个自然对象孤立起来,撇开宏大的、总的联系去考察;不是从运动的状态,而是从静止的状态去考察;不是从活的状态(将事物看作本质上变化的),而是从死的状态(将事物看作固定不变的)去考察。这种考察方法被培根和洛克从自然科学中移植到哲学中,于是形成了"形而上学的思维方式"。①

恩格斯首先肯定这种思维方式对日常应用范围极为可信,因为它合乎常识。② 在《哲学通论》中,孙正聿详细分析了"形而上学的思维方式"与常识之间的关系。他指出:"常识就是普通、平常但又持久、经常起作用的知识。"③因为常识来源于经验、符合于经验、适用于经验,有着对经验强烈的依附性。④ 在这种依附"共同经验"、遵循"共同经验"的日常生活中,"主体的经验与经验的客体之间具有确定的、稳定的、一一对应的、非此即彼的经验关系","人的'共同经验'是确定的","它要求经验主体的思维必须保持非此即彼的确定性"。⑤ 而"形而上学的思维方式"就是"在绝对不相容的对立中思维",坚持"是就是,不是就不是;除此之外,都是鬼话"的确定性。⑥因此,这种思维方式对人们日常生活极为重要。

但恩格斯马上又指出,一旦超出常识的范围,跨入广阔的研究领域,这种思维方式便再不适用了。因为这种思维方式,"每一次迟早都要达到一个界限,一超过这个界限,它就会变成片面的、狭隘的、抽象的,并且陷入无法解决的矛盾","它看到一个一个的事物,忘记了它们互相间的联系;看到它们的存在,忘记它们的生成和消逝;看到它们的静止,忘记它们的运动","因为它只见树木,不见森林"。⑦

恩格斯举例:在日常生活中,人们可以很肯定地判断某种生物是存在的,还是不存在的;但进入研究领域,人们就会发现涉及因素极其复杂。法

---

① 《马克思恩格斯文集(第9卷)》,人民出版社,2009年,第23~24页。
② 同上书,第24页。
③ 孙正聿:《哲学通论》,人民出版社,2010年,第70页。
④ 同上书,第71页。
⑤ 同上书,第75页。
⑥ 参见《马克思恩格斯文集(第9卷)》,人民出版社,2009年,第24页。
⑦ 同上。

学家们就曾争论过堕胎是否算谋杀的问题,他们绞尽脑汁寻求合理界限,结果徒劳无功。因为,他们发现就连准确确定死亡时刻都是不容易的。在生理学上,死亡不是一瞬间的事情,而是一个漫长的过程。任何有机体,在每一瞬间,都既消化着外界供给的物质,又排泄出其他物质;在每一瞬间,在其体内都既有细胞死亡,又有新的细胞形成;在每一瞬间都既是它本身,又不是它本身。再者,在日常生活中,人们可以很肯定地确定正负极、南北极、原因和结果;但进入研究领域,人们就会发现正负极、南北极、原因和结果,都既相互对立,又密不可分,既相互对立,又互相渗透。因此,在研究领域正负极、南北极、原因和结果的区分,只在个别场合中才有意义;超越了这些场合,将其放置在总联系、总过程中,它们又都融合在普遍相互作用之中。①

(3)辩证法。在介绍和评价完"形而上学的思维方式"之后,恩格斯指出只有辩证法才能够科学研究、正确解释上述例子。"因为辩证法在考察事物及其在观念上的反映时,本质上是从它们的联系、它们的联结、它们的运动、它们的产生和消逝方面去考察的。"②只有用"不断地注意生成和消逝之间、前进的变化和后退的变化之间的普遍相互作用"的辩证法,才能研究解释"宇宙、宇宙的发展和人类的发展,以及这种发展在人们的头脑中的反映"。③

(二)古希腊哲学的世界观与自在辩证法

通过分析上述恩格斯对辩证法的集中论述,我们会发现以卢卡奇为代表的学者指责恩格斯自然辩证法的一个前提——认为忽视主体性、单纯地强调描述外部世界"运动""发展"等,并不是真正的马克思主义辩证法——是合理的。

孙正聿曾区分"自在辩证法"与"自为辩证法"。他指出:"在'自在'的意义上,无论是外在于思维的物质世界还是作为物质高级运动形式的人类思维,无论是思维反映存在的人类认识活动还是主体改造客体的人类实践活动,它们都是一个辩证的发展过程""在'自为'的意义上,辩证法指的是人类把握世界的一种理论思维方式、一种发展学说、一种世界观理论。这种自为的辩证法是与作为理论思维方式、发展学说和世界观理论的形而上学相对立的。"④

---

① 参见《马克思恩格斯文集(第9卷)》,人民出版社,2009年,第25页。
② 同上。
③ 同上书,第26页。
④ 孙正聿等:《马克思主义基础理论研究》(上),北京师范大学出版社,2011年,第173~174页。

忽视主体性，单纯强调描述外部世界"运动""发展"等，仅仅是"自在辩证法"。这种辩证法有两方面的局限性：一方面，它是一种在人们经验知识不断积累的基础上逐渐产生的辩证法理论。在人类认识史上，不论是东方、还是西方，不论是中国、还是外国，都从生活经验中产生了这种辩证法理论。在这个意义上，每个人都是天然的辩证法者。因为，外部世界的"运动""发展"等，对每个人而言都是一个不言而喻的直观事实。人们只要用眼睛去观察外界的事物，甚至不必动用很多脑筋，就会感受和了解这一事实；人们从自身存在不断变化的身体状态和思想状态中，也会体验这一事实。所以，恩格斯说道："古希腊的哲学家都是天生的自发的辩证论者"。① 并且，在"自在"意义上，没有与辩证法相对立的形而上学。"从自在性的角度来说，既不存在与辩证法相对立的形而上学，也不存在客观辩证法与主观辩证法的区分。"②

另一方面，它是一种未意识到哲学基本问题的朴素思维，产生于人类思维的初级阶段。在《路德维希·费尔巴哈和德国古典哲学的终结》中，恩格斯提出："全部哲学，特别是近代哲学的重大的基本问题，是思维和存在的关系问题。"③在这里，恩格斯之所以强调"特别是近代哲学"，是因为从近代开始，哲学出现了认识论转向。在古希腊时期，哲学思考的主题是"本体"问题，即"世界的本体是什么"。但这一时期人们对"本体"问题的思考是建立于未思考"思维和存在的关系问题"基础之上的，即未意识到所把握到的"存在"是以"思维"为中介的，在未考察"思维"这一中介的前提下直接断言"存在"。在此意义上，经验层面的自在辩证法，仅仅坚持作为"存在"的外部世界的"运动""发展"等，而未思考如何在"思维"中借助"概念"这一中介来理解描述"存在"的"运动""发展"等。

仅仅在"自在"意义上，强调外部世界的"运动""发展"等，并不是真正的辩证法，也并不能真正地坚持辩证法。古希腊哲学家芝诺（Zeno of Elea）的"飞矢不动"这一命题就揭示"自在辩证法"的局限性。在"飞矢不动"这一命题中，芝诺并未否定人人都能看到的"飞矢"运动的现象，而是揭示在"思维"中借助"概念"把握"飞矢"运动的困难性。运动是指物体的空间位移，即物体在空间上的变化，物体最初处在一个位置，后来转移到另一个位置。空间位移如何发生和实现？要从最初位置转移到新位置，物体必须经

---

① 《马克思恩格斯文集（第9卷）》，人民出版社，2009年，第22页。
② 孙正聿等：《马克思主义基础理论研究》（上），北京师范大学出版社，2011年，第173页。
③ 《马克思恩格斯文集（第4卷）》，人民出版社，2009年，第277页。

过两个位置之间的无数空间点。最初位置到最终位置的变化表现的是物体"运动"的结果。要用概念把握运动本身的过程，就必须说清物体所经历的每一个空间点上的情形。因为，物体所经历的每一个空间点上并无运动，而只是静止状态。于是，用概念把握运动时，就得到无数空间点上静止状态的集合。所以，看到的是物体的"运动"，但用概念把握运动时得到的是无数静止点的集合。芝诺得出结论："飞矢不动"。

因此，以卢卡奇为代表的批判者，坚持马克思主义辩证法并非一种"自在辩证法"，坚持对马克思主义辩证法的理解应超越"自在"意义，而在"思维和存在的关系"中、在"自为"意义上理解，有其合理之处。但这些学者将恩格斯辩证法理解为一种"自在辩证法"，并对其指责却是错误的。

正如恩格斯在《反杜林论》引论中对辩证法的集中论述，他是在介绍了"古希腊哲学的世界观"和"形而上学的思维方式"之后才阐释了自己对"辩证法"的理解。其中，"古希腊哲学的世界观"实质上就是一种"自在辩证法"。恩格斯评价它"虽然正确地把握了现象的总画面的一般性质，却不足以说明构成这幅总画面的各个细节"。也正是对这种"自在辩证法"的不满，恩格斯才接着论述了"形而上学的思维方式"和"辩证法"。

恩格斯对辩证法的理解其实是：认为辩证法是一种思维方式，即辩证思维，这种辩证思维与"形而上学的思维方式"相对立。在面对越来越丰富、越来越复杂的研究材料时，"形而上学"不再适用，而"辩证法"是最适用的思维方式。将辩证法看作一种辩证思维，就表明恩格斯已经超越"自在"意义，而在"思维和存在的关系"中、在"自为"意义上理解辩证法。

除了在《反杜林论》引论中，恩格斯在《自然辩证法》手稿中也多处将辩证法表述为"辩证思维"。

在《自然辩证法》手稿的《〈反杜林论〉旧序。论辩证法》中，恩格斯直接明确指出"辩证法"是"最重要的思维形式"。《〈反杜林论〉旧序。论辩证法》是1878年5月或6月初，恩格斯为《反杜林论》写作的第一版序言。虽然，最终恩格斯用一个更短的序代替了它。但其中论述的内容却与《反杜林论》引论形成了相互补充。在这里，恩格斯用更多的实例说明了"形而上学的思维方式"对研究领域的局限。例如，1877年9月20日，耐格里（Naegleria）在德国慕尼黑召开的德国自然科学家和医生第五十次代表大会上作的《自然科学认识的界限》的报告中，声称人的认识永远不具有全知的性质。恩格斯指出，这主要是由于伴随着自然科学研究成果日益增多，每一个研究领域已经从单纯的搜集材料进入系统整理材料阶段，各个知识领域之间的正确关系也亟须确立，原来的"形而上学的思维方式"不中用了，只有理论思维才管用。① 之后，恩格斯说道："对于现今的自然科学来说，辩证法恰好是最重要的思维形式，因为只有辩证法才为自然界中出现的发展过程，为各种普遍的联系，为一个研究领域向另一个研究领域过渡提供类比，从而提供说明方法。"②因此，恩格斯提出当时最迫切的任务就是促使自然科学家们培养"辩证思维"，"在这里，既然没有别的出路，既然无法找到明晰思路，也就只好以这种或那种形式从形而上学思维向辩证思维复归。"③

在《自然辩证法》手稿的《神灵世界中的自然研究》中，恩格斯同样将辩证法看作一种与"形而上学的思维方式"对立的"理论思维"。在这里，恩格斯介绍了多位本来崇尚经验主义的英国自然科学家却相信招魂术、降神术等神秘主义。而他指出这些自然科学家之所以从自然科学走向神秘主义，就在于他们蔑视一切理论思维。他说道："蔑视辩证法是不能不受到惩罚的。对一切理论思维尽可以表示那么多的轻视，可是没有理论思维，的确无法使自然界中的两件事实联系起来，或者洞察二者之间的既有的联系。"④经验主义由于蔑视辩证法、蔑视理论思维，受到惩罚——原本最清醒的经验主义者却陷入最荒唐的神秘主义中了。

可见，恩格斯并未如批判者所认为的那样，在"自在"意义上理解辩证法，而在"自为"意义上将辩证法理解为一种辩证思维方式。他认为"辩证法"这种思维方式优于"古希腊哲学的世界观"和"形而上学的思维方式"。因此，为了更好地理解这种思维方式、为了更好地理解恩格斯辩证法，我们在介绍了"古希腊哲学的世界观"（"自在辩证法"）之后，还需要继续介绍"形而上学的思维方式"。

（三）形而上学的思维方式

在《反杜林论》引论中，恩格斯是在介绍了"古希腊哲学的世界观"之后，再介绍"形而上学的思维方式"的。其实，在人类思维发展史上，形而上学思维方式也形成于"自在辩证法"之后。与"自在辩证法"相比，形而上学思维方式更接近于"自为辩证法"。因为，形而上学思维方式正是人们在意识到"思维和存在的关系问题"，在意识到我们对"存在"的把握总是"思维"借助"概念"这一中介来进行之后出现的一种思维方式。与"自在辩证法"相比，这种思维方式已经超越"自在"意义，上升到"自为"意义思考问题。

上升到"自为"意义，由于思维本身具有主观性、隔断性和凝固性，首先

---

① 参见《马克思恩格斯文集（第9卷）》，人民出版社，2009年，第435页。
② 同上书，第436页。
③ 同上书，第438页。
④ 同上书，第452页。

出现的必然是"形而上学的思维方式"。正如在《哲学史讲演录》中,黑格尔评价芝诺的"飞矢不动"时所说的:"造成困难的永远是思维,因为思维把一个对象在实际里紧密联系着的诸环节彼此区分开来。"① 如前所述,芝诺的"飞矢不动"并不是人们看到事物"运动"的"困难",而是在揭示思维把握"运动"时的困难。在这里,黑格尔揭示了这种困难的原因,就在于思维本身的主观性、隔断性和凝固性,不将事物主观化、隔断化和凝固化就无法把握,但是一旦借助思维把握就必将原本活生生的事物主观化、隔断化和凝固化。在《哲学笔记》中,列宁评价黑格尔这一论述时,更为深刻地指出:"如果不把不间断的东西隔断,不使活生生的东西简单化、粗陋化,不加以划分,不使之僵化,那么我们就不能想象、表达、测量、描述运动。思维对运动的描述,总是粗陋化、僵化。……不仅对运动是这样,而且对任何概念也是这样。"②

所以,当上升到思维层面、借助思维把握事物时,就必然将事物主观化、隔断化和凝固化。当思维无视自己把握到的事物与事物本身的区别,将自己把握到的事物等同于事物本身时,就会将原本活生生的事物"形而上学化",这就是"形而上学的思维方式"的实质。因此,所谓形而上学思维方式,并非通常认为的否定外部世界的"运动""发展"等,而是无法区分思维自己把握到的事物与事物本身的区别,无法在思维层面把握外部世界的"运动""发展"等。人们通常将近代唯物主义称为形而上学唯物主义,原因也在于此。

其实,近代唯物主义哲学家从不否认外部世界的"运动""发展"等。例如,作为近代唯物主义奠基人的弗朗西斯·培根(Francis Bacon),继承了古希腊哲学家赫拉克利特(Heraclitus)关于物质能动性的思想,将自然理解为一种能动的自然,认为物质处于不断的运动之中,运动是物质的固有属性,并指出物质运动的19种形式;18世纪的法国哲学家霍尔巴赫从当时的力学成果出发,指出自然界的一切事物都处在运动、变化之中,"宇宙,这个一切存在物的总汇,无论在哪里都只是提供给我们物质和运动"。③ 而且,运动还对人的认识具有重要作用。"唯有运动,才能在我们的感觉器官与我们内部或外部的事物之间建立联系;唯有依靠运动,这些事物才能在我们身上造成印象,我们才能认识它们的存在"。④ 所以,近代唯物主义者在坚持外部

---

① 〔德〕黑格尔:《哲学史讲演录(第一卷)》,贺麟等译,商务印书馆,1959年,第290页。
② 《列宁全集(第55卷)》,人民出版社,2017年,第219页。
③ 北京大学哲学系外国哲学史教研室编译:《西方哲学原著选读(下卷)》,商务印书馆,1982年,第209页。
④ 同上书,第210页。

世界"运动"的观点上,与"辩证法者"相比毫不逊色,甚至更加坚定、彻底。但由于他们受形而上学思维方式支配,无法在思维层面把握描述这种"运动",同样无法改变他们的"形而上学"本质。

因此,真正的"辩证法"与"形而上学"的区别并非是否在"自在"意义上承认外部世界的"运动""发展"等,而是能否在"自为"意义上把握描述这种"运动""发展"等。所以,列宁在《哲学笔记》中深刻地指出:"问题不在于有没有运动,而在于如何用概念的逻辑来表达它。"①

尽管人们通常批判"形而上学的思维方式"将事物主观化、隔断化和凝固化,但从人类思维发展史来看,它是不可或缺的一环。黑格尔在其逻辑学中曾客观地评价形而上学思维方式。黑格尔并未直接提及形而上学思维方式,而是论述"知性思维"。但黑格尔对知性思维的定义是:"那只能产生有限规定,并且只能在有限规定中活动的思维,便叫做知性";知性思维的特点是:"认为各思维规定的内容是有限的,因此各规定间即彼此对立。"②"就思维作为知性(理智)来说,它坚持着固定的规定性和各规定性之间彼此的差别。"③由此可见,其实在黑格尔看来,"知性思维"指的就是"形而上学的思维方式"。

对于"知性思维"("形而上学的思维方式"),黑格尔首先承认其"权利和优点"。在他看来,"思维无疑地首先是知性的思维。"④无论在认识范围中,还是实践范围内,没有知性思维,就不会有坚定性和确定性。

在认识方面,黑格尔指出:"认识起始于理解当前的对象而得到其特定的区别。"⑤他举例道:在自然科学研究里,必须区别质料、力量、类别等,将每一类固定起来,分析其特性。在数学里,研究的量就是排除了别的属性而加以突出的属性;在几何学里,把一个图形与另一个图形比较来突出特征;在法学里,依据一条法条推论出另一条法条。这些都是依据知性思维,遵循同一律,取得的确定性。艺术、宗教和哲学领域同样如此。一出戏剧能称为完美,就在于剧中人的性格的纯粹性和规定性明确;希腊神话优于北欧神话,就在于其对神灵的清晰刻画,而并非模糊不清、彼此混淆;哲学中最紧要的是对每一种思想充分把握。

在实践方面,黑格尔首先举了人的例子。一个有品格的人即为一个有

---

① 《列宁全集(第55卷)》,人民出版社,2017年,第216页。
② 参见〔德〕黑格尔:《小逻辑》,贺麟译,商务印书馆,1980年,第93页。
③ 同上书,第172页。
④ 同上。
⑤ 同上书,第173页。

理智的人,心中有确定的目标,会坚定不移地努力而达到他的目标,他懂得限制自己,知道什么事情该做,什么事情不该做;同样,无论处于哪一种职业,都需理智从事,法官必须专注于法律,按照法律来判决案件,而不能左顾右盼、有所宽宥;国家完善与否也在于其相关机构是否明确划分职能。

黑格尔评价"形而上学的思维方式"带来的确定性和规定性,对众多领域研究极其重要。这与恩格斯在《反杜林论》引论中认为这一思维方式适用于常识是完全一致的。可见,黑格尔或者恩格斯都并未一味地批判"形而上学的思维方式",而是首先将其视为人类思维发展史上的一个重要环节,肯定其作用。人们依据"形而上学的思维方式",通过比较、分类、抽象、概括等分析性的思维活动舍弃个别的、非本质的东西,抽取共同的、本质的东西,形成有关事物的各种规定,依据这些规定形成概念,形成关于客观世界的规律性知识。"形而上学的思维方式"为上升至"自为"意义借助于"思维"把握"存在"本质提供了确定性,从而避免思维走向相对主义。人们通常将辩证法理解为"诡辩论",就是忽视了真正的辩证法首先是以"形而上学的思维方式"获得的确定性为基础的。

(四)黑格尔辩证法——概念层面的唯心辩证法

尽管"形而上学的思维方式"超越了"自在"意义,在"自为"意义上思考问题,但它没有意识到思维的主观性、隔断性和凝固性,没有意识到依靠思维把握到的事物与事物本身的区别,因而由于自身的主观性、隔断性和凝固性将事物"形而上学化"。与"形而上学的思维方式"不同,辩证思维则未将思维本身的主观性、隔断性和凝固性绝对化,也并未借此将事物"主观化""隔断化"和"凝固化"。而辩证思维相较于"形而上学的思维方式"的优点,则首先是黑格尔通过概念层面的唯心辩证法揭示出来的。

在黑格尔那里,概念层面的唯心辩证法存在于他的整个哲学体系之中,其中最具代表性的便是黑格尔的逻辑学。因此,我们借助黑格尔的逻辑学来介绍这种唯心辩证法。黑格尔的逻辑学是针对以往"形而上学的思维方式"来展开的。在他看来,"形而上学的思维方式"之所以将思维获得的规定性、确定性加以绝对化,原因在于其遵循形式逻辑的思维规律。如前所述,自近代哲学以来,人们意识到自己是通过"思维"来把握"存在"及其本质的,而"存在"及其本质在"思维"中的反映,就是"概念"。为了更确切地把握"存在"及其本质,概念必须具有确定性、稳定性,由此形成了以"同一律"为基础的传统思维规律——形式逻辑。

按照这种思维规律的要求,在同一思维过程中,概念必须保持同一的内涵和外延,不能随意变更(同一律:A 是 A);在同一思维过程中,两个互相矛盾或者相反的概念,不能同时为真[矛盾律:并非(A 且非 A)];在同一思维过程中,如果两个概念的性质恰好相反,那么两个概念不能同时为假,必须有一个概念为真(排中律:A 或者非 A)。

在《范畴篇》一书中,亚里士多德依据形式逻辑归纳出十个范畴作为基本概念,即实体、数量、关系、性质、活动、遭受、姿态、时间、地点、状态;在《纯粹理性批判》一书中,康德提出了"十二范畴",这十二个范畴分为四大类,每一类有三个:① 量:单一性、多数性、总体性;② 质:实在性、否定性、限制性;关系:③ 实体与属性、原因性与依存性(原因和结果)、协同性(交互作用);④ 样式:可能性与不可能性、存在性与不存在性、必然性与偶然性。

黑格尔认为依据形式逻辑所得出的范畴必然并不局限于亚里士多德或者康德所提出的那些范畴。但这些范畴的区分,却表明形式逻辑要求概念具有确定性、稳定性。例如,无限不同于有限,内容的东西不同于形式的东西,内在的东西不同于外在的东西,间接性不同于直接性,等等。

对于形式逻辑及其要求的概念特性,黑格尔从一开始就持批判态度。在他看来,形式逻辑所得到的思维规定只是一种"外在形式","被当作仅仅附着于内容的形式,而非内容本身"。① 在此基础上,人们通常将逻辑学看作有关思维的科学,但"好像这种思维只构成知识的单纯形式;好像逻辑抽去了一切内容,而属于知识的所谓第二组成部分,即质料,必定另有来源"。② 因此,人们通常认为:"逻辑只是研究形式,它的内容却来自别处。"③

黑格尔则认为:"逻辑的对象即思维。"④"逻辑学是以纯粹思想或纯粹思维形式为研究的对象。"⑤并且,他指出思维有自身规定及考察自我规定的能力。因此,作为研究思维的科学的逻辑,"既不是关于某种本来奠基于思维之外的东西的思维,也不是仅仅供给真理标志的形式;而是:思维的必然形式和自身的规定"。⑥ 逻辑并不只是形式而内容来源于别处,"逻辑思想是一切事物的自在自为地存在着的根据"。在黑格尔看来,对思维的考察也不能借助外在标准,而只能"从思维的本身去推演这些思维的规定,并且即从这些思维规定的本身来看它们是否是真的"。⑦

---

① 〔德〕黑格尔:《逻辑学(上卷)》,杨一之译,商务印书馆,1966年,第 13~14 页。
② 同上书,第 24 页。
③ 〔德〕黑格尔:《小逻辑》,贺麟译,商务印书馆,1980年,第 85 页。
④ 〔德〕黑格尔:《逻辑学(上卷)》,杨一之译,商务印书馆,1966年,第 23 页。
⑤ 〔德〕黑格尔:《小逻辑》,贺麟译,商务印书馆,1980年,第 83 页。
⑥ 〔德〕黑格尔:《逻辑学(上卷)》,杨一之译,商务印书馆,1966年,第 31~32 页。
⑦ 〔德〕黑格尔:《小逻辑》,贺麟译,商务印书馆,1980年,第 85 页。

黑格尔对形式逻辑持批判态度,对思维、逻辑学也有其自己的规定。因此,在其逻辑学的一开始,他就指出逻辑学就是思维不把任何东西视为理所当然的,而自我规定、自我考察的过程。因此,他将"纯存在"或"纯有"看作逻辑学的开端,"纯存在或纯有……当成逻辑学的开端"。① 在黑格尔看来,思维开始考察自我规定时,只有"纯存在",即"除了纯粹无规定性的思想外,没有别的"。② 但"纯存在"又是"纯有",因为这种"纯存在"是一种无规定的、直接性的思想,不是经过中介的无规定性,不是扬弃一切规定性的无规定性,只是直接性的无规定性,黑格尔将之称作"纯有"。③

接着,黑格尔指出:当思维进一步考察自我规定时,发现"纯有"转向了自身的对立面,即"无"。"这种纯有是纯粹的抽象,因此是绝对的否定。这种否定,直接地说来,也就是无。"④因为,作为逻辑学开端的"纯有"自身是纯粹无规定的思想,这种纯粹的无规定,"完全没有形式因而是毫无内容的",⑤也就是"无"。因此,在思维考察自我规定的过程中,思维的规定从"有"转向到了自身的对立面"无"。

但黑格尔进一步指出,作为"纯有"对立面规定的"无"也并不持久。在他看来,"有""无"并非截然对立。"纯有"由于纯粹的无规定("无")才称为"纯有";"无"也由于纯粹的无规定("纯有"),才是绝对的否定,才称为"无"。"有""无"只有在思维的自我考察、"逻辑的推演"中,才有了"真实的,亦即具体的意义的必然性"。⑥

"'有'与'无'的真理""两者的统一"就是"变易"。⑦ 于是,在黑格尔的逻辑学体系中,出现了第一个确定的、稳定的,不会消失的规定,即"变易"。同时,黑格尔指出:"变易是第一个具体思想,因而也是第一个概念";⑧"变易既是第一个具体的思想范畴,同时也是第一个真正的思想范畴。"⑨虽然黑格尔也说道:此时的"变易"仍是一个"高度贫乏的范畴",必须进一步深化充实自身。但他也强调,"变易"的思想构成"逻辑理念""自然""精神"和"生命"的各环节。⑩

---

① 〔德〕黑格尔:《小逻辑》,贺麟译,商务印书馆,1980年,第189页。
② 同上书,第190页。
③ 同上。
④ 同上书,第192页。
⑤ 同上。
⑥ 同上书,第193页。
⑦ 同上书,第195页。
⑧ 同上书,第198页。
⑨ 同上书,第199页。
⑩ 同上书,第200页。

至此,我们简单介绍了黑格尔在逻辑学的开始对"纯存在"或"纯有""无",以及"变易"等概念的论述,但从这些简单论述中也可以发现体现于其逻辑学之中的辩证思维的特点。其实,在黑格尔的逻辑学中包含众多诸如"纯有""无""变易"的三个环节,即"抽象的或知性[理智]的方面""辩证的或否定的方面"("有限的规定扬弃它们自身,并且过渡到它们的反面"①)和"思辨的或肯定理性的方面"("在对立的规定中认识到它们的统一"②)。

第一个环节,即知性思维。与"形而上学的思维方式"将知性思维依据形式逻辑所获得概念的确定性、稳定性加以绝对化不同,黑格尔仅仅将知性思维所获得的确定性、稳定性当作其逻辑学中的第一个环节。在思维获得规定性之后,马上进入第二个环节,即"辩证的或否定的"环节,扬弃已经获得的规定性,而发展到其对立面。例如,"纯存在"获得了关于"纯有"的规定性,但马上发现这种关于"纯有"规定性是"纯粹的抽象",没有什么具体的规定,因此又发展到了"纯有"的对立面,即"无"。但是,这种"否定"又不是为了完全取消之前所获得的关于思维的规定性,而是进入第三个环节,即"思辨的或肯定的"环节。此时的"变易"就是包含着前面两个环节思维规定的新"概念"。第三个环节之后,也并不意味着思维活动的结束,而是新"概念"继续遵循三个环节发展下去……。这种由思维考察自我规定的思维规律,就是黑格尔逻辑学,也就是黑格尔概念层面的辩证法。

在黑格尔的辩证法体系中,思维规定不再如受"形而上学的思维方式"支配那样绝对化,而是遵循三个环节展开为一个发展过程。思维首先获得肯定性的规定;接着发展为否定的规定,但"否定的东西也同样是肯定的","这一个否定并非全盘否定,而是自行消解的被规定的事物的否定,因而是规定了的否定";在第三个环节,得到新的发展了的规定,"这个否定是一个规定了的否定,它就有了一个内容。它是一个新的概念,但比先行的概念更高、更丰富"。③ 因此,思维规定不再是隔断的、凝固的,而是流动的、发展的。也正是基于此,在前面的论述中,黑格尔将"变易"看作"第一个具体的思想""第一个概念""第一个具体的思想范畴""第一个真正的思想范畴"。

在黑格尔的辩证法体系中,思维规定之间也不再如受"形而上学的思维方式"支配那样截然对立,而是将"矛盾"引入其中。形式逻辑坚持两个概

---

① 〔德〕黑格尔:《小逻辑》,贺麟译,商务印书馆,1980年,第176页。
② 同上书,第181页。
③ 〔德〕黑格尔:《逻辑学(上卷)》,杨一之译,商务印书馆,1966年,第36页。

念之间如果性质相反,则必须肯定其中一个为正确的,而另一个为不真实的,这都是排斥"矛盾"。而在黑格尔看来,"矛盾"绝不是什么不正常的或者错误的,而恰恰是思维的本性。"这个结果,从它的肯定方面来把握,不是别的,正是这些思维规定的内在否定性、自身运动的灵魂、一切自然与精神的生动性的根本。"①

于是,思维规定不仅是流动的、发展的,而且可以向自己的对立面转化。每一个概念都是本身包含着否定因素的思维规定,因而只要发挥这一概念本性,就会自然过渡到与之相反的另一个概念。例如,前面所论述到的"有"和"无"的概念。黑格尔还谈论了"生"和"死"的概念。在他看来,"生"的概念本性中已包含了死的规定,有死的东西才会有生。"有生者必有死,简单的原因即由于生命本身即包含有死亡的种子。"②同样,"死"的概念本性中也已包含了"生"的规定,有"生"的东西才会有"死"。同样,对于有限和无限的概念,它们的统一也绝不是一种外在的结合,而是每一个自身都是这样统一,即自身的扬弃;所谓"无限只不过表示有限事物应该扬弃罢了",③在有限的本性中包含着无限性。所以,在规定有限的界限时,就已超出了有限,进入无限了。

正是如此,辩证思维优于"形而上学的思维方式"的特性,首先通过黑格尔的概念辩证法体现出来。赫拉克利特曾将万物比喻为流变不息的河流,以往的"形而上学的思维方式"借助于僵化的、凝固的概念,外界事物一旦进入人的头脑,就会成为僵化的、凝固的"存在",因而无法把握"存在"及其本质;在黑格尔概念层面的辩证法体系中,概念与万物一样变成了流变不息的概念河流,这条概念河流为把握同样流变不息的"存在"及其本质提供了可能。

但黑格尔概念辩证法毕竟是唯心主义的,因为他认为"思维"与"存在"是同质的。黑格尔曾论述过"思维"与"存在":"就存在作为直接的存在而论,它便被看成一个具有无限多的特性的存在,一个无所不包的世界。这个世界还可进一步认为是一个无限多的偶然事实的聚集体……,或者可以认为是无限多的目的及无限多的有目的的相互关系的聚集体……。如果把这个无所不包的存在叫做思维,那就必须排除其个别性和偶然性,而把它认作一普遍的、本身必然的、按照普遍的目的而自身规定的、能动的存在。"④在

---

① 〔德〕黑格尔:《逻辑学(上卷)》,杨一之译,商务印书馆,1966年,第39页。
② 〔德〕黑格尔:《小逻辑》,贺麟译,商务印书馆,1980年,第206页。
③ 同上。
④ 同上书,第135页。

这里,黑格尔论述了两种不同的"存在":一种是作为无限多偶然事实集合体的"直接的存在";另一种是作为排除一切特殊目的和偶然性存在的"能动的存在",即"思维"。可见,在他看来,"思维"与"存在"其实是同质的,"存在"即被思维化的存在,而"思维"即能动的、普遍的、必然的存在。并且,在他看来,"思维"要高于"存在"。"存在"是偶然的、直接的存在,而"思维"是必然的、普遍的存在。"惟有思维才能够把握本性、实体、世界的普遍力量和究竟目的。"①

在黑格尔这种唯心主义前提下,他将"思维"视为"存在"的前提,将自然界和人类社会视为"绝对理念"的外化物。在辩证法问题上,黑格尔同样坚持由于"思维"自身呈现辩证规律,作为"绝对理念"外化物的自然界和人类社会也呈现辩证规律。因此,"思维"借助辩证法可以把握遵循同样规律的"存在"。但其实他的"存在""自然界和人类社会"仅仅是作为"思维""绝对理念"的外化物,并非真实的"存在""自然界和人类社会"。所以,黑格尔辩证法所揭示的也就并非现实世界中"思维"与"存在""自然界和人类社会"之间的真实关系。因此,我们说黑格尔的概念辩证法为把握"存在"及其本质提供了可能,但并未真正实现。

可见,虽然黑格尔概念层面的辩证法超越了"形而上学的思维方式",但由于其唯心主义性质,它仍不是一种合理辩证法,它仍无法真正揭示现实世界中"思维"与"存在""自然界和人类社会"之间的真实关系。所以,恩格斯评价黑格尔的辩证法时说道:"黑格尔第一次——这是他的伟大功绩——把整个自然的、历史的和精神的世界描写为一个过程,即把它描写为处在不断的运动、变化、转变和发展中,并企图揭示这种运动和发展的内在联系。"②但"在黑格尔的辩证法中,正像在他的体系的所有其他分支中一样,一切真实的联系都是颠倒的。"③

(五)恩格斯辩证法——实践层面的合理辩证法

黑格尔概念层面的唯心辩证法超越了形而上学思维方式,首次体现了辩证思维相对于"形而上学的思维方式"的优越之处。但由于其唯心主义性质,它终究不是一种合理辩证法。恩格斯辩证法则正是批判继承于黑格尔辩证法基础之上的一种实践层面的合理辩证法。

恩格斯曾多次称赞黑格尔辩证法对辩证思维优越性的首次呈现。在

---

① 〔德〕黑格尔:《小逻辑》,贺麟译,商务印书馆,1980年,第136页。
② 《马克思恩格斯文集(第9卷)》,人民出版社,2009年,第26页。
③ 同上书,第441页。

《自然辩证法》手稿的《〈反杜林论〉旧序。论辩证法》中,恩格斯提到为了更好地进行研究,自然科学家们必须实现从"形而上学思维向辩证思维复归"。复归的方式有许多种,但其中最有效的就是研究"辩证哲学在历史上有过的各种形态",尤其是"从康德到黑格尔的德国古典哲学"。恩格斯又指出"自从黑格尔著作中已提出一个虽然是从完全错误的出发点阐发的、却无所不包的辩证法纲要以后,要向康德学习辩证法,就是一件费力不讨好的和收效甚微的事情"。① 但同时恩格斯意识到黑格尔辩证法的唯心性质,他说道:这"决不是要捍卫黑格尔的出发点","唯心主义的出发点和不顾事实而任意编造的体系"。"精神、思维、观念是本原的东西,而现实世界只是观念的摹写。这种出发点已经被费尔巴哈摒弃了。"因此,恩格斯强调:真正的研究"要从既有的事实出发","要从事实中发现"辩证法,要"从经验上加以证明"辩证法。②

可见,恩格斯肯定黑格尔辩证法对辩证思维优越性的呈现,但也指出真正的辩证法要克服黑格尔辩证法的唯心主义前提。恩格斯虽并未专门集中地批判过黑格尔辩证法的唯心主义前提,但我们可以借助他在《反杜林论》中对杜林的批判来说明这一问题。

在《反杜林论》中,恩格斯在第一编"哲学"中一开头就批判杜林的唯心主义原则。恩格斯说道:所谓杜林的原则,"就是从思维而不是从外部世界得来的那些形式的原则,这些原则应当被应用于自然界和人类,因而自然界和人类都应当适应这些原则。"③并且,恩格斯指出杜林的这种做法"完全像一个叫做黑格尔的人的做法"。④

恩格斯用黑格尔在《哲学科学全书纲要》中的"热昏的胡话"来和杜林对照。杜林的"一般的世界模式论",黑格尔称之为"逻辑学";将这一模式或逻辑结构应用于自然界,就是"自然哲学";将这一模式或逻辑结构应用于人类社会,就是"精神哲学"。⑤ 恩格斯批判杜林(其实也是黑格尔):"原则不是研究的出发点,而是它的最终结果;这些原则不是被应用于自然界和人类历史,而是从它们中抽象出来的;不是自然界和人类去适应原则,而是原则只是在符合自然界和历史的情况下才是正确的。"⑥在为《反杜林论》准备

---

① 《马克思恩格斯文集(第9卷)》,人民出版社,2009年,第438~439页。
② 同上书,第440页。
③ 同上书,第37页。
④ 同上书,第38页。
⑤ 同上。
⑥ 同上。

的材料中,恩格斯表述得更为简洁明确:"观念是现实的反映","一切观念都来自经验,都是现实的反映"。①

接着,为了反驳杜林(其实也是黑格尔),恩格斯以最抽象的数学为例,说明观念来自现实。杜林认为,数、数量、几何等都是"纯数学的范畴",这些数学范畴可"视作纯粹先验的范畴"。②在他看来,数学处理"自己的自由创造物和想象物",数和形是纯数学"自己创造的对象",数学"不依赖特殊经验和世界现实内容"。③恩格斯则指出:"纯数学是以现实世界的空间形式和数量关系","以非常现实的材料为对象的"。④

恩格斯以数学中数和形的概念为例,说明这些"不是从其他任何地方,而是从现实世界中得来的"。⑤他说道:人们用来计数的东西(十个指头或别的什么东西),都不是思想的创造物和想象物,计数能力(撇开对象除数量属性以外其他一切特性的抽象能力)也来源于长期的以经验为依据的历史发展;形的概念也是如此,必须先有具有一定形状的事物,对这些事物属性进行抽象,才能形成形的概念。⑥为此,他依据语言学上的论据:"一个具有三维的数学图形叫做立体,corpus solidum,就是说在拉丁文中这个词甚至是指可以触摸到的物体,所以这个名称决不是从知性的自由想象中得来的,而是从确凿的现实中得来的。"⑦

在恩格斯看来,作为数学最贫乏思想内容表现的数学公理,同样"在纯数学之外得到证明"。⑧他指出:数学和其他科学一样,最初产生于丈量土地、测量容器、计算时间和制造器械等活动中,只是后来因为其以极度抽象的形式出现,才掩盖了其起源于外部世界这一事实。因此,"正像在其他一切思维领域中一样,从现实世界抽象出来的规律,在一定的发展阶段上就和现实世界脱离,并且作为某种独立的东西,作为世界必须遵循的外来的规律而同现实世界相对立。……纯数学也正是这样,它在以后被应用于世界,虽然它是从这个世界得出来的,并且只表现世界的构成形式的一部分——正是仅仅因为这样,它才是可以应用的。"⑨

---

① 《马克思恩格斯文集(第9卷)》,人民出版社,2009年,第344页。
② 〔德〕E.杜林:《哲学教程——严格科学的世界观和人生观》,郭官义等译,商务印书馆,1991年,第58页。
③ 《马克思恩格斯文集(第9卷)》,人民出版社,2009年,第41页。
④ 同上。
⑤ 同上。
⑥ 同上。
⑦ 同上书,第43页。
⑧ 同上。
⑨ 同上书,第42页。

在《自然辩证法》手稿"各门科学的辩证内容"的"札记和片断"的"数学"中,恩格斯同样以微积分中的"各阶的微分和无限"为例,来说明数学并非纯粹的"自由创造物和想象物",①自然界对这些观念提供了例证。他说道:算术和代数学是以地球上各种关系为基础的,是与地球上的物体大小相适应的。和这些关系、这些物体相比,地球就显得是无限大的。于是,"无限"的概念出现了。在天文学发展之后,人们发现了在太阳系及其他恒星系中以光年来估算距离时,更无限大的东西出现了。此时,不仅"无限大"出现了,还出现了"位阶"的概念,可以把地球看作第一位阶的"无限",把整个太阳系及其中呈现出的距离看作第二位阶的"无限",把用望远镜才能观察到的恒星系中的距离看作第三位阶的"无限"。② 同样,随着物理学和化学的发展,人们在地球上的物体中最初发现了分子,在化学中发现了原子。这些分子、原子的出现,又出现了"无限小"意义上的第一位阶、第二位阶和第三位阶。③

因此,恩格斯指出:"数学的无限是从现实中借用的""它只能从现实来说明,而不能从它自身、从数学的抽象来说明"。坚持这种观点,"我们就会发现作为数学的无限性关系的来源的现实关系,甚至会发现自然界中使这种关系起作用的数学方法的类似物"。④

虽然,恩格斯认为"精神、思维、观念是本原"和"现实世界只是观念的摹写"这种唯心主义观点早"已经被费尔巴哈摒弃了"。但他仍多次在阐释"自然辩证法"时用众多实例强调辩证法的唯物主义前提,就在于黑格尔辩证法只有摒弃其唯心主义前提,才能成为一种可以应用的合理辩证法。而恩格斯认为,黑格尔辩证法在摒弃其唯心主义前提后,就会成为一种建立于实践基础上的合理辩证法。

这是因为,在黑格尔那里,基于其唯心主义前提,作为"绝对理念"的"思维"是独立存在的,在其中的概念的自我发展以及概念之间的相互转化所呈现的辩证规律也就仅仅源于"思维"自身的演化,是单纯的"思维"规律,而与客观现实无关。恩格斯在摒弃了其唯心主义前提后发现,概念、范畴本身是客观现实的产物。以概念的自我发展和概念之间的相互转化所呈现出来的辩证规律也就绝非仅仅是思维运动的规律,而是建立于实践基础上的存在于自然界和人类社会的客观规律。

---

① 《马克思恩格斯文集(第9卷)》,人民出版社,2009年,第540页。
② 同上。
③ 同上书,第540~541页。
④ 同上书,第544页。

第二章 "自然辩证法"与恩格斯辩证法

在《自然辩证法》手稿中,恩格斯多次论述思维规律来自客观世界,得益于实践基础上的遗传继承。在"数学"中,他说道:"现代自然科学已经把一切思维内容都来源于经验这一命题以某种方式加以扩展",由于"获得性状的遗传",思维规律不再需要每一个体亲自获得经验,而是继承自历代祖先的经验。例如,每一个儿童都知道一些数学公理,就是"累计的遗传"的结果。①

在"辩证法作为科学"的"札记和片断"的"规律和范畴"中,恩格斯还以因果性为例说明思维规律的形成与人类实践之间的关系。恩格斯提到,休谟(Hume)对因果性的怀疑是有其合理性的。"有规则的 post hoc〔在此之后〕决不能为 propter hoc〔因此〕提供依据。"②但他也指出,休谟忽略了人的实践的作用。

最初,人们在观察运动着的物体时,注意到单个物体的单个运动间的相互联系。之后,人们发现某个运动后面总是跟随着另一个运动,同时发现了造成后一个运动所必需的那些条件。于是,人们就能依据这些条件引起这个运动。这样,"由于人的活动,因果观念即一个运动是另一个运动的原因这样一种观念得到确证。"③恩格斯举例道:人们用一面凹镜把太阳光集中在焦点上,造成像普通的火光一样的效果,那么就证明了热是从太阳来的;人们把引信、炸药和弹丸放进枪膛里面,然后发射,可以造成事先从经验已经知道的效果,那么同样能够在所有细节上探究包括发火、燃烧、由于突然变为气体而产生的爆炸,以及气体对弹丸的压挤在内的全部过程。④

所以,恩格斯指出:"单纯观察所得的经验,是决不能充分证明必然性的。而 post hoc〔在此之后〕并不是 propter hoc〔因此〕。"但因果性寓于人类实践、寓于试验中,"如果我能够造成 post hoc,那么它便和 propter hoc 等同了。"⑤恩格斯强调,不能忽略人类实践对思维的影响,思维规律最本质和最切近的基础就是人所引起的自然界的变化。"人在怎样的程度上学会改变自然界,人的智力就在怎样的程度上发展起来。"⑥

在"辩证法作为科学"的"札记和片断"的"认识"部分,恩格斯还用判断

---

① 参见《马克思恩格斯文集(第9卷)》,人民出版社,2009年,第539页。
② 同上书,第483页。
③ 同上书,第482页。
④ 同上书,第483页。
⑤ 同上书,第484页。
⑥ 同上书,第483页。

分类为例说明思维规律形成于实践基础之上。恩格斯说道：黑格尔将判断分为："实有的判断""反思的判断""必然性的判断""概念的判断"。恩格斯评价道："第一类是个别的判断,第二和第三类是特殊的判断,第四类是普遍的判断",并且"这种分类法的内在真理性和内在必然性是明明白白的"。但是,恩格斯也指出这种分类法"不仅以思维规律为根据,而且还以自然规律为根据"。①

恩格斯以"摩擦生热"为例说明"判断分类"源于人类实践。大约10万年前的史前人类就已经发现了摩擦生热的现象,经过了几万年,随着大脑的发展,人们做出这样一个判断："摩擦是热的一个源泉。"恩格斯指出："这是一个实有的判断,并且是一个肯定判断。"又经过了几千年,到1842年迈尔、焦耳和柯尔丁(L. Colding)依据这一特殊过程与当时已发现的与之相类似的其他过程的关系,又得出了这样的判断："一切机械运动都能借助摩擦而转化为热",这是一个"反思的全称判断"。接着,只用了三年时间迈尔就把"反思的判断"提高到了这样一个阶段："在每一场合的各自的特定条件下,每一运动形式都能够并且必然直接或间接地转变为其他任何运动形式。这是概念的判断,并且是确然判断,即判断的最高形式。"恩格斯指出："在黑格尔那里表现为判断的这一思维形式本身的发展过程的东西,在我们那里就成了我们的关于运动性质的立足在经验基础之上的理论认识的发展过程"。②

因此,在黑格尔那里,辩证法仅仅是思维规律。而恩格斯则认为辩证法本身来源于自然界和人类历史的辩证运动,黑格尔概念层面的"自为辩证法"形成于对自然界和人类社会辩证运动的总结概括。所以,恩格斯多次强调："辩证法的规律是从自然界的历史和人类的历史中抽象出来的";③辩证法不是黑格尔所认为的仅仅是思维领域的规律,而"不过是关于自然界、人类社会和思维的运动和发展的普遍规律的科学"。④

可见,从辩证法角度出发,指责"自然辩证法"是恩格斯"自己的独创"或者"个人发明"及指责"自然辩证法"体现了恩格斯辩证法是一种"自在辩证法"降低了马克思辩证法的思想水平等观点也并不成立。马克思虽并未集中论述过"自然辩证法",但他从未否定过自然科学领域中的辩证思想,对

---

① 《马克思恩格斯文集(第9卷)》,人民出版社,2009年,第487~488页。
② 同上书,第488~489页。
③ 同上书,第463页。
④ 同上书,第149页。

恩格斯自然辩证法,他也是知情、赞同、支持的;恩格斯对辩证法的集中论述,表明他认为辩证法是一种辩证思维,这种辩证思维优于自在辩证法、形而上学的思维方式,以及黑格尔概念层面的唯心辩证法,本身形成于人类实践基础之上,是对自然界和人类社会辩证运动的总结概括。

第三章 "自然辩证法"的真实内容

通过前两章的研究可知,人们通常对"自然辩证法"所体现出的恩格斯自然观和辩证法的理解及批判,并不合理。恩格斯绝非批判者所认为的基于一种旧唯物主义基础脱离实践抽象地考察自然,而始终借助实践基础上的自然科学成果来考察自然,恩格斯虽侧重阐释自然规律,但最终想通过揭示自然规律来使人们更好地理解、运用社会规律;恩格斯对辩证法理解也绝非批判者所认为的"自在辩证法",恩格斯认为辩证法是一种形成于人类实践基础之上,对自然界和人类社会辩证运动总结概括的辩证思维。

那么,在这些误读基础上,人们将"自然辩证法",尤其是其中的辩证法"三大规律",视作恩格斯妄图建构关于自然界、人类社会和思维领域形而上学体系的工具,也并不合理。本章同样以这些误读批判为切入点,来揭示恩格斯自然辩证法的真实内容。

一、批判者对"自然辩证法"的误读

在误解恩格斯自然观和辩证法的基础上,人们通常将"自然辩证法",尤其是其中的辩证法"三大规律",视作恩格斯妄图借建构关于自然界、人类社会和思维领域形而上学体系的工具。

在《可悲的骗局:马克思反对恩格斯》中,莱文指出,与黑格尔将"绝对精神"看作宇宙的"终极原因"一样,恩格斯则认为"运动"是宇宙的"终极原因"。恩格斯坚信物质不灭、能量不灭,没有无运动的物质,一切运动形式——从机械、化学、生命到思维——都服从量变质变、对立面互相渗透和否定之否定这三条辩证规律,而否定之否定规律是"构成整个体系的基本规律"。在此基础上,莱文认为:"恩格斯的唯物主义构成了一个全面的形而上学体系。"[①]

---

① 杨金海总主编、林进平主编:《马克思主义研究资料(第24卷)》,中央编译出版社,2014年,第344页。

在《马克思以后的马克思主义》中,麦克莱伦也指出:"恩格斯的目标是要建立一门像黑格尔体系那样包罗万象的、自成体系的唯物主义",他的形而上学哲学体系正是以"物质"代替了黑格尔的"精神"作为绝对物。① 他还说道:恩格斯在两个不同于马克思的方面发展了马克思主义,其中一个方面就是"马克思主义最终被描绘成苏联(及其他国家)的辩证唯物主义教科书所体现的那种教条主义形而上学体系"。②

上述学者指出:马克思本人是反对建立形而上学体系的,反对将自己的哲学理解为适用于各个时代的真理;而恩格斯则妄图借助"自然辩证法"三大规律建立一个无所不包的形而上学体系来教条化马克思主义。这同样成为人们批判恩格斯"自然辩证法"的一个依据。那么,恩格斯是否真的妄图借三大规律来形而上学化马克思主义?这首先需要了解恩格斯对形而上学体系的真实态度。

(一)恩格斯与形而上学体系

事实上,上述学者有关马克思对形而上学体系态度的评价是正确的。早在1843年9月写给阿尔诺德·卢格(Arnold Ruge)的信中,马克思就在批判卡贝、德萨米、魏特琳等人抽象教条概念式的"共产主义"时表示:"我不主张我们树起任何教条主义的旗帜",而是"应当设法帮助教条主义者认清他们自己的原理"。③

在《关于费尔巴哈的提纲》的第十一条中,马克思也指出:"哲学家们只是用不同的方式解释世界,问题在于改变世界。"④在这里,马克思强调作为"改变世界"的实践是哲学的核心,而实践所实现的是一种人与世界之间的动态关系。因此,这也表明马克思认为建立形而上学体系不仅是没必要的,而且是不可能的。

在与恩格斯合著的《德意志意识形态》一书中,马克思同样明确指出自己的哲学与以往德国意识形态哲学之间的不同:他将以往德国意识形态哲学称为"思辨""意识",而将自己的哲学称为"真正的实证科学""真正的知识"。马克思说道:"在思辨终止的地方,在现实生活面前,正是描述人们实践活动和实际发展过程的真正的实证科学开始的地方。关于意识的空话将

---

① 〔英〕戴维·麦克莱伦:《马克思以后的马克思主义》,李智译,中国人民大学出版社,2008年,第9页。
② 同上书,第7页。
③ 《马克思恩格斯文集(第10卷)》,人民出版社,2009年,第7页。
④ 《马克思恩格斯文集(第1卷)》,人民出版社,2009年,第502页。

终止,它们一定会被真正的知识所代替。"①他还指出这种作为"真正的实证科学"的哲学并非"适用于各个时代的药方或公式",而与"现实的历史"有着密切关系。"对现实的描述会使独立的哲学失去生存环境,能够取而代之的充其量不过是从对人类历史发展的考察中抽象出来的最一般的结果的概括。这些抽象本身离开了现实的历史就没有任何价值。它们只能对整理历史材料提供某些方便,指出历史资料的各个层次的顺序。但是这些抽象与哲学不同,它们绝不提供可以适用于各个历史时代的药方或公式。"②

然而,上述学者有关恩格斯对形而上学体系态度的评价并不恰当。其实,与马克思一样,恩格斯本人也极其反对形而上学体系,也反对将马克思主义教条化。在《反杜林论》和《路德维希·费尔巴哈和德国古典哲学的终结》中,恩格斯都曾集中论述过对形而上学体系的看法。

《反杜林论》本身是一篇论战性的哲学著作。其写作背景是自命社会主义信徒的杜林,借用其于1865年出版的《自然辩证法》、1872年出版的《国民经济学和社会主义批判史》和1875年出版的《哲学教程——严密科学的世界观和人生观》建立了一个包含哲学、政治经济学和科学社会主义在内的"绝对真理体系",并以此来批判马克思主义。为了系统批判杜林,恩格斯于1876年5月底~1876年6月创作《反杜林论》一书。

在该书第一版序言中,恩格斯就将当时在德国很流行的无论从事什么学科研究的人都妄图建立一种"体系"的做法称为"伪科学""幼稚病"。③而针对杜林"把自己说成是当代和'可以预见的'未来的唯一真正的哲学家。谁同他不一致,谁就违背真理"及标榜"他所说的真理还是'最后的终极的真理'"④的行为,恩格斯以黑格尔为例来予以反对。

恩格斯指出,黑格尔虽然是与圣西门(Saint Simon)一样博学的人物,思想敏锐、知识渊博,但他所建的哲学体系仍然不过是形而上学的拼凑、牵强附会的堆砌和主观的虚构。黑格尔的哲学体系,是从"绝对精神"开始,经过自我运动,最后又回到其自身,以绝对真理的形式完成。这种哲学体系不是科学地反映客观事物的发展、变化,而是在一个纯思辨的框架中,描述精神、概念的自我运动而已。恩格斯评价道:"黑格尔的体系作为体系来说,是一次巨大的流产,但也是这类流产中的最后一次。"⑤因此,杜林妄图模仿黑格

---

① 《马克思恩格斯文集(第1卷)》,人民出版社,2009年,第526页。
② 同上书。
③ 《马克思恩格斯文集(第9卷)》,人民出版社,2009年,第8~9页。
④ 同上书,第31页。
⑤ 同上书,第27页。

尔,建立一个包罗万象的终极真理体系,也是根本不可能的。

但《反杜林论》又通常被后人视为恩格斯建立形而上学体系、将马克思主义教条化的依据。为了预防这种错误理解,恩格斯早明确指出:"这本书的目的并不是以另一个体系去同杜林先生的'体系'相对立"。①《反杜林论》之所以呈现出体系特征,在于其批判对象——杜林的体系。恩格斯表示:"必须联系这个体系来研究这一理论,同时研究这一体系本身;必须跟着杜林先生进入一个广阔的领域。"②"本书所批判的杜林先生的'体系'涉及非常广泛的理论领域,这使我不得不跟着他到处跑,并以自己的见解去反驳他的见解。"③可见,尽管《反杜林论》从正面系统地阐发了一些马克思主义的相关思想,并且呈现出一些哲学体系的特征。但这主要是由当时所批判的对象决定的,并不能说明恩格斯在主观上妄图建立一个有关马克思主义的形而上学体系。

在《路德维希·费尔巴哈和德国古典哲学的终结》中,恩格斯在评价黑格尔哲学时,肯定其富含"革命性质"的辩证法,但也指出由于其哲学体系,"革命的方面就被过分茂密的保守的方面所窒息"。黑格尔的哲学体系就是形而上学体系,这种体系"是一定要以某种绝对真理来完成的"。因此,尽管"如此强调这种永恒真理不过是逻辑的或历史的过程本身,他还是觉得自己不得不给这个过程一个终点"。于是,富含"革命性质"的辩证法与"宣布为绝对真理"的哲学体系相矛盾,"革命的方面"最终为"保守的方面"所窒息。④ 恩格斯反对这种有关哲学的形而上学体系,所以他评价道:"黑格尔是一个德国人,而且和他的同时代人歌德一样,拖着一根庸人的辫子。"⑤

除此之外,恩格斯晚年更是直接批判种种错误思潮将马克思主义教条化的现象。在其晚年,恩格斯的著作《英国工人阶级状况》经由美国人弗洛伦斯·凯利-威士涅威茨基夫人译为英文。在这一过程中,恩格斯多次强调向美国人介绍马克思主义时要避免将其教条化。在1886年12月28日写给弗洛伦斯·凯利-威士涅威茨基的信中,恩格斯说道:"我们的理论不是教条,而是对包含着一连串互相衔接的阶段的发展过程的阐明。"⑥在1887年1月27日写给弗洛伦斯·凯利-威士涅威茨基的信中,恩格斯再次提醒在向

---

① 《马克思恩格斯文集(第9卷)》,人民出版社,2009年,第8页。
② 同上。
③ 同上书,第10~11页。
④ 参见《马克思恩格斯文集(第4卷)》,人民出版社,2009年,第271页。
⑤ 同上书,第272页。
⑥ 《马克思恩格斯文集(第10卷)》,人民出版社,2009年,第560页。

美国人介绍马克思主义时,要提防将其当作"必须背得烂熟并机械地加以重复的教条"而采取从外面硬灌输的方式,应将其看作"发展着的理论"而启迪他们通过自己亲身的经验去检验。①

1890年10月30日,随着德国《反社会党人非常法》被废除,德国社会民主党进入合法斗争时期。在党规模扩大的同时,其内部也出现了一些由加入党内的大学生和初出茅庐的文学家组成的"青年派"。这些"青年派"既没有掌握马克思主义,也没有实际经验,却自命不凡、自诩是党的理论家,是"马克思主义者"。他们喜欢唱革命高调,将马克思主义加以教条化,机械地搬用马克思主义理论的个别原理到处乱套,把马克思主义歪曲得面目全非。

其中,"青年派"的代表人物保尔·恩斯特于1890年5月14日《现代生活自由论坛》第15期发表文章《妇女问题和社会问题》。在该文中,他将挪威社会生活的各种现象总结为"小市民阶层"概念,又机械地将德国特有的小市民阶层的理论硬套到挪威"小市民阶层"上。针对此,在1890年6月5日致保尔·恩斯特的信中,恩格斯委婉地表述了自己的批判:"如果不把唯物主义方法当做研究历史的指南,而把它当做现成的公式,按照它来剪裁各种历史事实,那么它就会转变为自己的对立物。"②

恩格斯原以为委婉地指出恩斯特的错误,他就会改正,但恩斯特对这种批评置若罔闻。在1890年9月16日马格德堡的《人民呼声报》上,恩斯特发表了一篇文章,在里面仍然强调"青年派"的观点和马克思、恩格斯的观点并无不同。恩格斯只得在1890年10月1日发表《答保尔·恩斯特》一文,在文中明确指出:"我竭力反对把我同属于这类集团的分子混在一起"。这些集团甚至比小资产阶级党团更危险,"因为他们不能认清最简单的事物,在观察经济的和政治的情况时不能毫无偏见地衡量现实事实的相互关系和斗争着的力量的实际影响"。③

自此,恩格斯在明确表达对"青年派"不满的同时,仍强调禁止将马克思主义教条化。在1890年8月5日给康拉德·施米特的信中,恩格斯指出:在"青年派"看来,"唯物主义"这个词大体上只是一个可以当做标签贴在各种事物上的套语。他们认为"一把这个标签贴上去",问题就已经解决了。④针对此,恩格斯一再强调:"我们的历史观首先是进行研究工作的指南,并不

---

① 《马克思恩格斯文集(第10卷)》,人民出版社,2009年,第562页。
② 同上书,第583页。
③ 《马克思恩格斯全集(第22卷)》,人民出版社,1965年,第99页。
④ 参见《马克思恩格斯文集(第10卷)》,人民出版社,2009年,第587页。

是按照黑格尔学派的方式构造体系的杠杆。"①在1895年3月11日给韦尔纳·桑巴特(Werner Sombart)的信中,恩格斯再次指出:"马克思的整个世界观不是教义,而是方法。它提供的不是现成的教条,而是进一步研究的出发点和供这种研究使用的方法。"②

可见,与马克思一样,恩格斯本人也始终反对建立形而上学体系教条化马克思主义。那么,被批判者视为恩格斯形而上学化马克思主义工具的辩证法"三大规律",究竟如何理解?

(二)恩格斯与辩证法"三大规律"

在批判者眼中,辩证法"三大规律"是恩格斯妄图形而上学化马克思主义的一个重要工具。同样,这些人认为"三大规律"是恩格斯主动总结归纳出来的。他们指出恩格斯在《自然辩证法》手稿的"辩证法作为科学"的"辩证法"中主动提出了"三大规律":"辩证法的规律是从自然界的历史和人类的历史中抽象出来的。辩证法的规律无非是历史发展的这两个方面和思维本身的最一般的规律。它们实质上可归结为下面三个规律:量转化为质和质转化为量的规律;对立的相互渗透的规律;否定的否定的规律。"③

在这里,恩格斯的确总结归纳了辩证法"三大规律",但这却并非他首次提出。其实,早在《辩证法》这篇手稿之前,恩格斯就曾在《反杜林论》第一编的《十二 辩证法。量和质》和《十三 辩证法。否定的否定》中论述过"三大规律"。(《辩证法》写于1879年,④《反对林论》写于1876年9月~1877年1月,⑤据此可以推断,恩格斯在《反杜林论》第一编中对"三大规律"的论述早于《辩证法》这篇手稿。)

正如恩格斯在《反杜林论》序言中所说:"必须跟着杜林先生进入一个广阔的领域"⑥"不得不跟着他到处跑,并以自己的见解去反驳他的见解。"⑦同样,恩格斯在该著作中对辩证法"三大规律"的提及也是"跟着"杜林展开的。

首先,"对立的相互渗透规律",即"矛盾"。恩格斯引用杜林在《哲学教程——严密科学的世界观和人生观》中的论述,说明其排斥"矛盾"。杜林强调"矛盾的非现实性",他说道:"关于存在的基本逻辑特性的第一个命

---

① 《马克思恩格斯文集(第10卷)》,人民出版社,2009年,第587页。
② 同上书,第691页。
③ 《马克思恩格斯文集(第9卷)》,人民出版社,2009年,第463页。
④ 同上书,第607页注释207。
⑤ 同上书,第569页注释1。
⑥ 同上书,第8页。
⑦ 同上书,第11页。

题,而且是最重要的命题,就是矛盾的排除。矛盾的东西是一个范畴,这个范畴只能归属于思想组合,而不能归属于现实。"他认为"矛盾"是"思想组合",而不是现实的范畴,"在事物中没有任何矛盾","实际存在的矛盾,本身是背理的顶点"。① 恩格斯总结道,杜林排斥矛盾,在他看来"矛盾=背理"。

针对此,恩格斯指出,杜林之所以不理解"矛盾",并将其视为在现实世界中不可能出现的"背理",源于其受形而上学思维方式支配。形而上学思维方式遵循形式逻辑,坚持"直不能是曲,曲不能是直"。② 但现实中却充满"矛盾","矛盾"客观存在于事物和过程本身。

例如,"运动"。恩格斯说道:"运动本身就是矛盾;甚至简单的机械的位移之所以能够实现,也只是因为物体在同一瞬间既在一个地方又在另一个地方,既在同一个地方又不在同一个地方,这种矛盾的连续产生和同时解决就是运动。"③芝诺的"飞矢不动"正是坚持"形而上学的思维方式",无法理解"矛盾",无法理解"飞矢"其实每时每刻都既在同一个地方又不在同一个地方,只能将其把握为静止的点的组合。再如,"生命"。恩格斯说道:"生命也是存在于物体和过程本身中的不断地自行产生并自行解决的矛盾"。④ 因为,作为蛋白体存在方式的生命,本质上就在于这些蛋白体的化学成分不断地自我更新。⑤ 所以,"生物在每一个瞬间是它自身,同时又是别的东西";⑥又如,"思维能力"。恩格斯认为,人的内部无限的认识能力和其主客观受外部限制的认识能力之间也存在着"矛盾",人的无限认识能力只能在作为个体的有限认识能力的无穷无尽的历史承继中解决。⑦

另外,在恩格斯看来,在数学从初等数学发展到高等数学的过程中也存在着"矛盾"。在初等数学中,直线和曲线、平行线和相交线有着本质区别;而在高等数学中,"在一定条件下直线和曲线应当是一回事","在我们眼前相交的线,只要离开交点五六厘米,就应当认为是平行的、即使无限延长也不会相交的线"。恩格斯指出:甚至初等数学自身也充满着矛盾,任何负数自乘应该得出正的平方,-1 的平方根不仅是矛盾,而且是真正的"背理"。

---

① 〔德〕E.杜林:《哲学教程——严格科学的世界观和人生观》,郭官义等译,商务印书馆,1991年,第28页。
② 《马克思恩格斯文集(第9卷)》,人民出版社,2009年,第126页。
③ 同上书,第127页。
④ 同上。
⑤ 同上书,第86页。
⑥ 同上书,第127页。
⑦ 同上书,第128页。

但在现实中,$\sqrt{-1}$不仅存在,而且是许多正确数学运算的结果。①

杜林在指出辩证法坚持"矛盾"的荒谬性之后,将辩证法斥为"一团混乱和各种观念杂乱交织的","缺乏自然的和可以理解的逻辑"。② 他将马克思的方法称作"为自己的信徒创造辩证法的奇迹"。③ 恩格斯说道:"他破例地丢掉崇高而尊贵的风格,给我们至少举出两个有关马克思的不可饶恕的逻各斯学说的例子。"④这两个例子,就是"量转化为质和质转化为量的规律"和"否定的否定的规律"。

在杜林看来,"量转化为质和质转化为量的规律"是一个"混乱的模糊观念"。并且,他批判道:马克思"引证黑格尔关于量转化为质这一混乱的模糊观念,从而认为预付达到一定界限时就会单单由于这种量的增加而成为资本,这岂不是显得多么滑稽!"⑤

针对杜林的批判,恩格斯引用马克思在《资本论》中的论述。马克思举例,某个劳动部门的工人每天工作8小时,其中4小时为自己生产工资价值,另外4小时为资本家生产剩余价值。如果资本家想使每天的剩余价值足够使他像一个工人那样生活,他就必须拥有能够为2个工人提供原料、劳动资料和工资的那种价值额。而资本主义生产是为了使财富增殖,他就必须拥有雇佣8个工人的价值额,才能使自己的生活比普通工人好1倍。在这种情况下,他将生产的剩余价值的一半转化为资本,才成为真正的资本家。价值额数量的变化使一个人实现了从普通人成为资本家的质的变化。于是,马克思说道:"不是任何一个货币额或价值额都可以转化为资本。相反地,这种转化的前提是单个货币占有者或商品占有者手中有一定的最低限额的货币或交换价值。"⑥恩格斯说道:杜林批判马克思借助黑格尔的"量转化为质和质转化为量的规律"才得出《资本论》中的结论,其实"正好说反了"。⑦ 马克思在《资本论》中提到的实例,恰恰"是黑格尔规律的正确性的证明"。⑧

至于"否定的否定的规律",杜林认为:"在黑格尔那里,第一个否定是

---

① 参见《马克思恩格斯文集(第9卷)》,人民出版社,2009年,第128页。
② 同上书,第129页。
③ 同上书,第130页。
④ 同上书,第131页。
⑤ 同上。
⑥ 《马克思恩格斯文集(第5卷)》,人民出版社,2009年,第356页。
⑦ 《马克思恩格斯文集(第9卷)》,人民出版社,2009年,第133页。
⑧ 同上书,第132页。

教义问答中的原罪概念,而第二个否定则是引向赎罪的更高统一的概念。"①马克思却依靠"这种从宗教领域中抄袭来的荒唐类比",才"证明社会革命的必然性,证明建立土地公有制和劳动所创造的生产资料的公有制的必然性"。②

恩格斯同样引用《资本论》中的论述指出,马克思并未依靠"否定的否定的规律"才得出上述结论;相反,马克思在研究了资本主义社会经济和历史发展之后才说道:"从资本主义生产方式产生的资本主义占有方式,从而资本主义的私有制,是对个人的、以自己的劳动为基础的私有制的第一个否定。但资本主义生产由于自然过程的必然性,造成了对自身的否定。这是否定的否定。"③同样,并非因为"否定的否定的规律"马克思才能得出上述结论,而是资本主义自身的发展证明了这一规律的正确性。

可见,恩格斯对辩证法"三大规律"的最初提及是"跟着"杜林,在批判杜林的过程中展开的。但在这一过程中恩格斯意识到了理解辩证法"三大规律"对理解辩证法的重要作用。

恩格斯将辩证法定义为一种不同于"形而上学"的辩证思维。"辩证法"和"形而上学"这两种思维的实质区别就在于是否理解"矛盾"("对立的相互渗透的规律")。"形而上学"无法理解"矛盾","形而上学地思维的知性绝对不能从静止的思想转到运动的思想,因为上述矛盾在这里挡着它的路。对它来说,运动是完全不可理解的,因为运动是矛盾";④而辩证思维则能理解"矛盾"。所以,理解"矛盾"("对立的相互渗透规律")对人们抛弃形而上学思维方式、培养辩证思维有重要作用。恩格斯认为,辩证法不只是思维规律,还是自然界和人类社会存在的客观规律。因此,用自然界和人类社会中的实例论证"量转化为质和质转化为量的规律"和"否定的否定的规律",可以使人们更好地理解辩证法的客观性。

也正是出于使人们更好地理解培养辩证思维的目的,继《反杜林论》之后,恩格斯在《自然辩证法》手稿的"辩证法"一文中主动总结归纳辩证法"三大规律"。然而,恩格斯非常清楚地知道虽然"三大规律"有助于人们理解辩证法,但"三大规律"并不等同于辩证法。因此,在"辩证法"这篇文章中,距离总结归纳辩证法"三大规律"之后不远的段落中,他就说道:"我们在这里不打算写辩证法的手册,而只是想说明辩证法规律是自然界的实在

---

① 《马克思恩格斯文集(第9卷)》,人民出版社,2009年,第137页。
② 同上。
③ 《马克思恩格斯文集(第5卷)》,人民出版社,2009年,第874页。
④ 《马克思恩格斯文集(第9卷)》,人民出版社,2009年,第127页。

的发展规律,因而对于理论自然研究也是有效的。"①

可见,与马克思一样,恩格斯也极其反对建立形而上学体系来教条化马克思主义,更从未想借助"自然辩证法"的"三大规律",来建构一个关于自然界、人类社会和思维领域的形而上学体系。人们通常对"自然辩证法"内容的理解,是一种误读。

二、"自然辩证法":恩格斯对黑格尔辩证法的"颠倒"

恩格斯研究创作"自然辩证法"并非为了借助"三大规律"建立一个关于自然界、人类社会和思维领域的形而上学体系,教条化马克思主义。其"自然辩证法"还是为了批判、改造黑格尔辩证法,或可以称作对黑格尔辩证法的"颠倒"。

如前所述,恩格斯认为黑格尔辩证法并不能直接拿来运用,必须摒弃其唯心主义前提:"从既有的事实出发""从事实中发现""一经发现,就要尽可能从经验上加以证明"。在他看来,马克思"在《资本论》中把这个方法应用到一种经验科学即政治经济学的事实上去",已经在社会历史领域中完成了这一"颠倒",阐释了其辩证法"和黑格尔辩证法的联系以及差别"。而自己要做的则是在自然科学领域,"从物质的各种实在形式和运动形式出发"完成这一"颠倒"。②

(一) 对恩格斯"颠倒"黑格尔辩证法的通常理解及批判

提起恩格斯对黑格尔辩证法的"颠倒",人们也通常持批判态度。这主要是因为,与通常借助马克思主义哲学教学体系对辩证法进行阐释来理解恩格斯辩证法一样,人们也通常借助教学体系对黑格尔辩证法的"颠倒"来理解恩格斯对黑格尔辩证法的"颠倒"。

斯大林在《论辩证唯物主义和历史唯物主义》中明确提出:马克思和恩格斯"摒弃了黑格尔的唯心主义的外壳"而采取了"它的'合理的内核'",将辩证法发展为"现代的、科学的形态";马克思和恩格斯摒弃了费尔巴哈的"那些唯心主义的和宗教伦理的杂质"而采取了"它的'基本的内核'",将唯物主义发展为"科学的哲学唯物主义理论"。③ 自此之后,马克思主义哲学(辩证唯物主义)="合理的内核"(黑格尔辩证法)+"基本的内核"(费尔巴哈唯物主义)这一阐释模式开始形成。在这一阐释模式基础上,人们将马克

---

① 《马克思恩格斯文集(第9卷)》,人民出版社,2009年,第464页。
② 同上书,第440~441页。
③ 《斯大林选集》(下),人民出版社,1979年,第424~425页。

思主义辩证法对黑格尔辩证法的"颠倒",简单阐释为将黑格尔辩证法从其唯心主义体系之中剥离出来置换于唯物主义基础之上。

随着以西方"马克思主义"和西方"马克思学"为代表的西方学者观点的传入,国内学者逐渐意识到以马克思主义哲学教学体系的"颠倒"模式阐释马克思主义辩证法与黑格尔辩证法的关系,容易将马克思主义辩证法庸俗化为黑格尔辩证法与费尔巴哈旧唯物主义的简单相加。于是,学者们开始纷纷跳出这一阐释模式,而从越来越多的方面来研究马克思主义辩证法与黑格尔辩证法的关系。这样,一方面有助于避免庸俗化马克思主义辩证法,揭示马克思主义辩证法的真实含义;但另一方面,这些学者往往将教学体系"颠倒"阐释模式的源头追溯于恩格斯,将教学体系的"颠倒"阐释模式等同于恩格斯对黑格尔辩证法的"颠倒",进而对恩格斯的"颠倒"予以批判。这种批判主要依据于恩格斯在《路德维希·费尔巴哈和德国古典哲学的终结》(以下简称为《终结》)一文中的论述。

在《终结》中,恩格斯做了两个著名的区分:一是将黑格尔哲学区分为"革命"的辩证法和"保守"的唯心主义体系;二是依据哲学基本问题区分唯物主义和唯心主义两个哲学阵营。

首先,恩格斯区分了黑格尔哲学中"革命"的辩证法和"保守"的唯心主义体系。恩格斯先分析了黑格尔在《法哲学原理》序言中的一个命题:"凡是现实的都是合乎理性的,凡是合乎理性的都是现实的"。他指出这一命题体现了黑格尔哲学中充满"革命性"的辩证法。针对这一命题,当时人们认为这是黑格尔在哲学上为普鲁士国家的专制制度、书报检查制度、警察司法等所作的辩护,但恩格斯却认为并非如此。因为在黑格尔那里,现实不是现存,"决不是一切现存的都无条件地也是现实的","现实性在其展开过程中表明为必然性",现实性仅仅属于同时是必然性的东西。[1] 这样,"一切现实的东西都会成为不现实的,都会丧失自己的必然性、自己存在的权利、自己的合理性"。于是,由于黑格尔辩证法本身,这一命题转化为其对立面,即"凡在人类历史领域中是现实的,随着时间的推移,就会成为不合理性的","凡是现存的,都一定要灭亡"。[2] 通过这一命题,恩格斯看到了黑格尔哲学中"革命"的辩证法。

在恩格斯看来,黑格尔哲学由于其"革命"辩证法,具有了真实意义和革命性质,它彻底否定了关于人的思维和行动的一切结果具有最终性质的看

---

[1] 参见《马克思恩格斯文集(第4卷)》,人民出版社,2009年,第268页。
[2] 同上书,第269页。

法。由于这种"革命"辩证法:在哲学中,真理"不再是一堆现成的、一经发现就只要熟读死记的教条",而是存在于"认识过程本身中"和"科学的长期的历史发展中";在历史中,"完美的社会、完美的'国家'"只存在于幻想中,真正的历史成为一切依次更替的历史状态、成为人类社会由低级到高级的无穷发展过程。每一阶段历史对它发生的时代条件而言,都有其存在必然性,对它内部逐渐发展起来的新的、更高的条件而言,有其消失的必然性。在这种"革命"的辩证法面前,"不存在任何最终的东西、绝对的东西、神圣的东西;它指出所有一切事物的暂时性;在它面前,除了生成和灭亡的不断过程、无止境地由低级上升到高级的不断过程,什么都不存在。它本身就是这个过程在思维着的头脑中的反映"。①

但恩格斯也指出:上述结论并非黑格尔清楚明确地表述出来的,这只是由他的方法所必然得出的结论。而黑格尔之所以不能清楚明确地得出这一结论,是由于其保守的唯心主义体系,这种体系总是"要以某种绝对真理来完成"。于是,尽管黑格尔在其《逻辑学》中强调"永恒真理不过是逻辑的或历史的过程本身",但又"不得不给这个过程一个终点"。这样一来,就造成了黑格尔革命辩证方法和唯心主义体系之间的矛盾,其哲学"革命的方面就被过分茂密的保守的方面所窒息"。② 这样,恩格斯将黑格尔哲学区分为"革命"的辩证法和"保守"的唯心主义体系。

黑格尔哲学的这两部分,又在黑格尔逝世后发展出了两个不同的派别:重视其唯心主义体系的保守的"老年黑格尔派"和重视其辩证法的革命的"青年黑格尔派"。其中,"青年黑格尔派"出于现实斗争的需要,慢慢走向了自己的对立面——英国和法国的唯物主义。在其中,代表人物费尔巴哈从唯物主义立场出发,批判黑格尔哲学的唯心主义体系。但在恩格斯看来,费尔巴哈的这种批判,并未实现对黑格尔哲学的超越,而仅仅"简单地把它抛在一旁"。恩格斯认为,对黑格尔的真正批判是要"从它的本来意义上'扬弃'它","要批判地消灭它的形式,但是要救出通过这个形式获得的新内容"。③ 这就意味着必须抛弃黑格尔哲学的唯心主义基础,而返回唯物主义立场。于是,恩格斯依据哲学基本问题提出有关唯物主义和唯心主义两个哲学阵营的区分。

恩格斯提出:"全部哲学,特别是近代哲学的重大的基本问题,是思维和

---

① 《马克思恩格斯文集(第4卷)》,人民出版社,2009年,第269~270页。
② 同上书,第271页。
③ 同上书,第276页。

存在的关系问题。"这一问题在中世纪的经院哲学中演变成了"什么是本原的,是精神,还是自然界?"依据对这个问题的回答,哲学家分为两大阵营:"凡是断定精神对自然界说来是本原的,从而归根结底承认某种创世说的人……组成唯心主义阵营。凡是认为自然界是本原的,则属于唯物主义的各种学派"。①

接着,恩格斯指出:"像唯心主义一样,唯物主义也经历了一系列的发展阶段。"②18世纪的唯物主义是机械唯物主义,费尔巴哈对黑格尔哲学唯心主义的批判正是建立于这种唯物主义基础之上。但它有两个局限:一是"仅仅运用力学的尺度来衡量化学性质的和有机性质的过程(在这些过程中,力学定律虽然也起作用,但是被其他较高的定律排挤到次要地位)";二是"它不能把世界理解为一种过程,理解为一种处在不断的历史发展中的物质"。③

恩格斯认为,对待黑格尔哲学要抛弃其唯心主义基础,而返回唯物主义立场。但并非回到以前的机械唯物主义,而是返回以黑格尔辩证法改造过的"现代唯物主义",这只有马克思主义哲学才能实现。

正是依据其在《终结》一文中的论述,人们将马克思主义哲学教学体系中的"颠倒"阐释模式的源头追溯至恩格斯。在《被遮蔽的马克思》一书中,俞吾金就依据该文明确指出,恩格斯将费尔巴哈视为马克思脱离黑格尔哲学及其思想形成过程中的一个重要环节,开辟了苏联"正统马克思主义"从旧唯物主义立场出发的"合理的内核"(黑格尔辩证法)+"基本的内核"(费尔巴哈唯物主义)的对马克思辩证法庸俗化理解的阐释模式。

在该书中,俞吾金引用恩格斯的《终结》序言中的一段原文:"关于我们和黑格尔的关系,我们曾经在一些地方作了说明,但是无论哪个地方都不是全面系统的。至于费尔巴哈,虽然他在好些方面是黑格尔哲学和我们观点之间的中间环节,我们却从来没有回顾过他。"④依据这段文字,俞吾金指出在恩格斯所理解的马克思思想发展史中存在着一个费尔巴哈阶段。"在这里,恩格斯明确提出了'中间环节说'。"⑤在序言中,恩格斯还写道:"在这种情况下,我感到越来越有必要把我们同黑格尔哲学的关系,我们怎样从这一

---

① 《马克思恩格斯文集(第4卷)》,人民出版社,2009年,第277~278页。
② 同上书,第281页。
③ 同上书,第282页。
④ 同上书,第265页。
⑤ 俞吾金:《被遮蔽的马克思》,人民出版社,2012年,第20页。

哲学出发又怎样同它脱离,作一个简要而又系统的阐述。同样,我也感到我们还要还一笔信誉债,就是要完全承认,在我们的狂飙突进时期,费尔巴哈给我们的影响比黑格尔以后任何其他哲学家都大。"①俞吾金认为,恩格斯的这段论述表明他坚持自己和马克思从黑格尔哲学出发,后又与这种哲学脱离,而脱离的关键在于受费尔巴哈哲学的影响。正如恩格斯所说:"那时大家都很兴奋:我们一时都成为费尔巴哈派了。"②

俞吾金指出,列宁在恩格斯"中间环节说"的基础上,将马克思与费尔巴哈的关系发展成一个不争的事实。"到列宁那里,恩格斯对马克思与费尔巴哈理论关系的阐释已经成为不言而喻的真理""黑格尔——费尔巴哈——马克思"。③俞吾金还引用列宁在《唯物主义和经验批判主义》中的论述,指出列宁重新肯定了恩格斯关于马克思是在费尔巴哈哲学的影响下才脱离了黑格尔哲学的见解。"马克思和恩格斯的学说是从费尔巴哈那里产生出来的,是在与庸才们的斗争中发展起来的,自然他们所特别注意的是修盖好唯物主义哲学的上层,也就是说,他们所特别注意的不是唯物主义的认识论,而是唯物主义的历史观。"④继列宁之后,斯大林在《论辩证唯物主义和历史唯物主义》中明确指出,马克思和恩格斯既从黑格尔哲学中采取了"合理内核"(辩证法),又从费尔巴哈哲学中采取"基本内核"(唯物主义),从而形成了马克思主义哲学(辩证唯物主义)。"从此以后,这一主导性的阐释见解就成了马克思主义哲学教科书中的定见。"⑤

除此之外,在该书中,俞吾金还批判了恩格斯及教学体系中的阐释模式。他指出,马克思不可能真正成为费尔巴哈派,马克思的唯物主义与费尔巴哈的唯物主义有着本质的区别。"马克思的唯物主义是历史唯物主义,这种唯物主义根本不可能源于费尔巴哈的一般唯物主义,而只能源于马克思对现实斗争的参与、对国民经济学的探讨和对黑格尔的历史唯心主义的批判。费尔巴哈的一般唯物主义与马克思的历史唯物主义的根本区别在于:前者是从与人的活动相分离的自然出发。"⑥

俞吾金引述费尔巴哈在《黑格尔哲学批判》中的一段论述:"哲学是关于真实的、整个的现实界的科学;而现实的总和就是自然(普遍意义的自

---

① 《马克思恩格斯文集(第4卷)》,人民出版社,2009年,第266页。
② 同上书,第275页。
③ 俞吾金:《被遮蔽的马克思》,人民出版社,2012年,第24~25页。
④ 《列宁专题文集:论辩证唯物主义和历史唯物主义》,人民出版社,2009年,第115页。
⑤ 俞吾金:《被遮蔽的马克思》,人民出版社,2012年,第25页。
⑥ 同上书,第23页。

然)。最深奥的秘密就在最简单的自然物里面,这些自然物,渴望彼岸的幻象的思辨者是塌在脚底的。只有回到自然,才是幸福的源泉。"①他指出,费尔巴哈在这里所谈论的自然显然是与人的实践活动相分离、被直观的自然,而这种抽象自然正是一般唯物主义的基础和出发点。但这种自然对马克思的历史唯物主义来说则是虚幻的和不存在的,马克思历史唯物主义的基础是与人的实践活动密切相关的真正存在的自然界。他引用马克思在《1844年经济学哲学手稿》中的论述:"在人类历史中即在人类社会的形成过程中生成的自然界,是人的现实的自然界;因此,通过工业——尽管以异化的形式——形成的自然界,是真正的、人本学的自然界。"②所以,俞吾金说道:"马克思的历史唯物主义根本不可能来自费尔巴哈的一般唯物主义。""费尔巴哈的唯物主义是以直观为基本特征的,而马克思的唯物主义则是以实践为基本特征的,而后一种唯物主义根本不可能奠基于前一种唯物主义之上,因为它们在内涵上是对立的、不可调和的。"③

在《恩格斯对"唯物—唯心"之争的态度——重读〈路德维希·费尔巴哈和德国古典哲学的终结〉》一文中,何中华指出作为恩格斯"颠倒"模式的另一个唯物主义和唯心主义的区分,也并不合理。

恩格斯在《终结》中"谈到唯物论和唯心论的对立时",并未像马克思《关于费尔巴哈的提纲》那样,"涉及对二者的超越问题"。"这至少意味着恩格斯在此著作中未能达到马克思所曾达到的'合题',而是仍然停留在知性逻辑的框架之中。"④"恩格斯始终是把自己的哲学任务定位于唯物论内部的革新,而非对于唯物论和唯心论之对立的超越。这同马克思的哲学旨趣形成鲜明的对比,两者存在着不容忽视的差距。"⑤

同样,在《列宁、黑格尔和西方马克思主义:一种批判性研究》一书中,凯文·安德森(Kevin Anderson)也坚持马克思从未像恩格斯那样在明确区分唯物主义和唯心主义的基础上来坚持唯物主义,而是始终强调唯物主义和唯心主义的统一;恩格斯则"远没有像马克思在1844年所做的那样严厉批判费尔巴哈抛弃了诸如否定之否定这样重要的辩证法范畴,反而赞扬费

---

① 〔德〕路德维希·费尔巴哈:《费尔巴哈哲学著作选集》(上卷),荣震华等译,生活·读书·新知三联书店,1959年,第84页。
② 《马克思恩格斯文集(第1卷)》,人民出版社,2009年,第193页。
③ 俞吾金:《被遮蔽的马克思》,人民出版社,2012年,第24页。
④ 何中华:《恩格斯对"唯物—唯心"之争的态度——重读〈路德维希·费尔巴哈和德国古典哲学的终结〉》,《学习与探索》2009年第5期。
⑤ 同上。

尔巴哈'使唯物主义重新登上王座'"①。

安德森认为,早在《1844年经济学哲学手稿》的"对黑格尔的辩证法和整个哲学的批判"一节中,马克思就"强调了唯心主义和唯物主义的统一,而不是在他的许多追随者著作中所看到的那种实证的科学唯物主义"。② 他认为,在这一节中,马克思看到了黑格尔辩证法的积极因素,即"黑格尔哲学的'完全否定的和批判的外表'使其具有历史性和革命性"。③ 在马克思看来,黑格尔"抓住了劳动的本质",将劳动理解为创造性的活动,将否定性的辩证法作为人类社会和历史的"推动原则和创造原则"。④ 但他也指出,马克思看到了黑格尔的主要错误在于将"人的本质,人,……=自我意识",⑤将一切形式的异化都看作"不过是自我意识的异化"。⑥ 在此基础上,安德森认为马克思吸收了黑格尔否定的辩证法,但同时,马克思不同于黑格尔以精神、意识作为辩证法的主体,而是将"现实的、肉体的、站在坚实的呈圆形的地球上呼出和吸入一切自然力的人"⑦作为其辩证法的核心。因此,他指出马克思从未强调唯心主义和唯物主义的对立,而是始终坚持两者的统一。

安德森还引用马克思在《关于费尔巴哈的提纲》第一条中的论述:"从前的一切唯物主义(包括费尔巴哈的唯物主义)的主要缺点是:对对象、现实、感性,只是从客体的或者直观的形式去理解,而不是把它们当做感性的人的活动,当做实践去理解,不是从主体方面去理解。因此,和唯物主义相反,唯心主义却把能动的方面抽象地发展了,当然,唯心主义是不知道现实的、感性的活动本身的。"⑧安德森认为马克思在这里的论述,也表明他"并不是在唯心主义和唯物主义'两大阵营'之间进行取舍,而是再次看到唯物主义和唯心主义某种形式相互联系,而唯心主义则有助于促进辩证法的主观性和能动性方面的发展。"⑨

因此,人们通常依据《终结》一文中的论述,批判恩格斯对黑格尔辩证法的"颠倒"。这里主要涉及两个问题:一个问题是人们认为恩格斯在该文中

---

① 〔美〕凯文·安德森:《列宁、黑格尔和西方马克思主义:一种批判性研究》,张传平译,南京大学出版社,2012年,第15页。
② 同上书,第10页。
③ 同上书,第9页。
④ 《马克思恩格斯文集(第1卷)》,人民出版社,2009年,第205页。
⑤ 同上书,第207页。
⑥ 同上。
⑦ 同上书,第209页。
⑧ 同上书,第499页。
⑨ 〔美〕凯文·安德森:《列宁、黑格尔和西方马克思主义:一种批判性研究》,张传平译,南京大学出版社,2012年,第17页。

对费尔巴哈的肯定,将费尔巴哈视作马克思思想发展史上的一个重要环节,不符合马克思思想发展的真实情况;另一个问题是人们认为恩格斯在该文中对唯物主义和唯心主义的划分,单纯坚持唯物主义而否定唯心主义,与马克思对唯物主义和唯心主义的态度不同。这两个问题都导致恩格斯仅仅在一般旧唯物主义基础上——而并非在马克思的唯物主义基础上——"颠倒"黑格尔辩证法。

(二) 如何理解恩格斯对费尔巴哈的肯定及对唯物主义和唯心主义的划分?

人们抓住恩格斯对费尔巴哈思想的肯定及对唯物主义和唯心主义的划分来指责其在一般旧唯物主义基础上"颠倒"黑格尔辩证法。但恩格斯对费尔巴哈贡献的肯定,并没有歪曲马克思思想的发展史,其对唯物主义和唯心主义的划分也并不意味着恩格斯仅仅停留在一般旧唯物主义基础之上。

费尔巴哈对马克思思想发展具有重要影响,这在学术界是一个不争的事实。马克思在回忆自己早期的思想发展时也曾说道:在 1842~1843 年做《莱茵报》编辑时,我"第一次遇到要对所谓物质利益发表意见的难事"。①"为了解决使我苦恼的疑问",开始了"黑格尔法哲学的批判性的分析",分析研究的结果是发现"法的关系正像国家的形式一样,既不能从它们本身来理解,也不能从所谓人类精神的一般发展来理解,相反,它们根源于物质的生活关系,这种物质的生活关系的总和"。②

马克思的这种变化,就是我们通常所说的,与青年黑格尔派决裂,从唯心主义立场转向唯物主义立场。而在这种转变中,费尔巴哈起到了非常重要的作用。我们在第一章谈到马克思自然观时,就提到过其受费尔巴哈自然观影响开始对黑格尔自然观进行批判,这其实就是马克思受费尔巴哈影响转变立场的体现。除此之外,1842~1844 年马克思自己的论述,也充分肯定了这种重要影响。

伴随着对马克思影响巨大的费尔巴哈的《关于哲学改造的临时刚要》(1842 年)、《未来哲学原理》(1843 年)的发表。在 1843 年 3 月 13 日写给阿尔诺德·卢格(Arnold Ruge)的信中,马克思表示:费尔巴哈在《关于哲学改造的临时纲要》中的警句除了"强调自然过多而强调政治太少",都使自己满意;③在 1844 年 8 月 11 日写给费尔巴哈的信中,马克思更是直接说道:

---

① 《马克思恩格斯文集(第 2 卷)》,人民出版社,2009 年,第 588 页。
② 同上书,第 592 页。
③ 参见《马克思恩格斯全集(第 47 卷)》,人民出版社,2004 年,第 53 页。

"您的《未来哲学》和《信仰的本质》尽管篇幅不大,但它们的意义,却无论如何要超过目前德国的全部著作。"①

在1867年4月24日写给恩格斯的信中,马克思说道:"在这里我又看到了《神圣家族》……。我愉快而惊异地发现,对于这本书我们是问心无愧的,虽然对费尔巴哈的迷信现在给人造成一种非常滑稽的印象。"②这里是后来的马克思对《神圣家族》时期自己的评价,此时的他认为那时的自己陷入了一种"对费尔巴哈的迷信"而显得"非常滑稽",但这也正好说明了那时的马克思的确存在着"对费尔巴哈的迷信"。这与1886年恩格斯所说的"那时大家都很兴奋:我们一时都成为费尔巴哈派了"是完全一致的。所以,恩格斯对费尔巴哈的肯定,并未歪曲马克思思想发展史。

同样,我们也不能依据恩格斯对费尔巴哈的肯定,断定其仍处于费尔巴哈似的一般旧唯物主义水平之上。③《终结》是一个回顾自己与马克思哲学思想发展历程的文本。在序言中,恩格斯就清楚指出:"我感到越来越有必要把我们同黑格尔哲学的关系,我们怎样从这一哲学出发又怎样同它脱离,作一个简要而又系统的阐述。"在此时,恩格斯还感觉到"还要还一笔信誉债",阐释费尔巴哈在其中所起的作用。④ 所以,在该文中恩格斯对费尔巴哈的肯定是将其放置在自己和马克思脱离黑格尔哲学的那个时期,而并非始终对其持肯定态度。

大致与马克思批判费尔巴哈的时间相同,1845年11月,恩格斯也写作了"费尔巴哈"六条札记来揭露费尔巴哈思想的缺陷;⑤在1846年8月19日写给马克思的信中,恩格斯谈到费尔巴哈的《宗教的本质》时说道:"这篇东西,除了有几处写的不错外,完全是老一套","以经验主义为基础","又全是本质呀,人呀,等等";⑥在1846年9月18日写给马克思的信中,恩格斯说道:"直到今天还没有能下决心去摘录费尔巴哈的著作",因为"这种东西显得十分枯燥";⑦在大约1846年10月18日写给马克思的信中,恩格斯再次提道:"终于强迫自己把费尔巴哈的破烂货读了一遍",详细摘录了费尔巴

---

① 《马克思恩格斯全集(第47卷)》,人民出版社,2004年,第73页。
② 《马克思恩格斯全集(第31卷)》,人民出版社,1972年,第293页。
③ 其实,在第一章论述恩格斯自然观的时候,我们已经论证了恩格斯并未停留在一般旧唯物主义水平来考察自然界。
④ 参见《马克思恩格斯文集(第4卷)》,人民出版社,2009年,第165~266页。
⑤ 《马克思恩格斯全集(第42卷)》,人民出版社,1979年,第516页注释187。
⑥ 《马克思恩格斯全集(第47卷)》,人民出版社,2004年,第387~388页。
⑦ 同上书,第405页。

哈著作并将其称作"旧唯物主义者的翻版"。① 所以,恩格斯并非始终无保留地肯定费尔巴哈,而是与马克思思想发展历程大致相同,早在 1845 年就发现费尔巴哈思想的缺陷并对其予以批判。

在《终结》一文中,恩格斯将费尔巴哈唯物主义划定为 18 世纪的旧唯物主义,很明确地指出费尔巴哈唯物主义在自然科学方面的缺陷。恩格斯还分析了造成这种缺陷的原因是:费尔巴哈在乡间过着孤寂的生活,对自然科学的最新发展不能给予足够的重视和评价。除此之外,在社会历史方面,恩格斯同样指出费尔巴哈的"宗教哲学和伦理学"是唯心主义的。

恩格斯指出,费尔巴哈从抽象的人出发,把人的感情关系看作宗教的本质,主张建立以感情关系为基础的宗教,借以解决社会矛盾。恩格斯评价道:"在这里,同黑格尔比较起来,费尔巴哈的惊人的贫乏又使我们诧异","一谈到人们之间纯粹的性关系以外的某种关系,就变成完全抽象的了"。②因此,费尔巴哈的宗教哲学和伦理学并不是从现实的人出发,而是从抽象的人出发。在此基础上,他将社会问题的解决寄希望于"爱"的道德和宗教:"在费尔巴哈那里,爱随时随地都是一个创造奇迹的神,可以帮助克服实际生活中的一切困难"。③ 因此,恩格斯总结道:"我们一接触费尔巴哈的宗教哲学和伦理学,他的真正的唯心主义就显露出来了。"④恩格斯评价费尔巴哈"作为一个哲学家","他"停留在半路上","他下半截是唯物主义者,上半截是唯心主义者"。⑤

可见,恩格斯对费尔巴哈无论是自然科学方面,还是社会科学方面存在的缺陷,都有着清晰认知。而且,体现着马克思对费尔巴哈批判的《关于费尔巴哈的提纲》,正是由恩格斯首次作为《路德维希·费尔巴哈和德国古典哲学的终结》(1888 年单行本)的附录发表的。"我在马克思的一本旧笔记中找到了十一条关于费尔巴哈的提纲,现在作为本书附录刊印出来",恩格斯将其称作"包含着新世界观的天才萌芽的第一个文献"。⑥ 如果真如批判者所说,恩格斯对费尔巴哈的态度是毫无保留的肯定,那恩格斯为何又将原本无人知晓的马克思对费尔巴哈批判的稿件刊发出来呢?

另外,恩格斯在《终结》中对唯物主义和唯心主义的划分,也并非为了单

---

① 《马克思恩格斯全集(第 47 卷)》,人民出版社,2004 年,第 415~419 页。
② 《马克思恩格斯文集(第 4 卷)》,人民出版社,2009 年,第 290 页。
③ 同上书,第 294 页。
④ 同上书,第 287 页。
⑤ 同上书,第 296 页。
⑥ 同上书,第 266 页。

纯坚持唯物主义立场、忽略唯心主义的积极之处。《终结》除了是一篇回顾思想发展历程的文章,还首先是一篇论战性的文章。1885 年,丹麦哥本哈根大学教授施达克(Carl Nikolous Starcke)出版了《路德维希·费尔巴哈》一书,目的是反驳德国大学里一些学者对费尔巴哈的攻击,借此维护费尔巴哈。但是,施达克对费尔巴哈的维护思路却是将其定义为唯心主义哲学家。德国社会民主党机关刊物《新时代》杂志编辑部请求恩格斯针对施达克的书撰写批评性文章。于是,恩格斯写作《终结》一文,"恩格斯写作《费尔巴哈论》的直接目的并非为了'建设',而是为了'批判'"。[①]

在该文中,恩格斯对唯物主义和唯心主义的区分,也并非为了"建设",而是源于对施达克的批判。严格说来,恩格斯认为施达克将费尔巴哈哲学定性为唯心主义并非错误,费尔巴哈哲学中本就包含唯心主义成分。施达克的错误在于其思想前提,即"认为唯物主义是不好的,唯心主义是好的,进而通过把费尔巴哈哲学界定为唯心主义而达到'保护'的目的。"[②]

事实上,施达克的思想前提代表着当时人们对唯物主义和唯心主义的普遍看法,即赞赏唯心主义而批判唯物主义:"把唯物主义理解为贪吃、酗酒、娱目、肉欲、虚荣、爱财、吝啬、贪婪、牟利、投机,简言之,即他本人暗中迷恋着的一切龌龊行为;而把唯心主义理解为对美德、普遍的人类爱的信仰,总之,对'美好世界'的信仰。"[③]而这种偏见,又与唯物主义在近代的"不良表现"(即 18 世纪机械唯物主义的局限性)有着密切关系。

恩格斯认为,施达克看到近代唯物主义的缺陷是正确的,但将唯物主义与其在近代的特殊表现形式混为一谈则是错误的。正是为了批判施达克及当时人们的偏见,恩格斯作了对唯物主义和唯心主义的著名区分。在恩格斯看来,唯物主义和唯心主义的唯一区别就是"思维对存在、精神对自然界的关系问题","断定精神对自然界说来是本原的……组成唯心主义阵营","认为自然界是本原的,则属于唯物主义的各种学派"。[④]以此为标准,就不能说唯物主义是"一切龌龊行为",也不能说唯心主义是对"美好世界"的信仰。

同样,恩格斯对唯物主义和唯心主义的划分也并非为了坚持唯物主义立场,而忽略唯心主义的优点。因为,他在作了区分之后马上就说道:"除此之外,唯心主义和唯物主义这两个用语本来没有任何别的意思,它们在这里

[①] 陈向义:《恩格斯〈费尔巴哈论〉的批判逻辑探析》,《教学与研究》2012 年第 6 期。
[②] 同上。
[③] 《马克思恩格斯文集(第 4 卷)》,人民出版社,2009 年,第 286 页。
[④] 同上书,第 278 页。

也不是在别的意义上使用的。"①唯物主义和唯心主义的划分仅仅在"思维""精神""存在""自然界"谁是基础这个意义上使用。除此之外,恩格斯并未在这个划分基础上作任何多余的设定。借助恩格斯对唯物主义和唯心主义的划分,得出其单纯坚持唯物主义而忽略唯心主义的积极之处,则是对这种划分的过度引申。

另外,在该文中,恩格斯划分了唯物主义和唯心主义,并且坚持唯物主义立场,也是没有任何问题的。批判者一直强调马克思对旧唯物主义和唯心主义的超越,但马克思的这种超越也并未模糊唯物主义和唯心主义的区别,放弃唯物主义立场。恩格斯在划分唯物主义和唯心主义后,看到了18世纪旧唯物主义的缺陷,也看到了唯物主义和其"18世纪所表现的特殊形式"之间的区别。因此,恩格斯强调黑格尔、费尔巴哈之后,要"返回到唯物主义观点"。但这个唯物主义绝不是18世纪的旧唯物主义,而是以马克思的名字命名的派别的唯物主义。②所以,以恩格斯《终结》一文对费尔巴哈的肯定,以及对唯物主义和唯心主义的划分来指责其仍处于一般旧唯物主义基础之上,并不合理。

(三)恩格斯"颠倒"黑格尔辩证法的真实含义

恩格斯在《终结》一文中对费尔巴哈的肯定及对唯物主义和唯心主义的划分,并不能表明其仍在一般旧唯物主义基础之上"颠倒"黑格尔辩证法。另外,人们仅仅依据该文理解恩格斯对黑格尔辩证法的"颠倒",也并不恰当。

尽管人们通常把教学体系中"颠倒"阐释模式的源头追溯于恩格斯,但最先提出"颠倒"要求的却并非恩格斯,而是马克思。在《资本论》第二版跋中,马克思曾表明,当德国知识界的人都将黑格尔当作一条"死狗"时,我却公开承认自己"是这位大思想家的学生,并且在关于价值理论的一章中,有些地方我甚至卖弄起黑格尔特有的表达方式"。这里的"表达方式",就是辩证法。但马克思也指出,自己的辩证法并不直接等同于黑格尔的辩证法。"我的辩证方法,从根本上来说,不仅和黑格尔的辩证方法不同,而且和它截然相反。"黑格尔将思维过程视为现实事物的创造主,将现实事物视为思维过程的外部表现;而马克思则相反,他认为观念的东西只是移入人的头脑并在人的头脑中改造过的物质的东西而已。于是,马克思指出"辩证法在黑格尔手中神秘化了","在他那里,辩证法是倒立

---

① 《马克思恩格斯文集(第4卷)》,人民出版社,2009年,第278页。
② 同上书,第296~297页。

着的",并提出要对其"颠倒"的要求,即"必须把它倒过来,以便发现神秘外壳中的合理内核"。①

这是马克思第一次明确提出"颠倒"要求。但早在1858年1月16日写给恩格斯的信中,马克思就有了这种想法:"我又把黑格尔的《逻辑学》浏览了一遍,这在材料加工的方法上帮了我很大的忙。如果以后再有功夫做这类工作的话,我很愿意用两三个印张把黑格尔所发现、但同时又加以神秘化的方法中所存在的合理的东西阐述一番,使一般人都能够理解"。②

最终,马克思并未完成那个阐述黑格尔辩证法"合理的东西"的"两三个印张"。凯德洛夫(Kedrov)指出,马克思之所以未完成这项工作,是因为其在《资本论》和其他经济学著作(如《政治经济学批判》等)中,以具体运用完全消除黑格尔"神秘化"的辩证法的方式,实现了自己的构想,完成了自己的任务。"在这些马克思主义的经典著作中,辩证方法是作为创造性地体现经济分析的结构,得到全面的发展和具体化,它恰恰就是1858年1月14日马克思致恩格斯的信中提到的,马克思思想用两三个印张所阐述的那个辩证方法。"③因此,凯德洛夫认为马克思的最初想法看似没有实现,但以另一种形式体现于《资本论》等著作之中。列宁同样认为:"虽说马克思没有遗留下'逻辑'(大写字母的),但他遗留下《资本论》的逻辑,应当充分地利用这种逻辑来解决这一问题。"④

但由于《资本论》本身的艰深晦涩,人们并不能很好地理解其中蕴含的辩证方法,马克思本人也认为"人们对《资本论》中应用的方法理解得很差"。⑤ 在这种情况下,恩格斯认为有必要集中系统地对黑格尔辩证法予以"颠倒",以求取其中的"合理内核"。所以,恩格斯对黑格尔辩证法的"颠倒",首先来源于马克思的想法。

路易·阿尔都塞(Louis Althusser)曾在《保卫马克思》一书中分析过马克思的"颠倒"概念。他指出:"所谓'对黑格尔的颠倒'在概念上是含糊不清的。"⑥"'倒过来'一词只有象征的意义,甚至只是一种比喻,而不能最后

---

① 《马克思恩格斯文集(第5卷)》,人民出版社,2009年,第22页。
② 《马克思恩格斯文集(第10卷)》,人民出版社,2009年,第143页。
③ 因版本不同,该信所标注日期不同,实际与1858年1月16日写给恩格斯的信为同一封。〔苏〕B.M.凯德洛夫:《论辩证法的叙述方法——三个伟大的构想》,章云等译,求实出版社,1988年,第43页。
④ 《列宁全集(第55卷)》,人民出版社,2017年,第290页。
⑤ 《马克思恩格斯文集(第5卷)》,人民出版社,2009年,第19页。
⑥ 〔法〕路易·阿尔都塞:《保卫马克思》,顾良译,商务印书馆,2010年,第76页。

解答问题。"①在阿尔都塞看来，如果马克思辩证法和黑格尔辩证法的关系"仅仅是把颠倒了的东西颠倒过来"，那么二者的本质和内容并"不会因简单的位置移动而改变"。②进而，阿尔都塞指出，马克思对黑格尔辩证法应该是"改造"，而并非"颠倒"。

阿尔都塞的分析是有道理的。马克思主义哲学教学体系的"颠倒"阐释模式，其实就是不明白"颠倒"只是一种比喻，而将黑格尔辩证法从唯心主义基础"颠倒"到唯物主义基础之上。这并不能真正地理解马克思辩证法，而只能将其庸俗化为辩证法规律与旧唯物主义的简单相加。学者们跳出教学体系的"颠倒"解释模式，不断从更多方面加深对于马克思主义辩证法的理解，其实也是意识到马克思主义辩证法与黑格尔辩证法关系的实质是一种"改造"，而"颠倒"不过是一种具有象征意义的"比喻"。那么，要理解继马克思之后恩格斯使用的"颠倒"概念，同样需要从一种具有象征意义的"比喻"。

此外，要理解恩格斯"颠倒"黑格尔辩证法，也不能仅仅局限于《终结》一文。前面提到，该文是一个论战性的文本。它也是一个供广泛发行的极其概括的文本。阿尔都塞说道："我们当然不应该死抠这篇文章的字眼。……它是一本供广泛发行的通俗读物，因而写得相当概括，恩格斯对此也毫不避讳。……如果死抠字眼，它们就会把我们引进死胡同去。"③可见，由于《终结》的特点，过分纠缠恩格斯某些概括、强调的观点以及论述都不能真正理解其"颠倒"的含义。所以，理解恩格斯"颠倒"黑格尔辩证法，既应从一种具有象征意义的"比喻"出发，又应超越《终结》一文予以分析。

在《回到恩格斯——文本、理论和解读政治学》一书中，胡大平在分析恩格斯《卡尔·马克思〈政治经济学批判。第一分册〉》时得出一个观点："作为一个参照，下列事件甚至是令人惊讶的：在恩格斯对政治经济学批判的第一个重要评论中，他出其不意地强调黑格尔的'划时代的历史观是新的唯物主义观点的直接的理论前提'。"④胡大平认为在这一文本中，恩格斯并未如《终结》一文中那样强调"唯物主义"对"新的唯物主义观点"的重要性，而是强调"划时代的历史观"对"新的唯物主义观点"的重要性。这种分析为我们理解恩格斯对黑格尔辩证法"颠倒"的真实含义提供了一个新文本和新

---

① 〔法〕路易·阿尔都塞：《保卫马克思》，顾良译，商务印书馆，2010年，第76~77页。
② 同上书，第61页。
③ 同上书，第79页。
④ 胡大平：《回到恩格斯——文本、理论和解读政治学》，江苏人民出版社，2011年，第463页。

视角。接下来,我们也将借助恩格斯的《卡尔·马克思〈政治经济学批判。第一分册〉》这一文本来分析恩格斯对黑格尔辩证法的"颠倒"。

《卡尔·马克思〈政治经济学批判。第一分册〉》是恩格斯所写的关于马克思《政治经济学批判。第一分册》一书的书评,现存文本只有两个部分(该书评前两个部分分别发表在 1859 年 8 月 6 日、20 日《人民报》的第 14、16 期。恩格斯在文中提到的分析该书经济学内容的第三部分,因报纸停刊而未能发表,手稿也未找到)。①

在第一部分,恩格斯简要介绍了马克思进行政治经济学批判的基础——"唯物主义历史观",以及这项工作在德国科学中的重要意义。"德国人早已证明,在一切科学领域内,他们与其余的文明民族不相上下,在大部分领域内甚至胜过它们。只有一门科学,在它的大师们当中,没有一个德国人的名字,这就是政治经济学",②而马克思的政治经济学批判则对此进行了"补白"。

在第二部分,恩格斯则详细分析了马克思进行政治经济学批判所使用的方法——辩证法。在此之前,他首先分析了"与政治经济学本身无关的另外一个问题",即"应该用什么方法对待科学?"他认为,与"平庸的、现在重新时兴的、实质上是沃尔弗式的""资产阶级经济学家写他们那些缺乏内在联系的大部头著作时采用的"形而上学方法相比,黑格尔的辩证法则更为可取。但恩格斯也指出"黑格尔的方法以其现有的形式是完全不能用的",因为,"它实质上是唯心的"。③

接着,恩格斯更为详细地论述了黑格尔辩证法的优点在于,"他的思维方式有巨大的历史感为基础","他是第一个想证明历史中有一种发展、有一种内在联系的人","在《现象学》《美学》《哲学史》中,到处贯穿着这种宏伟的历史观,到处是历史地、在同历史的一定的(虽然是抽象地歪曲了的)联系中来处理材料的"。恩格斯指出:"这个划时代的历史观是新的唯物主义世界观的直接的理论前提,单单是由于这种历史观,也就为逻辑方法提供了一个出发点。"④ 但黑格尔辩证法蕴含于其唯心主义体系之中,为了能应用它要做的"就是从黑格尔逻辑学中把包含着黑格尔在这方面的真正发现的内核剥出来,使辩证方法摆脱它的唯心主义的外壳并把辩证方法在使它成为

---

① 参见《马克思恩格斯文集(第 2 卷)》,人民出版社,2009 年,第 772~773 页注释 356。
② 同上书,第 595 页。
③ 同上书,第 601 页。
④ 同上书,第 602 页。

唯一正确的思想发展形式的简单形态上建立起来"。①

恩格斯指出马克思进行政治经济学批判的方法就是以这个被"颠倒"过来的、被"剥出来"的"合理内核"为基础的,这一方法对"新唯物主义"有着极其重要的作用。"马克思对于政治经济学的批判就是以这个方法做基础的,这个方法的制定,在我们看来是一个其意义不亚于唯物主义基本观点的成果。"②

恩格斯指出,对政治经济学进行批判要么"按照历史"的方式,要么"按照逻辑"的方式。但他马上又指出这两种方式都不适用:"按照历史"的方式,由于"历史常常是跳跃式地和曲折地前进的,如果必须处处跟随着它,那就势必不仅会注意许多无关紧要的材料,而且也会常常打断思想路程;并且,写经济学史又不能撇开资产阶级社会的历史,这就会使工作漫无止境,因为一切准备工作都还没有做"。"按照逻辑"的方式,"这种方式无非是历史的方式,不过摆脱了历史的形式以及起扰乱作用的偶然性而已"。③

恩格斯认为,马克思进行政治经济学批判的方法,其实是这两种方式的综合。首先是"按照逻辑"的方式:"我们采用这种方法,是从历史上和实际上摆在我们面前的、最初的和最简单的关系出发,因而在这里是从我们所遇到的最初的经济关系出发","既然这是一种关系,这就表示其中包含着两个相互关联的方面。我们分别考察每一个方面;由此得出它们相互关联的性质,它们的相互作用。于是出现了需要解决的矛盾"。④ 但同时,恩格斯指出这里也融合了"按照历史"的方式:"因为我们这里考察的不是只在我们头脑中发生的抽象的思想过程,而是在某个时候确实发生过或者还在发生的现实过程,因此这些矛盾也是在实践中发展着的,并且可能已经得到了解决。"⑤ 于是,"我们看到,采取这个方法时,逻辑的发展完全不必限于纯抽象的领域。相反,逻辑的发展需要历史的例证,需要不断接触现实。因此这里插入了各种各样的例证,有的指出各个社会发展阶段上的现实历史进程,有的指出经济文献,以便从头追溯明确作出经济关系的各种规定的过程"。⑥

可见,在这个文本中,恩格斯并未像批判者所说的那样仅仅坚持唯物主义基础,反而首先肯定了唯心主义的黑格尔辩证法的作用,将其称作"不亚

---

① 《马克思恩格斯文集(第 2 卷)》,人民出版社,2009 年,第 603 页。
② 同上。
③ 同上。
④ 同上书,第 603~604 页。
⑤ 同上书,第 604 页。
⑥ 同上书,第 605 页。

于唯物主义基本观点的成果"。而恩格斯通过介绍马克思进行政治经济学批判的方法,指出对黑格尔辩证法的"颠倒",其实就是在科学研究中运用,使其不断得到现实历史的论证。

由于《卡尔·马克思〈政治经济学批判。第一分册〉》是恩格斯所写的关于马克思《政治经济学批判。第一分册》一书的书评。因此,从此文本出发,可以分别看出马克思、恩格斯对黑格尔辩证法的"颠倒",以及二人"颠倒"的内在一致。

在1857年8月写作的《〈政治经济学批判〉导言》中,马克思也介绍过自己的政治经济学批判方法,这与恩格斯在《卡尔·马克思〈政治经济学批判。第一分册〉》中的总结是一致的。

在这个文本中,马克思指出政治经济学的发展走过两条道路。"第一条道路是经济学在它产生时期在历史上走过的道路。"①17世纪的经济学家总是从人口、民族、国家等现实的整体出发,但是深入研究后就会发现,如果不依据一系列基本的、简单的规定,这样一些直观的前提只能是大而无当的空话。例如,人口,如果抛开了构成人口的阶级,进一步说如果不知道这些阶级所依据的雇佣劳动、资本等因素,再进一步如果不首先弄清楚交换、分工、价格等更为基本的前提,那就只能得出关于人口这个整体的一个混沌表象,难以真正实现对问题的澄清。② 因此,马克思指出,这些经济学家最后必须从分析中找到一些有决定意义的抽象的一般的关系,如分工、货币、价值,等等。他把这一条道路概括为:"完整的表象蒸发为抽象的规定"。③

当经过这条道路之后,"这些个别要素一旦多少确定下来和抽象出来,从劳动、分工、需要、交换价值等等这些简单的东西上升到国家、国际交换和世界市场的各种经济学体系就开始出现了。"④再以人口为例,当经由第一条道路追溯到一系列越来越简单的规定后,再按原路回过头来,逐步反推,直到最后又回到人口,但这时的人口已不再是直观水平上关于整体的一个混沌表象,而是一个具有规定和关系的丰富的总体。这其实就是马克思概括的第二条道路,即"抽象的规定在思维行程中导致具体的再现"。⑤

马克思把第二条道路称为"科学上正确的方法"。⑥ 这条道路之所以是

---

① 《马克思恩格斯文集(第8卷)》,人民出版社,2009年,第24页。
② 同上。
③ 同上书,第25页。
④ 同上书,第24页。
⑤ 同上书,第25页。
⑥ 同上。

"科学上正确的方法",是因为以往政治经济学只限于从直观、表象的具体中得出抽象规定。其局限性在于,不能真正认清这些抽象规定的片面性以及相互之间的内在联系。从"抽象规定上升到具体"的方法则强调思维,即人的理论认识过程。理论认识过程以最简单的抽象规定为起点,经过思维的综合过程,逐渐上升到思维中的具体,从而再现世界的全部规定性和内在逻辑。

  在这里,马克思谈到了黑格尔。马克思提到的以抽象思维规定为起点,经过人的理性认识过程,从而在理性中再现具体世界的方法,本身来源于黑格尔辩证法。然而,在马克思看来,黑格尔将思想范畴、思维运行过程看作先验的、与现实社会历史条件无关的做法是错误的。"黑格尔陷入幻觉,把实在理解为自我综合、自我深化和自我运动的思维的结果,其实,从抽象上升到具体的方法,只是思维用来掌握具体、把它当做一个精神上的具体再现出来的方式。但决不是具体本身的产生过程。"[①]马克思认为,思想范畴、思维运行过程与社会历史条件有着密切的关系。以"交换价值"为例,"最简单的经济范畴,如交换价值,是以人口即在一定关系中的进行生产的人口为前提的;也是以某种家庭、公社或国家等为前提的。交换价值只能作为一个具体的、生动的既定整体的抽象的单方面的关系而存在。"[②]因此,"哪怕是最抽象的范畴,……但是就这个抽象的规定性本身来说,同样是历史条件的产物"[③]。从"抽象规定上升到具体"的过程,也就绝非黑格尔所认为的"自我综合、自我深化和自我运动的思维的结果",而是始终与现实的历史相一致的,"从最简单上升到复杂这个抽象思维的进程符合现实的历史过程"[④]。

  因此,马克思将自己的政治经济学批判方法总结为"抽象规定在思维行程中导致具体的再现",与恩格斯总结为"逻辑与历史方式的综合"是一样的。这其实证明了马克思和恩格斯的辩证法也是实质相同的。二人都首先肯定黑格尔辩证法的作用,运用黑格尔辩证法进行科学研究。但在运用的过程中又通过历史现实来论证辩证法不是黑格尔所认为的先验的思维规律,而是自然界和人类社会中的现实规律,以达到"颠倒"黑格尔辩证法唯心前提的目的。不同之处仅仅在于,马克思对黑格尔辩证法的"颠倒"是在社会历史领域,通过政治经济学批判的方式,运用社会历史领域中的实例来进

[①] 《马克思恩格斯文集(第8卷)》,人民出版社,2009年,第25页。
[②] 同上。
[③] 同上书,第29页。
[④] 同上书,第26页。

行;而恩格斯对黑格尔辩证法的"颠倒"则是在自然科学领域,通过"自然辩证法"研究的方式,运用自然科学领域中的实例来进行。

三、恩格斯借助"自然辩证法"对黑格尔辩证法"颠倒"的具体展开

恩格斯自然辩证法的真实内容,其实是对黑格尔辩证法的"颠倒"。这种"颠倒"体现在下列两个方面:一方面,应用黑格尔辩证法来研究自然科学领域;另一方面,运用自然科学领域中的各种研究成果来论证辩证法的客观性,证明其并非仅仅是思维领域的规律,而本身是自然界和人类社会的普遍规律。

在《自然辩证法》手稿的"辩证法作为科学"部分,恩格斯将辩证法实质归结为:"量转化为质和质转化为量的规律、对立的相互渗透的规律和否定的否定的规律"。他指出这"三大规律"黑格尔都阐明过:"第一个规律是在他的《逻辑学》的第一部分即存在论中;第二个规律占据了他的《逻辑学》的整个第二部分,……即本质论;最后,第三个规律表现为构筑整个体系的基本规律"。但恩格斯也指出,在黑格尔那里是被"按照其唯心主义的方式当做纯粹的思维规律而加以阐明"。①"这些规律是作为思维规律强加于自然界和历史的,而不是从它们中推导出来的。"②因此,恩格斯认为需要对黑格尔辩证法予以"颠倒":"如果我们把事情顺过来,那么一切就会变得很简单,在唯心主义哲学中显得极端神秘的辩证法规律就会立即变得简单而朗若白昼了。"③在这里我们就以"三大规律"为例,来说明恩格斯"自然辩证法"对黑格尔辩证法"颠倒"的具体展开情况。

(一)对立的相互渗透的规律

在《反杜林论》中,恩格斯批判杜林受形而上学思维方式支配不懂"对立的相互渗透规律"("矛盾")时,就曾以自然界和人类社会中的无数事例来说明,"矛盾"并不神秘,本身存在于客观现实世界之中。

在《自然辩证法》手稿中,恩格斯同样用众多自然科学实例来说明"对立的相互渗透规律"广泛存在于现实世界中。例如,生物学的分类法。脊椎动物和非脊椎动物、鸟和两栖动物、鸟和爬行动物之间原本的僵硬的和固定的界限,随着一些新物种被发现(例如,秀颌龙和始祖鸟),变得越来越不适用;④形而上学思维方式坚称的"两极化""两极性"也伴随着自然科学的发

---

① 《马克思恩格斯文集(第9卷)》,人民出版社,2009年,第463页。
② 同上。
③ 同上书,第464页。
④ 同上书,第471页。

展失去其固定意义。在电和磁中,正负极、南北极只是作为特殊的称呼而已,如果将其颠倒过来,其余名称相应地加以改变,一切仍然是正确的。①解析几何和物理学的最新发展建立的基础,就是"把正和负看做一样的东西,随便把哪一方看做正,哪一方看做负都无所谓"。②

恩格斯还以在形而上学思维方式看来截然对立的范畴(同一性和差异性、偶然性和必然性、原因和结果等)为例,逐一以自然科学的研究成果说明如何在其中实现"对立的相互渗透"这一规律。

(1) 同一性和差异性。

恩格斯认为:"旧形而上学意义上的同一律是旧世界观的基本定律:a=a,每一事物都与自身同一。一切都是永恒的,太阳系、星体、有机体都是如此。"③如今,越来越多的自然科学研究成果开始驳倒这一定律。

在无机界中,地质学发展的历史驳倒了抽象的同一性,证明同一性和自身的不断变化结合。"在地表上是机械的变化(冲蚀、冰冻)、化学的变化(风化),在地球内部是机械的变化(压力)、热(火山的热)、化学的变化(水、酸、胶合物),属于大规模的变化的是地壳隆起、地震,等等。"这些变化都使今天的页岩不同于构成它的沉积物;白垩土不同于构成它的松散的、细微的甲壳;石灰石完全是从有机物中产生的;砂岩不同于松散的海沙;海沙又产生于被磨碎的花岗石,等等。④

在有机自然界中,植物学、动物学和生理学的成果同样驳斥了"同一性——抽象的,a=a"⑤的说法。"植物,动物,每一个细胞,在其生存的每一瞬间,都和自身同一而又和自身相区别",这些全部无休止的分子变化才形成生命。生命的每个阶段——胚胎生命、少年、性成熟、繁殖过程,老年、死亡——同样包含着自身的变化。"生理学越向前发展,这种无休止的、无限小的变化对于它就越重要,因而对同一性内部的差异的考察也越重要",而旧的、抽象的、形式上的同一性观点,即把有机物看作只和自身同一的东西、看作固定不变的东西的观点也就过时了。⑥

(2) 偶然性和必然性。

恩格斯指出:"束缚形而上学的另一对立,是偶然性和必然性的对

---

① 参见《马克思恩格斯文集(第 9 卷)》,人民出版社,2009 年,第 473~474 页。
② 同上书,第 474 页。
③ 同上书,第 476~477 页。
④ 同上书,第 476 页。
⑤ 同上书,第 475 页。
⑥ 同上书,第 475~476 页。

立。"①被形而上学思维方式支配的自然科学家通常把必然性和偶然性看作彼此永远排斥的两个规定。他们认为:"一个事物、一种关系、一个过程,不是偶然的,就是必然的,但是不能既是偶然的,又是必然的。"②但恩格斯认为,这种将偶然性和必然性视为彼此永远拒斥的做法,将导致两种不利于科学发展的观点。

第一种观点,人们将自然界中存在的各种各样的对象和过程,区分为必然的和偶然的。他们通常将对种有决定性意义的性状看作必然的;而将种的个体差异看作偶然的。于是,人们将必然视为科学上唯一值得注意的东西,而将偶然视为对科学无关紧要的东西。在恩格斯看来,这也就意味着:"凡是可以纳入普遍规律的东西都被看成是必然的,凡是不能纳入的都被看成是偶然的。"③这其实也就导致一切科学停滞不前,因为科学本来就是研究人们不认识的东西。

第二种观点,人们坚持在自然界中占统治地位的是单纯的、直接的必然性,对偶然性的办法是从根本上否定它。这种观点产生了一种神学的决定论。人们根据一系列不可动摇的因果事实来认识这种必然性。"这个豌豆荚中有五粒豌豆,而不是四粒或六粒;这条狗的尾巴是五英寸长,丝毫不长,也丝毫不短;这朵苜蓿花今年已由一只蜜蜂授粉,而那一朵却没有,而且这朵花是由这只特定的蜜蜂在这一特定的时间内授粉的;这粒被风吹来的特定的蒲公英种子发了芽,而那一粒却没有……——这一切都是由一条不可移易的因果链,由一种不可动摇的必然性造成的事实"。④ 恩格斯指出这种对必然性的认识并不是一种科学的认识。因为,人们不能说明豌豆的粒数、狗尾的长度、苜蓿花的授粉以及蒲公英种子的发芽情况等是由什么原因决定的。这种认识并未将偶然性提升为必然性,反而将必然性降低为偶然性,必然性只能成为一句空话。

与形而上学思维方式将偶然性和必然性截然分开不同,恩格斯肯定黑格尔对偶然性和必然性的看法,即"偶然的东西正因为是偶然的,所以有某种根据,而且正因为是偶然的,所以也就没有根据;偶然的东西是必然的;必然性自我规定为偶然性,而另一方面,这种偶然性又宁可说是绝对的必然性"。⑤ 并且,恩格斯指出达尔文划时代的著作《论根据自然选择即在生存

---

① 《马克思恩格斯文集(第9卷)》,人民出版社,2009年,第477页。
② 同上。
③ 同上书,第478页。
④ 同上书,第478~479页。
⑤ 同上书,第480页。

斗争中适者保存的物种起源》，正是受到偶然性和必然性相互渗透观点的影响。达尔文非常重视物种个体之间的偶然性差异的不断扩大，这种偶然性的扩大则不断压垮和冲破以往作为规律的必然性的旧观念。"正是这些偶然性的差异迫使达尔文怀疑直到那时为止的生物学中的一切规律性的基础，怀疑直到那时为止的形而上学的固定不变的种概念。"①因此，达尔文才提出了与以往科学不同的新观点。

（3）原因和结果。

恩格斯指出，被人们通常认为截然对立的原因和结果，只是普遍的相互作用的特殊表现形式而已。恩格斯以格罗夫于1855年出版的《物理力的相互关系》中的观点指出，机械运动、热、光、电、磁、化合和分解、聚集状态的转化、有机的生命等一系列运动形式，都是相互转化、相互制约的，原因和结果就来源于这种普遍的相互作用。原因和结果只是人们在考察单个现象时相互作用的特殊表现形式而已。于是，原本截然对立的原因和结果转变为"普遍的相互作用"。"自然科学证实了黑格尔曾经说过的话……：相互作用是事物的真正的终极原因"。②

（二）量转化为质和质转化为量的规律

在《反杜林论》中，恩格斯批判杜林指责马克思依据黑格尔的量转化为质的规律才得出《资本论》中"预付达到一定界限"才成为资本的结论时指出，马克思并不是依据黑格尔的量转化为质的规律才得出结论；而是马克思在《资本论》中的实例，证明了黑格尔规律的科学性。

在这里，恩格斯还举了水的聚集状态变化、碳化物的同系列，以及拿破仑描写的法国骑兵和马木留克兵战斗的例子，来说明"量转化为质和质转化为量的规律"是客观存在于自然界和人类社会之中的。"水在标准气压下，在0℃时从液态转变为固态，在100℃时从液态转变为气态""在这两个转折点上，仅仅是温度的单纯的量变就可以引起水的状态的质变"；③碳化物的同系列，"由于元素的单纯的数量增加——而且总是按同一比例——而形成的一系列在质上不同的物体"；④拿破仑描写道："两个马木留克兵绝对能打赢三个法国兵，100个法国兵与100个马木留克兵势均力敌，300个法国兵大都能战胜300个马木留克兵，而1 000个法国兵则总能打败1 500个马木留克兵""要使整体队形和有计划行动中所包含的纪律的力量显示出来，而

---

① 《马克思恩格斯文集(第9卷)》，人民出版社，2009年，第481页。
② 同上书，第481~482页。
③ 同上书，第133页。
④ 同上书，第135页。

且要使这种力量甚至胜过马匹较好、骑术和刀法较精、至少同样勇敢而人数较多的非正规骑兵,就必须有一定的最低限度的骑兵的数量"。①

在《自然辩证法》手稿中,恩格斯同样用自然科学领域的事例来论证量转化为质和质转化为量的规律。恩格斯指出:"自然界中一切质的差别",要么"基于不同的化学构成",要么"基于运动(能)的不同的量或不同的形式",要么"同时基于这两者"。因此,如果"没有物质或运动的增加或减少,即没有有关物体的量的变化,是不可能改变这个物体的质的"。②

恩格斯列举了"无生命的物体"领域中的例子。他也解释之所以举精密科学中的例子,就在于这些科学中量可以更好地测定;当然这一规律同样适用于生物学及人类社会历史,只是在这些领域往往无法很好地进行量的测定。

在物理学中,这一规律表现为:"物体的分子状态的变化和运动的形式的变换"。③ 例如,电流达到一定的关节点时,电灯泡中的白金丝才能发光;每种液体有自己固定的冰点和沸点,温度达到一定的关节点时,液体才能固化或汽化;每种气体也有固定的临界点,达到一定的关节点时才能变成液体。"在这些关节点上,运动的量的增加或减少会引起相应物体的状态的质变"。④

在化学中,恩格斯称其为这一规律"取得最伟大胜利的领域"。⑤ 以氧原子为例,如果三个氧原子结合为一个分子,那么得到的就是臭氧;如果两个氧原子结合为一个分子,那么得到的就是氧气。而臭氧和氧气则是气味和作用完全不同的两种物质。同样,假如把氧同氮或者硫按照不同比例化合起来,那么每次的化合都可以得出一种在质上和其他次化合所得物完全不同的物质。一氧化二氮(N_2O,笑气)在常温下是气体;而五氧化二氮(N_2O_5,无水硝酸)在常温下是结晶固体。"两者在构成上的全部区别是,后者所含的氧为前者的五倍,并且在这两者之间还有另外三种氮的氧化物(NO、N_2O_3、NO_2),它们在质上与前两者不同,并且彼此也不同"。⑥

同系列的碳化物。在正烷烃中,依据代数公式 C_nH_{n+2},只要增加一个 CH_2,就会得到一种和前面在质上完全不同的物体。其中,最低级的是甲烷

---

① 《马克思恩格斯文集(第9卷)》,人民出版社,2009年,第136页。
② 同上书,第464页。
③ 同上书,第466页。
④ 同上书,第467页。
⑤ 同上。
⑥ 同上。

(CH_4),第二种是乙烷(C_2H_4)……。恩格斯还指出,低级别的同系物只允许原子间以一种排列方式组合。但当结合成一个分子的原子数目达到每一个系列的各自一定的大小时,分子中的原子就可以多种方式组合了,于是就能出现两种或者更多的同分异构体,它们在分子中包含着相同数目的C、H、O原子,但是在质上却各不相同。"从每一个这样的系列中我们所熟悉的物体的类比中,还能推论出该系列中未知的同系物的物理性质,并且至少对于紧跟在已知同系物后面的一些同系物,可以相当把握地预言其性质,如沸点等等"。①

最后,恩格斯指出这一规律"不仅适用于化合物,而且还适用于化学元素本身","元素的质是由元素的原子量的数量所决定的。这已经得到了出色的验证"。门捷列夫依据原子量的排列,在各同族元素的系列中发现了各种空白,这些空白意味着还可以发现新的元素。在以铝为首的系列中,紧跟铝之后有一未知元素,门捷列夫以亚铝为其命名。门捷列夫还进一步预测了亚铝的一般化学性质,并大致预测了其原子量、比重,以及原子体积。几年之后,勒科克·德·布瓦博德朗(Lecoq de Boisbaudran)的确发现了这一元素。"门捷列夫通过——不自觉地——应用黑格尔的量转化为质的规律,完成了科学上一个勋业,这一勋业,足以同勒维烈计算出尚未见过的行星海王星的轨道的勋业媲美"。②

(三)否定的否定的规律

在《反杜林论》中,恩格斯提到"否定的否定的规律"并非杜林所认为的是"黑格尔发明的、从宗教领域抄袭来的、按照原罪和赎罪的故事作出的荒唐类比"。③ 他同样举了众多自然界和人类社会中的实例,来证明这一规律本身"是自然界、历史和思维的一个极其普遍的、因而极其广泛地起作用的、重要的发展规律",并"在动物界和植物界中,在地质学、数学、历史和哲学中起着作用"。④

在动物界和植物界中,恩格斯指出大多数昆虫中都有"否定的否定"这一过程。例如,蝴蝶从卵中产生出来,这本身就是对卵的否定。经过各种变化最终达到性成熟和交配,伴随着这一繁殖过程结束,当雌蝶产卵时,它们就死了,这本身又是对蝴蝶的否定。可见,这一"否定的否定"得到的仍是卵,但并非最初的一颗卵,而是很多卵。恩格斯还以麦粒为例,只要一粒麦

---

① 《马克思恩格斯文集(第9卷)》,人民出版社,2009年,第467~468页。
② 同上书,第468~469页。
③ 同上书,第150页。
④ 同上书,第148页。

粒有合适的温度、水分、阳光和土壤,就会发芽,这本身是对麦粒的否定,而这株植物会继续生长、开花和结籽,最后一旦麦粒成熟,这株植物就会死去,这本身又是对这株植物的否定。作为"否定的否定"的结果,又有了原来的麦粒,但不是一粒,而是数量是原来数十倍的麦粒。恩格斯指出动物和植物的这种"否定之否定",并不是简单的重复,也包含着物种的进化和发展。①

在地质学中,恩格斯认为:"全部地质学是一个被否定的否定的系列,是旧岩层不断逐层毁坏和新岩层不断沉积的系列。"最初由于液态物质冷却产生而来的原始地壳,在海洋、气象、大气化学的作用下碎裂,这些碎块层层堆积在海底。海底局部抬升出海面,使最初地层的局部经受雨水、四季变化温度、大气中氧和碳酸的作用;从地心冲破地层爆发出来、冷却的熔岩也再次经受了同样的作用。这样,在几万万年间,新地层不断形成,而大部分又重新毁坏,又变成构成新地层的材料。恩格斯认为这一"否定的否定"过程的结果是积极的:"造成了由各种各样的化学元素混合而成的、通过力学作用变成粉末状的土壤,这就使得极其丰富的和各式各样的植物可能生成起来"。②

在数学中,初等数学中,如果否定一个 a,就会得到负 $a(-a)$,如果再次否定这一否定,即 $-a$ 乘以 $-a$,就会得到 $+a^2$,即得到原来的正值。但这里"否定的否定"已经处于更高的阶段,即二次幂的阶段。而在高等数学中,"否定的否定表现得更加明显。"恩格斯举例,在某个主题中存在 x 和 y 两个变数,其中一个变数发生变化,另一个也会按照条件所规定的关系发生变化。接着,将 x 和 y 加以微分,即将其看作无限小,此时 x 和 y 之间除了没有任何数量的数量关系,就什么都没有了。"所以 $\frac{dy}{dx}$,即 x 和 y 的两个微分之间的关系 $=\frac{0}{0}$,可是这 $\frac{0}{0}$ 是 $\frac{y}{x}$ 的表现。"恩格斯在此指出,不能像形而上学者那样以简单否定的方式来对待作为无限小的 x 和 y,而应根据同条件相符合的方式否定它们,即将 dx 和 dy 看作对 x 和 y 的否定。接着,恩格斯说:"现在我继续用这些公式计算,把 dx 和 dy 当做实数——虽然是服从某些规律的数,并且在某一点上我否定了否定,就是说,我把微分式加以积分,于是又重新得到实数 x 和 y 来代替 dx 和 dy"。这样,"否定的否定"并非回到出发点,而是由此解决了普遍的几何学和代数学费尽心思也无法解决的难题——微积分的问题。③

---

① 《马克思恩格斯文集(第 9 卷)》,人民出版社,2009 年,第 143~144 页。
② 同上书,第 144 页。
③ 同上书,第 144~145 页。

对于历史方面的情形,恩格斯认为也是如此。所有文明民族都是从土地公有制开始的,但经过一段时间,在农业发展的进程中这种公有制就会成为生产的桎梏而被废除,经过或短或长的发展阶段而转变为私有制,这是对公有制的否定。但到土地私有制所导致的较高农业发展阶段时,私有制又反过来成为生产的桎梏,这必然产生出把私有制再次加以否定并把它重新变为公有制的要求。但经过"否定的否定"所达到的公有制的要求:"并不是要重新建立原始的公有制,而是要建立高级得多、发达得多的共同占有形式,这种占有形式决不会成为生产的束缚,恰恰相反,它会使生产摆脱束缚,并且会使现代的化学发现和机械发明在生产中得到充分的利用"。①

在哲学上,作为最初自发的唯物主义,尚无能力解决思维与物质的关系。但在弄清这个问题的过程中,产生了有关可以与肉体分开的灵魂的学说,然后得出"灵魂不死"的论断,发展出了"一神教"。这样,唯物主义被唯心主义"否定"了。但随着哲学的进一步发展,唯心主义也站不住脚了,最终被现代唯物主义取代,再次被"否定"。但作为"否定的否定"的现代唯物主义:"不是单纯地恢复旧唯物主义,而是把2 000年来哲学和自然科学发展的全部思想内容以及这2 000年的历史本身的全部思想内容加到旧唯物主义的持久性的基础上。""因此,哲学在这里被'扬弃'了,就是说,'即被克服又被保存';按其形式来说是被克服了,按其现实的内容来说是被保存了。"②

正是如此,恩格斯借助自然界和人类社会中的众多实例来"颠倒"黑格尔辩证法,说明辩证法不仅仅是黑格尔所说的思维规律,而本身就形成于自然界和人类历史发展过程之中。这也正如恩格斯所说:辩证法"在自然界和历史中起着作用,而在它被认识以前,它也在我们头脑中不自觉地起着作用,它只是被黑格尔第一次明确地表述出来而已","人们远在知道什么是辩证法以前,就已经辩证地思考了,正像人们远在散文这一名词出现以前,就已经用散文讲话一样"。③

可见,恩格斯研究"自然辩证法"并非批判者所说想借助辩证法"三大规律"建立一个有关自然界、人类社会和思维领域的形而上学体系,教条化

---

① 《马克思恩格斯文集(第9卷)》,人民出版社,2009年,第145~146页。
② 同上书,第146页。
③ 同上书,第150页。

马克思主义。其"自然辩证法"的真实内容是对黑格尔辩证法的"颠倒",这种"颠倒"体现于以下两个方面:一方面,应用黑格尔辩证法来研究自然科学领域;另一方面,运用自然科学领域中的各种研究成果来论证辩证法的客观性,证明其并非仅仅是思维领域的规律,而本身是自然界和人类社会的普遍规律。

第四章 "自然辩证法"与历史唯物主义

前面我们分析了恩格斯自然观和辩证法，并在此基础上分析了"自然辩证法"的真实内容。本章主要分析恩格斯研究"自然辩证法"的目的，这一研究同样是以人们通常理解的"自然辩证法"的创作目的为切入点。提到"自然辩证法"，人们都认为它是一门研究自然科学、寻求抽象自然界辩证规律的学说，与人类社会历史领域无关。因此，人们也往往将其视作恩格斯的"自己的独创"或"个人发明"，将其排除在整个马克思主义之外。

但在前面的论述中，我们发现恩格斯的自然观和辩证法都与马克思存在着内在一致性：恩格斯的自然观虽然侧重研究论述"自在自然"，但他研究自然规律也是为了使人更好地理解、运用社会规律；恩格斯的"自然辩证法"虽然是运用自然科学领域的实例来"颠倒"黑格尔辩证法，在运用辩证法进行科学研究的同时论证辩证法的客观性，但这与马克思在社会历史领域的政治经济学批判的实质一致。这都证明恩格斯的"自然辩证法"绝非仅仅局限于自然科学领域，其真实的创作目的，仍需进一步研究。

一、恩格斯研究"自然辩证法"的真实目的

恩格斯研究"自然辩证法"的真实目的蕴含于其自然科学研究历程之中。为了更好地研究"自然辩证法"真实的创作目的，我们首先需要了解恩格斯研究自然科学的历程。

（一）恩格斯研究自然科学的历程

早在中学时期，恩格斯就显露出对自然科学的兴趣。他在十四岁之前就读的巴门市立学校，是一所理科中学。"根据一份旧资料，他还是感谢这个学校'以直观方式教授物理和化学，对他后来进一步学习自然科学打下了重要的基础'。"[1]之后，尽管恩格斯没有读完高中，更没有正式上过大学，但

---

[1] 〔德〕曼·克利姆编著：《恩格斯文献传记》，中央编译局译，湖南人民出版社，1986年，第41页。

他对自然科学一直非常关注。

特别是，从1842年开始，由于恩格斯长期生活在世界工业和科学中心的英国，他的兴趣也就逐渐转向唯物主义和社会主义，并且更加努力地学习和研究自然科学。在海因里希·格姆科夫（Heinrich Gemkow）等人所著的《恩格斯传》中曾提道："恩格斯在1844年春天开始加强对自然科学的研究。他深入研究自然科学发展和哲学史之间的历史上和逻辑上的联系，……自然科学的发现和发明本身也同样吸引着他。他密切注意数学和自然科学各个不同学科（例如地质学和古生物学）的发展，并对它们的研究成果进行过总结。他还对化学感到兴趣，……通过这些研究，恩格斯为自己对自然科学的各种成果进行辩证唯物主义的总结奠定了基础。"[1]

在1844年2月出版的《德法年鉴》上发表的《国民经济学批判大纲》一文中，恩格斯认为自然科学的应用可以无限提高土地肥力，自然科学日益使自然力为人类所支配、日益为大众造福；[2]在同时期所写的《英国状况。十八世纪》一文中，恩格斯又指出：18世纪科学的唯物主义是第一个自然科学体系，这一体系的完成开始消除原本对立的主体性和客体性、自然和精神、唯物主义和唯灵论。[3]

1844年8月，恩格斯与马克思开始长达将近四十年的共同合作。在之后合著的《神圣家族》和《德意志意识形态》中，恩格斯仍然强调对自然科学的研究。在《神圣家族》中，他们论述了17世纪英国唯物主义和18世纪法国唯物主义同自然科学的关系，[4]并且指出作为"批判的批判"的鲍威尔三兄弟将自然科学排除到历史之外，是无法真正地认识历史的。[5] 在《德意志意识形态》中，他们一方面强调"纯粹的"自然科学由于商业、工业和人们的感性活动，才获得自己的材料，实现自己的目的；[6]另一方面指出理论力学的发展促使人们将自然力应用于工业之中，才使得17世纪的英国实现了商业和工场手工业的迅速发展。[7]

恩格斯正式研究自然科学开始于1858年。在这一年的7月14日，恩格斯在给马克思的信中首次谈到自然科学中的辩证思想。在这封信中，恩

---

[1] 〔德〕海因里希·格姆科夫等：《恩格斯传》，易廷镇等译，生活·读书·新知三联书店，1975年，第72~73页。
[2] 参见《马克思恩格斯文集（第1卷）》，人民出版社，2009年，第77页。
[3] 同上书，第88页。
[4] 同上书，第326~338页。
[5] 同上书，第350页。
[6] 同上书，第529页。
[7] 同上书，第565页。

格斯首先请求马克思把已经答应给他的黑格尔的《自然哲学》寄来,并说如果现在黑格尔写一本《自然哲学》的话,"那么各种事物会从四面八方向他飞来"。接着,恩格斯谈到很多最新的自然科学成果,并评价这些成果"极富思辨成分"。他提到施莱登发现植物细胞和施旺发现动物细胞使比较生理学成为可能;提到焦耳证明了能量转化定律,即在一定条件下"机械力转化为热(比如经过摩擦),热转化为光,光转化为化学亲和力,化学亲和力转化为电(比如在伏打电堆中),电转化为磁。这些转化也能通过其他方式来回地进行";还提到了比较生理学发现"人体的结构同其他哺乳动物完全一致",证明了"黑格尔关于量变系列中的质的飞跃"。①

1858 年,有了重读黑格尔《自然哲学》、研究自然科学的打算之后,恩格斯一直处于思想和资料积累阶段。1859 年,达尔文出版了《物种起源》一书,恩格斯很快就阅读了这本书。在 1859 年 12 月 12 日给马克思的信中,恩格斯评价道:"写得太棒了",这是"证明自然界的历史发展"的最伟大的尝试。② 1863 年,恩格斯认识了两年前迁居到曼彻斯特、比他年轻 14 岁的德国化学家肖莱马(Schorlemmer),经常与他讨论自然科学和自然科学史问题。恩格斯曾评价道:"他是当时唯一的一位不轻视向黑格尔学习的著名的自然科学家,那时候许多人鄙视黑格尔,但他对黑格尔评价很高。"③

一直到 1873 年,恩格斯有了关于"自然辩证法"创作研究的清晰框架。在 5 月 30 日写给马克思的信中,他说道:"今天早晨躺在床上,我脑子里出现了下面这些关于自然科学的辩证思想。"接着,他谈到了自然科学中物理学、天文学、力学和化学等不同学科对物体不同运动形式的探讨,但也说道:"加工这些东西总还需要很多时间"。④ 在同一年,恩格斯写作了《自然辩证法》手稿中最早的一批论文札记,例如,《毕希纳》《自然科学的辩证法》等,整个"自然辩证法"计划就建立于这些论文札记基础之上。⑤

1873 年初至 1876 年 5 月底,是恩格斯创作《自然辩证法》手稿的第一个时期。在这个时期,恩格斯完成了几乎所有的札记和关于细节的研究,并写了一篇较完整的论文《导言》,具体的工作围绕彻底研究黑格尔哲学、加紧探讨自然科学和科学史、阐述对整部著作具有决定性意义的基本思想展开。

1876 年 5 月底至 1878 年 6 月,为了创作《反杜林论》,恩格斯的《自然

---

① 《马克思恩格斯文集(第 10 卷)》,人民出版社,2009 年,第 162~164 页。
② 参见《马克思恩格斯全集(第 50 卷)》,人民出版社,2021 年,第 670 页。
③ 《马克思恩格斯全集(第 22 卷)》,人民出版社,1965 年,第 364 页。
④ 《马克思恩格斯文集(第 10 卷)》,人民出版社,2009 年,第 385~389 页。
⑤ 参见《马克思恩格斯文集(第 9 卷)》,人民出版社,2009 年,第 605 页注释 196。

辩证法》写作中断，但这并不意味着"自然辩证法"研究的中断。1876年5月28日，恩格斯写信给马克思介绍自己批判杜林的整体计划时说道："重温古代史和研究自然科学"，对自己批判杜林"大有益处"，并指出自己在自然科学研究方面也"熟悉得多了"。① 的确，恩格斯在反驳杜林时利用了许多以前写的自然科学方面的研究资料。同时，《反杜林论》创作也使他将自然科学问题的探讨向前推进了一步，《〈反杜林论〉旧序。论辩证法》更是被收录到了《自然辩证法》手稿之中。

1878年夏至1882年夏是恩格斯创作《自然辩证法》手稿的第二个时期。在这个时期，恩格斯拟定了未来著作的具体计划，写完了几乎所有的论文，具体工作是恩格斯根据之前的构想广泛利用已有材料，系统论述各门科学的辩证思想，并从这个角度分析了物理和化学的一些重要领域的理论发展。

伴随着1883年马克思的逝世，恩格斯将主要精力用于完成《资本论》第二、三卷的编辑出版工作，以及领导国际工人运动。随着1885年底至1886年初，恩格斯将原本为《路德维希·费尔巴哈和德国古典哲学的终结》创作但最终被收录到《自然辩证法》手稿的《〈费尔巴哈〉的删略部分》完成之后，他实际上停止了《自然辩证法》手稿的创作和"自然辩证法"的研究。

（二）恩格斯研究"自然辩证法"的目的

了解了恩格斯研究自然科学的历程，就会发现其"自然辩证法"研究始终与整个马克思主义工作有着密切关系。1858年，恩格斯重读黑格尔《自然哲学》，关注自然科学领域的辩证法思想，其实与马克思也有着密切关系。在前面我们论述"自然辩证法"并不是恩格斯"自己的独创"或"个人发明"时，就曾提到马克思同样关注自然科学、关注自然科学领域的辩证思想。

其实，较之恩格斯，马克思更早关注了自然科学。早在1851年5月5日写给恩格斯的信中，马克思就"附上一份关于在农业中应用电的文章的抄件"并咨询其问题。② 自此之后，马克思就频繁地与恩格斯通信并提及自然科学，他向恩格斯介绍自然科学最新成就，谈论自己对这些成果的研究心得，同时向恩格斯询问相关问题，并请求恩格斯搜集当时一些自然科学家的著作等。

1858年1月14日，马克思写信给恩格斯时提道："我又把黑格尔的《逻辑学》浏览了一遍，这在材料加工的方法上帮了我很大的忙。"③ 正是在马克

---

① 《马克思恩格斯文集（第10卷）》，人民出版社，2009年，第416页。
② 参见《马克思恩格斯全集（第48卷）》，人民出版社，2007年，第260~262页。
③ 《马克思恩格斯文集（第10卷）》，人民出版社，2009年，第143页。

思的影响下,才有了同年7月14日恩格斯写信给马克思表示自己要重读黑格尔的《自然哲学》,研究自然科学的打算。

而马克思之所以关注研究自然科学则与人类社会历史密切相关。例如,1851年5月5日,马克思给恩格斯写信讨论农业中应用电的问题,就是为了反驳大卫·李嘉图(David Ricardo)的地租理论。早在1851年1月7日写给恩格斯的信中,马克思就提到李嘉图认为地租是"最坏的土地的产品为补偿它的费用……所必需的出售价格和最好的土地的产品所能够得到的出售价格之间的差额"。由于"人们不得不耕种越来越坏的土地",所以"全国的地租总额"是增加的。但马克思认为,"由于科学和工业的进步",土地并非越来越坏,地租增加也并非合理。①

也正是出于这一目的,马克思一直关注农业学中的最新研究。1866年,马克思接触到以李比希和申拜因为代表的德国新农业化学。申拜因通过实验的方式证明了"大气中任何燃烧着的火焰都把一定数量的大气氮变成硝酸氨",②即证明了可以通过科学手段来增加土壤肥力。在1866年2月13日写给恩格斯的信中,马克思称尤斯蒂斯·冯·李比希(Justus Von Liebig)和申拜因(Schonbein)对自己《资本论》地租部分的贡献"比所有经济学家加起来还更重要"。③

再如,在达尔文出版体现其进化论理论的《物种起源》以后,与恩格斯一样,马克思也非常关注这一著作。他对这一著作的关注就在于认为该理论可以论证马克思主义的科学性。马克思在1860年11月阅读《物种起源》之后,于1860年12月19日、1861年1月16日分别写信给恩格斯和费迪南·拉萨尔(Ferdinand Lassalle),指出这本书"为我们的观点提供了自然史的基础","可以用来当作历史上的阶级斗争的自然科学根据"。④ 在1867年12月7日马克思再次写信给恩格斯将自己的政治经济学批判和达尔文进化论类比:自己"证明现代社会,从经济上来考察孕育着一个新的更高的形态时","只是在社会关系方面揭示出达尔文在自然史方面所确立的同一个逐渐变革的过程"。⑤

可见,马克思关注研究自然科学,最终目的是应用自然科学中的最新成果为自己的社会历史理论服务。而受其影响才开始关注研究自然科学的恩

---

① 参见《马克思恩格斯全集(第48卷)》,人民出版社,2007年,第155~156页。
② 《马克思恩格斯全集(第31卷)》,人民出版社,1972年,第185页。
③ 同上书,第181页。
④ 《马克思恩格斯全集(第30卷)》,人民出版社,1975年,第131、574页。
⑤ 《马克思恩格斯全集(第31卷)》,人民出版社,1972年,第410页。

格斯,研究"自然辩证法"也决不会将之限制于自然科学领域,而必然与人类社会历史有关。这正如曼·克利姆(Manfred Kliem)在《恩格斯文献传记》中所说的:"恩格斯和马克思研究自然科学的目的决不是为了使自己成为自然科学家,尽管他们利用了各个领域中的大量专业资料,听了许多有关专业问题的讲座和报告。"①在《绝对不仅仅是出于好奇》一文中,安纳里泽·格里泽和格尔德·帕维尔齐克在研究了马克思和恩格斯有关自然科学研究的摘要后也说道:这些摘要证明"科学社会主义的创始人具有广泛的兴趣;他们甚至在年迈之时还具有对新的自然科学知识的学习能力和兴趣",这些摘要证明他们"不仅要宣告自然与科学、自然科学与社会科学的统一,而且在思想上把握世界时要实现这一统一"。②

恩格斯"自然辩证法"研究创作思路也正是如此。在1858年7月14日写给马克思的信中恩格斯首次谈到"自然辩证法"思想,恩格斯提到最新的自然科学成果处处显示出自然界的辩证性质。但同时,他也指出"人们对最近30年来自然科学所取得的成就却一无所知"。③ 因此,他认为有必要向当时的人们介绍辩证法,帮助人们认识自然界的辩证性质。

作为《自然辩证法》手稿中最早的一篇论文的《毕希纳》,其写作目的也是恩格斯为了批判路德维希·毕希纳(Ludwig Büchner)借用自然科学成果攻击马克思主义。当时作为德国庸俗唯物主义和社会达尔文主义代表人物的毕希纳,不仅在自然科学领域反对黑格尔哲学,而且故意歪曲利用自然科学成果,在社会历史领域妄图用达尔文主义代替马克思、恩格斯的科学社会主义。为了消除毕希纳在工人运动中的这种不良影响,在1872年底其著作《人及其过去、现在和将来在自然界中的地位》第二版发行不久,恩格斯就阅读并计划写一部批判著作,并于1873年初完成了《毕希纳》一文。

在这篇论文中,恩格斯一开始就说明了自己批判毕希纳的理由:以"福格特、摩莱肖特、毕希纳"为代表的"庸俗的唯物主义""对那些毕竟给德国带来荣誉的哲学家大肆谩骂"以及"妄图把他们的自然理论应用于社会并用来改良社会主义""这就迫使我们不得不注意他们了"。④ 而恩格斯对其批判的方式就是借助当时自然科学领域中的最新研究成果。他说道:"到上一

---

① 〔德〕曼·克利姆编著:《恩格斯文献传记》,中央编译局译,湖南人民出版社,1986年,第392页。
② 杨金海总主编、刘元琪主编:《马克思主义研究资料(第13卷)》,中央编译出版社,2014年,第363~364页。
③ 《马克思恩格斯文集(第10卷)》,人民出版社,2009年,第163页。
④ 《马克思恩格斯文集(第9卷)》,人民出版社,2009年,第453~454页。

世纪末,甚至到 1830 年,自然科学家靠旧的形而上学差不多还能应付过去。""但是现在一切都不同了","高等数学已经带来了混乱,因为高等数学把初等数学的永恒真理看做已被摒弃的观点,常常作出相反的论断,提出一些在初等数学看来纯属谬论的命题。固定的范畴在这里消融了","化学——原子论。物理学的抽象的可分性——恶无限性。生物学——细胞(由分化而发生的个体和种的有机发展过程,是对合理的辩证法的最令人信服的验证)。最后各种自然力的同一性及其相互转化,这种转化使范畴的一切固定性都终结了"。这些自然科学领域中的最新研究成果使毕希纳等人显得"荒诞无稽"。①

后来,恩格斯的创作范围大大超出了最初设想,即由单纯批判毕希纳的著作转变为"自然辩证法"的研究。转变原因在于,恩格斯发现以毕希纳为代表的庸俗唯物主义受形而上学思维方式支配,要彻底批判这种思维,则必须借助自然科学研究最新成果向人们论证、介绍辩证法。所以,"自然辩证法"研究创作的目的就是借助自然科学研究成果向人们论证、介绍辩证法,以反驳以毕希纳为代表的错误思想对马克思主义的攻击。

造成《自然辩证法》写作中断,但未影响恩格斯"自然辩证法"研究的《反杜林论》也体现了这一目的。1878 年 5 月或 6 月初,恩格斯曾为《反杜林论》写过一篇序(即后来收录到《自然辩证法》手稿中的[《反杜林论》旧序。论辩证法]),展现了他批判杜林的基本思路。在这篇序中,恩格斯指出,杜林之所以可以制造出一个鱼龙混杂、无所不包、终极真理的哲学体系,并以此来反对马克思主义,就在于他不懂辩证法。而恩格斯认为,要想更好地理解、掌握辩证法,离不开对自然科学的研究。恩格斯说道:形而上学思维向辩证思维复归"可以仅仅通过自然科学的发现本身所具有的力量自然而然地实现","这个过程在很大程度上已在进行中,特别在生物学中是如此"。② 因此,在《反杜林论》中恩格斯总是应用自己之前积累的自然科学知识,通过论证、介绍辩证思维来反驳杜林对马克思主义的攻击。

可见,从 1858 年的最初打算到 1873 年的《毕希纳》札记,再到《自然辩证法》手稿、《反杜林论》等著作最终呈现出来的"自然辩证法",恩格斯研究自然科学的目的绝非自然科学领域,而始终与人类社会历史领域密切相关。恩格斯创作"自然辩证法"的目的是反驳如毕希纳、杜林等人以错误思想对马克思主义的攻击。而要反驳这些攻击,就必须破除人们的形而上学思维

---

① 《马克思恩格斯文集(第 9 卷)》,人民出版社,2009 年,第 454~455 页。
② 同上书,第 438 页。

方式,向人们介绍辩证思维。所以,"自然辩证法"的重点其实在"辩证法"而并非"自然",恩格斯想通过"自然"(自然科学领域最新成果)来向人们论证、介绍"辩证法"(辩证思维)。

二、辩证思维与历史唯物主义

恩格斯创作"自然辩证法"的目的是破除人们的形而上学思维方式,向人们介绍辩证思维,并以此反驳错误思潮对马克思主义的攻击。其实,马克思主义与辩证思维有着密切关系。接下来,我们以作为马克思主义核心的历史唯物主义与辩证思维的关系,来进一步揭示恩格斯研究"自然辩证法"的这一目的。

(一)马克思、恩格斯对历史唯物主义的阐释

历史唯物主义由马克思、恩格斯共同创立,是迄今为止对人类社会历史规律认识最正确的方法,也是马克思主义的核心部分。1846年,马克思、恩格斯合著的《德意志意识形态》首次提出了该理论。

在该书中,马克思、恩格斯在批判德意志意识形态家的同时,也批判了他们的唯心主义历史观。这些形态家断言:"观念、想法、概念迄今一直支配和决定着现实的人,现实世界是观念世界的产物。"①在此基础上,唯心主义的德意志意识形态家们将历史视作"想象的主体的想象活动",②"'自我意识'、世界精神或某个形而上学幽灵的某种纯粹的抽象行动"。③ 这种历史观根本不考虑人的现实生活生产,仅将其视为"与历史进程没有任何联系的附带因素"。④

而马克思、恩格斯的社会历史理论则从以往唯心主义历史观忽略的因素出发,即"这是一些现实的个人,是他们的活动和他们的物质生活条件,包括他们已有的和由他们自己的活动创造出来的物质生活条件"。⑤ 从此出发,历史就不是独立于人的物质生活条件之外的"任何政治的或宗教的呓语",⑥而不外是各个世代的依次交替,即人们总是在"一定的物质结果,一定的生产力总和,人对自然以及个人之间历史地形成的关系"中进行物质生活生产,同时改变这些生产力、资金和环境,为新的一代从事物质生活生产

---

① 《马克思恩格斯文集(第1卷)》,人民出版社,2009年,第510页。
② 同上书,第526页。
③ 同上书,第541页。
④ 同上书,第545页。
⑤ 同上书,第519页。
⑥ 同上书,第533页。

提供一定的条件。①

在这一现实因素基础上,马克思、恩格斯指出了历史唯物主义的内容就在于:人们总是在一定的物质的、不受他们意识支配的条件下进行物质生产活动,这种条件就是"生产力"。"生产力的总和决定社会状况",在一定的生产力基础上形成一定的"交往形式""交往关系"或"交往方式"。② 生产力和交往关系之间的矛盾造成了一切历史冲突,过去曾促使生产力发展的生产关系在一定时期会成为阻碍其发展的桎梏,此时就会爆发社会革命。"生产力和交往形式之间的这种矛盾","每一次都不免要爆发为革命"。③

依据历史唯物主义,马克思、恩格斯分析资本主义社会的发展趋势。他们指出:"对于工业发展的一定阶段来说",④资本主义生产方式有其存在的必要性。但随着从资本主义生产方式产生出来的生产力自身的发展,私有制慢慢成为制约其发展的障碍。"生产力在其发展的过程中达到这样的阶段,在这个阶段上产生出来的生产力和交往手段在现存关系下只能造成灾难,这种生产力已经不是生产的力量,而是破坏的力量(机器和货币)。"此时,就需要无产阶级通过共产主义革命来改变资本主义生产方式。之所以是无产阶级,是因为这个阶级承担了社会的一切重担,而不享受任何社会福利。共产主义革命不同于以往仅仅改变分配方式,而是消灭了私有制,消灭了由此产生的分工、异化劳动等异己力量,使生产力、交往形式等重新为人所支配。⑤

继 1846 年首次提出历史唯物主义之后,马克思在 1859 年 1 月的《〈政治经济学批判〉序言》中更为清晰系统地阐释了这一理论。在该文中,马克思仍将历史唯物主义与以往的唯心主义历史观作对比:"法的关系""国家形式",不能"从它们本身"或者"所为人类精神的一般发展"来解释,而应从"物质的生活关系"来解释。他指出:"人们在自己生活的社会生产中发生一定的、必然的、不以他们的意志为转移的关系,即同他们的物质生产力的一定发展阶段相适合的生产关系。"在这里,马克思明确指出"生产关系"这一概念,并且指出生产关系的性质和状况依赖于生产力水平。"物质生活的生产方式制约着整个社会生活、政治生活和精神生活的过程。"马克思仍然

---

① 《马克思恩格斯文集(第 1 卷)》,人民出版社,2009 年,第 544~545 页。
② 这三个概念意思相同,类似于后来的"生产关系"概念,只是此时马克思恩格斯并未明确提出"生产关系"这一概念。
③ 《马克思恩格斯文集(第 1 卷)》,人民出版社,2009 年,第 567 页。
④ 同上书,第 556 页。
⑤ 同上书,第 542~543 页。

从生产力和生产关系之间的关系来说明社会革命。"社会的物质生产力发展到一定阶段,便同它们一直在其中运动的现存生产关系或财产关系(这只是生产关系的法律用语)发生矛盾。于是这些关系便由生产力的发展形式变成生产力的桎梏。那时社会革命的时代就到来了。"在这里,马克思同样提出资本主义社会终将灭亡的结论。他将"资产阶级的生产关系"视为"社会生产过程的最后一个对抗形式",并指出"在资产阶级社会的细胞里发展的生产力,同时又创造着解决这种对抗的物质条件","人类社会的史前时期就以这种社会形态而告终"。①

在马克思阐释历史唯物主义的基础上,恩格斯也在《卡尔·马克思》《社会主义从空想到科学的发展》《在马克思墓前的讲话》等文章中多次阐释这一理论。

《卡尔·马克思》是恩格斯应威·白拉克(Wilhelm Brake)的请求为其主编的《人民历书》丛刊撰写的马克思传略。在该文中,恩格斯总结马克思有许多重要发现,其中最重要的就是历史唯物主义,他评价这一理论"在整个世界史观上实现了变革"。② 恩格斯指出,以往历史观都是从"人们变动着的思想中去寻求"历史变动的最终原因,在这些变动中最重要的又是政治变动。但它们却从不考察"人的思想是从哪里来的,政治变动的动因是什么"。③

历史唯物主义则破天荒第一次将历史作为其真正基础,"即人们首先必须吃、喝、住、穿,就是说首先必须劳动,然后才能争取统治,从事政治、宗教和哲学等等"。④ 据此,恩格斯也论证了资产主义生产方式已与日益发展的社会生产力不相适应,需要无产阶级联合起来建立一种新的社会制度来代替它。

在这里,恩格斯用以往社会的阶级剥削与资本主义社会的阶级剥削对比说明以往社会生产力不发达,"大多数人总是注定要从事艰苦的劳动而很少能得到享受",这是成立的。"历史的进步整个说来只是成了极少数特权者的事,广大群众则注定要终生从事劳动,为自己生产微薄的必要生活资料,同时还要为特权者生产日益丰富的生活资料";而资本主义社会中生产力发展迅速,"就连把人分成统治者和被统治者、剥削者和被剥削者的最后一个借口,至少在最先进的国家里也已经消失了"。此时,资本主义生产关系成为阻碍生产力发展的障碍,社会生产力已经发展到资产阶级不能控制

---

① 《马克思恩格斯文集(第2卷)》,人民出版社,2009年,第591~592页。
② 《马克思恩格斯文集(第3卷)》,人民出版社,2009年,第457页。
③ 同上书,第457~458页。
④ 同上书,第459页。

的程度。"历史的领导权已经转到无产阶级手中",无产阶级将"建立这样一种制度",在这种制度中,"社会的每一个成员不仅有可能参加社会财富的生产,而且有可能参加社会财富的分配和管理,并通过有计划地经营全部生产,使社会生产力及其成果不断增长,足以保证每个人的一切合理的需要在越来越大的程度上得到满足"。①

恩格斯在为1892年《社会主义从空想到科学的发展》一文所写的英文版导言中,首次明确提出了"历史唯物主义"这一概念并对其作了解释。恩格斯说道:"历史唯物主义"这一概念表述了"一种关于历史过程的观点",即认为"一切重要历史事件的终极原因和伟大动力是社会的经济发展,是生产方式和交换方式的改变,是由此产生的社会之划分为不同的阶级,是这些阶级彼此之间的斗争"。②

在该文中,恩格斯仍然强调以往唯心主义历史观不知道"任何基于物质利益的阶级斗争""任何物质利益""生产和一切经济关系",它只把这些当作"文化史"的从属因素;而历史唯物主义则认识到:"以往的全部历史,除原始状态外,都是阶级斗争的历史;这些互相斗争的社会阶级在任何时候都是生产关系和交换关系的产物"。在现实的生产和经济关系基础上,才形成了"每一个历史时期的由法的设施和政治设施以及宗教的、哲学的和其他的观念形式所构成的全部上层建筑"。③ 恩格斯总结道:"生产以及随生产而来的产品交换是一切社会制度的基础;在每个历史地出现的社会中,产品分配以及和它相伴随的社会之划分为阶级或等级,是由生产什么、怎样生产以及怎样交换产品来决定的","一切社会变迁和政治变革的终极原因",应当到生产方式和交换方式的变更和有关时代的经济中去寻找。④

在此基础上,恩格斯指出:"现代社会主义,就其内容来说,首先是对现代社会中普遍存在的有财产者和无财产者之间、资本家和雇佣工人之间的阶级对立以及生产中普遍存在的无政府状态这两个方面进行考察的结果。"⑤

1883年,恩格斯在马克思墓前讲话时,再一次重申了历史唯物主义的伟大意义。他说:"正像达尔文发现有机界的发展规律一样,马克思发现了人类历史的发展规律"。与以往意识形态家不同,马克思强调"人们首先必

---

① 《马克思恩格斯文集(第3卷)》,人民出版社,2009年,第459~460页。
② 同上书,第508~509页。
③ 同上书,第544页。
④ 同上书,第547页。
⑤ 同上书,第523页。

须吃、喝、住、穿,然后才能从事政治、科学、艺术、宗教等等"。正因如此,历史唯物主义坚持:"直接的物质的生活资料的生产"是基础,在此基础上才发展出"人们的国家设施、法的观点、艺术以至宗教观念"。也正是依据历史唯物主义,马克思"还发现了现代资本主义生产方式和它所产生的资产阶级社会的特殊的运动规律"。因此,马克思将"以这种或那种方式参加推翻资本主义社会及其所建立的国家设施的事业,参加现代无产阶级的解放事业",作为"他毕生的真正使命"。①

(二) 理解历史唯物主义的关键——辩证思维

通过上述马克思、恩格斯的论述可知:不同于以往唯心主义历史观,历史唯物主义将历史的前提归于物质生产活动,在一定物质生产活动形成的生产力基础上形成一定的生产关系,由于生产力和生产关系之间的冲突,社会形态呈现出不断更替的历史。依据历史唯物主义,马克思、恩格斯认识到资本主义生产方式日益成为生产力发展的桎梏,终将随着社会革命的爆发,为一种新的社会制度所代替。

在恩格斯看来,历史唯物主义及其结论,除了上述他和马克思所写的相关著作,"一些在历史观上引起决定性转变的历史事实却老早就发生了"。②如1831年和1834年法国里昂纺织工人两次规模巨大的武装起义;1838~1842年,英国发生了第一次全国性工人运动,即英国宪章运动;1844年,德国的西里西亚纺织工人起义。三大工人运动标志着欧洲最发达的国家的历史进入一个新时期:一方面,社会主要矛盾由原来人民大众与封建势力的矛盾转变为无产阶级与资产阶级的矛盾;另一方面,无产阶级作为独立的政治力量登上了历史舞台,致力于改造社会。这些新的事实清楚地表明,阶级关系已经如此简单化、明朗化,无产阶级和资产阶级两大阶级斗争的经济根源也日益明朗化。"事实日益令人信服地证明,资产阶级经济学关于资本和劳动的利益一致、关于自由竞争必将带来普遍和谐和人民的普遍福利的学说完全是撒谎。"③

但是,自从马克思、恩格斯提出历史唯物主义以及据此得出的资本主义社会终将为社会主义社会所代替的结论以来,马克思主义却受到了来自各方面的批判。其中包括将资本主义制度颂扬为一种永恒不灭、和谐社会制度的资产阶级学说,也包括依据永恒的真理、理性和正义来构建一种新社会

---

① 《马克思恩格斯文集(第3卷)》,人民出版社,2009年,第601~602页。
② 同上书,第544页。
③ 同上。

制度的空想社会主义,还包括反对暴力革命,主张走和平议会道路的各种改良主义、修正主义思潮。恩格斯在与上述种种批判历史唯物主义的错误思潮作斗争的过程中,发现人们之所以无法理解历史唯物主义及其结论,主要是由于缺乏辩证思维而受形而上学思维方式支配。

如前所述,在《自然辩证法》手稿的《毕希纳》一文中,恩格斯就指出以毕希纳为代表的庸俗唯物主义者属于"形而上学派",受形而上学思维方式支配利用达尔文主义的"生存斗争"来"非难社会主义和经济学"。[①] 在《反杜林论》中,恩格斯认为空想社会主义者和杜林同样是由于受形而上学思维方式支配,才从"空想"理解设计社会主义或批判马克思主义的科学社会主义。

在《反杜林论》中,恩格斯指出,社会主义其实源于 18 世纪法国伟大的启蒙学者们,是这些学者提出的各种原则的进一步的、更彻底的发展。这些启蒙学者面对的是封建社会的"宗教、自然观、社会、国家制度",他们认为这些制度必须用理性来衡量,"必须在理性的法庭面前为自己的存在作辩护或者放弃存在的权利"。于是,在这些启蒙学者的领导下,资产阶级革命将"以往的一切社会形式和国家形式、一切传统观念"推翻,代之以"永恒的真理、永恒的正义、基于自然的平等和不可剥削的人权"。[②]

但很快,随着资本主义生产方式的确立和发展,自资产阶级诞生之日起就随之诞生的无产阶级也快速发展起来。随着无产阶级日益成熟,空想社会主义作为一种新的学说也产生了。与启蒙学者们一样,空想社会主义者也想建立"理性和永恒正义的王国";与启蒙学者们不同,空想社会主义者认为:"按照这些启蒙学者的原则建立起来的资产阶级世界也是不合理的和非正义的"。[③]

因此,空想社会主义者比启蒙学者更彻底,他们发现启蒙学者所建立的"理性的王国"只是"资产阶级的理想化的王国""资产阶级的民主共和国",所追求的"永恒的正义"只是在"资产阶级的司法"中才得以实现,所追求的"永恒的平等"只是"法律面前的资产阶级的平等",所追求的"最主要的人权之一"就是"资产阶级的所有权"。[④] 所以,资本主义制度"也应该像封建制度和一切更早的社会制度一样被抛弃到垃圾堆里去"。[⑤]

---

① 恩格斯:《自然辩证法》,人民出版社,2015 年,第 63 页。
② 《马克思恩格斯文集(第 9 卷)》,人民出版社,2009 年,第 19~20 页。
③ 同上书,第 21 页。
④ 同上书,第 20 页。
⑤ 同上书,第 21 页。

同时，恩格斯指出空想社会主义者和启蒙学者一样受形而上学思维方式支配，将"社会主义"看作"绝对真理、理性和正义的表现"，认为它"是不依赖于时间、空间和人类的历史发展的"。并且，这种社会主义在恩格斯那里仍然统治着法国和英国大多数社会主义工人的头脑，表现为"比较温和的批判性言论、经济学原理和关于未来社会的观念"组成的"混合物"。①

恩格斯也分析了空想社会主义产生的原因，在于"不成熟的资本主义生产状况、不成熟的阶级状况"，"解决社会问题的办法还隐藏在不发达的经济关系中"。因此，空想社会主义者只能从头脑、"思维着的理性"出发，"发明一套新的更完备的社会制度"。②

但与空想社会主义者所处时代不同的杜林面对的则是："大工业已经把潜伏在资本主义生产方式中的矛盾发展为如此明显的对立"；由资本主义生产方式造成的日益尖锐对立的两个阶级之间的斗争，"遍及一切文明国家并且日益剧烈"。"这种历史的联系"，"由于这种联系而成为必然的社会改造的条件"，"由这种联系所决定的这种改造的基本特征"，已经如此清晰。③而杜林还模仿空想社会主义者，"从他的至上的头脑中，从他的孕育着'最后真理'的理性中，构想出一个新的社会制度的'标准'体系"，④恩格斯认为还是受形而上学思维方式支配。

上述恩格斯认为人们无法理解历史唯物主义及其结论的原因在于受形而上学思维方式支配的分析，与马克思的看法是完全一致的。马克思在《哲学的贫困》和1846年12月28日致帕维尔·瓦西里耶维奇·安年科夫的信中，也以蒲鲁东为例分析了资产阶级政治经济学家受形而上学思维方式支配，将经济范畴看作永恒的、固定的、不变的，将资本主义生产方式看作永恒的真理。

在《哲学的贫困》第二章中，马克思将蒲鲁东进行政治经济学研究的方法称作"政治经济学的形而上学"，因为蒲鲁东和其他经济学家一样"都把分工、信用、货币等资产阶级生产关系说成是固定的、不变的、永恒的范畴"。⑤ 在马克思看来，这些经济学家所应用的方法，就是黑格尔在宗教、法律等领域使用的方法，即"通过抽象把一切事物变成逻辑范畴一样""抽去各种各样的运动的一切特征，就可得到抽象形态的运动，纯粹形式上的运

---

① 《马克思恩格斯文集（第9卷）》，人民出版社，2009年，第22页。
② 同上书，第274页。
③ 同上书，第283页。
④ 同上书，第282~283页。
⑤ 《马克思恩格斯文集（第1卷）》，人民出版社，2009年，第598页。

动,运动的纯粹逻辑公式"的方法。在这种方法下,本来体现人类现实社会关系的经济范畴也就仅仅变为逻辑范畴,"产品和生产、事物和运动的任何总和"也就仅仅变为"应用的形而上学"。①

马克思则认为:"经济范畴只不过是生产的社会关系的理论表现,即其抽象。"②由于社会关系和生产力密切相关,于是"随着新生产力的获得,人们改变自己的生产方式,随着生产方式即谋生的方式的改变,人们也就会改变自己的一切社会关系"。③ 因此,作为生产的社会关系的抽象的经济范畴"也同它们所表现的关系一样,不是永恒的",而是"历史的、暂时的产物"。④

在1846年12月28日,致安年科夫的信中,马克思更为详细地指出了蒲鲁东政治经济学研究的"形而上学"性质。马克思首先仍强调"经济范畴"的历史性、暂时性。在他看来,人们不能自由选择自己的生产力,因为生产力"本身决定于人们所处的条件,决定于先前已经获得的生产力,决定于在他们以前已经存在、不是由他们创立而是由前一代人创立的社会形式"。⑤ 同样,人们不能自由选择他们的社会形式。"在人们的生产力发展的一定状况下,就会有一定的交换[commerce]和消费形式。在生产、交换和消费发展的一定阶段上,就会有相应的社会制度形式、相应的家庭、等级或阶级组织,一句话,就会有相应的市民社会。有一定的市民社会,就会有不过是市民社会的正式表现的相应的政治国家。"⑥于是,"人们借以进行生产、消费和交换的经济形式是暂时的和历史性的形式。"⑦因此,作为这些现实关系理论抽象的"经济范畴"就"只是适用于一定的历史阶段、一定的生产力发展阶段的规律"。⑧

然而,蒲鲁东则由于其"形而上学"性质认为"经济范畴"是永恒的真理。马克思认为,蒲鲁东"混淆了思想和事物"。⑨ "蒲鲁东先生主要是由于缺乏历史知识而没有看到:人们在发展其生产力时,即在生活时,也发展着一定的相互关系;这些关系的形式必然随着这些生产力的改变和发展而改变。他没有看到:经济范畴只是这些现实关系的抽象,它们仅仅在这些关

---

① 《马克思恩格斯文集(第1卷)》,人民出版社,2009年,第600~601页。
② 同上书,第602页。
③ 同上。
④ 同上书,第603页。
⑤ 《马克思恩格斯文集(第10卷)》,人民出版社,2009年,第43页。
⑥ 同上书,第42~43页。
⑦ 同上书,第44页。
⑧ 同上书,第47页。
⑨ 同上书,第43页。

系存在的时候才是真实的。"①

因此,虽然蒲鲁东也论述"经济范畴"的历史,但马克思却认为"这不是历史,不是世俗的历史——人类的历史,而是神圣的历史——观念的历史","蒲鲁东给我们提供的是经济范畴在他的头脑中的排列次序"。② 并且,"蒲鲁东先生不是把政治经济学范畴看做实在的、暂时的、历史性的社会关系的抽象,而是神秘地颠倒黑白,把实在的关系只看做这些抽象的体现。这些抽象本身竟是从世界开始存在时起就已安然睡在天父心怀中的公式。"③

于是,蒲鲁东和其他资产阶级政治经济学家一样,并未认为"资产阶级生产形式是一种历史的和暂时的形式,也正像封建形式的情况一样",而认为资本主义生产方式是"永恒的真理"。④ "蒲鲁东先生不是直接肯定资产阶级生活对他说来是永恒的真理。他间接地说出了这一点,因为他神化了以观念形式表现资产阶级关系的范畴。既然资产阶级社会的产物被他想象为范畴形式、观念形式,他就把这些产物视为自行产生的、具有自己的生命的、永恒的东西。"⑤

可见,作为马克思主义核心理论的历史唯物主义与辩证思维有着密切关系,要理解历史唯物主义及其结论,必须摒弃形而上学思维方式而具备辩证思维。马克思、恩格斯认为,毕希纳、空想社会主义者、杜林以及资产阶级政治经济学家无法理解历史唯物主义或借此批判马克思主义,都是由于缺乏辩证思维。因此,在《社会主义从空想到科学的发展》1882 年德文第一版序言中,恩格斯说道:"科学社会主义本质上就是德国的产物,而且也只能产生在古典哲学还生气勃勃地保存着自觉的辩证法传统的国家,即在德国。唯物主义历史观及其在现代的无产阶级和资产阶级之间的阶级斗争上的特别应用,只有借助于辩证法才有可能。"⑥

三、辩证思维培养与"自然辩证法"

恩格斯在对历史唯物主义的阐释以及与各种攻击马克思主义错误思潮作斗争的过程中,发现要理解、接受历史唯物主义及其结论,必须摆脱形而上学思维方式,培养辩证思维,这与马克思的看法是完全一致的。而要摆脱

---

① 《马克思恩格斯文集(第 10 卷)》,人民出版社,2009 年,第 47 页。
② 同上书,第 44 页。
③ 同上书,第 47~48 页。
④ 同上书,第 50 页。
⑤ 同上。
⑥ 《马克思恩格斯文集(第 3 卷)》,人民出版社,2009 年,第 495~496 页。

形而上学思维方式,培养辩证思维,则必须进行自然科学研究,必须具备相应的自然科学知识。恩格斯在《反杜林论》第二版序言中说道:"马克思和我,可以说是唯一把自觉的辩证法从德国唯心主义哲学中拯救出来并运用于唯物主义的自然观和历史观的人。可是要确立辩证的同时又是唯物主义的自然观,需要具备数学和自然科学的知识。"①

(一)辩证思维的缺失与自然科学中的"形而上学的残渣"

在《自然辩证法》手稿的[黑格尔以来的理论发展进程。哲学和自然科学]的[札记和片断]中,恩格斯曾说道:"自然科学家由于靠旧形而上学的残渣还能过日子,就使得哲学尚能苟延残喘。只有当自然科学和历史科学本身接受了辩证法的时候,一切哲学的废物——除了纯粹的关于思维的理论以外——才会成为多余的东西,在实证科学中消失掉。"②在这里,恩格斯提到的"哲学",其实就是以往旧的形而上学思维方式。恩格斯之所以认为培养辩证思维必须进行自然科学研究,就在于只要自然科学中还有"形而上学的残渣",那么形而上学思维方式就仍然发挥作用。

在《反杜林论》中,恩格斯则系统考察了辩证思维的缺失与自然科学的"形而上学的残渣"之间的关系。在该著作中,恩格斯将人类整个知识领域分为三大类:第一类是所有研究非生物界的,以数学方法处理为基础的科学,如数学、天文学、力学、物理学、化学等;③第二类是所有研究活的有机体的科学,如生物学、生理学、动物学等;④第三类是所有研究人的生活条件、社会关系、法的形式、国家形式及其由哲学、宗教、艺术等组成的观念的上层建筑的历史科学。⑤ 恩格斯将第一、二类科学总结为研究自然界各领域的自然科学,将第三类总结为研究社会历史领域的历史科学。

恩格斯认为,在社会历史领域,绝对不会存在所谓的"最后的终极的""真正的、根本不变的真理"。因为,自从有文字记录的人类历史显示,历史事实只是个别事件而不是通例,即便有重复的历史事件发生,也不是在同样的情况下发生的。并且,研究人类社会历史领域的历史科学要远远落后于研究自然界各领域的自然科学,人们不能轻易发现社会存在形式与政治存在形式之间的内在联系,即便发现也是发生在这些形势半衰退和濒于瓦解之时。所以,在社会历史领域中认识本质上是相对的,"它只限于了解只存

---

① 《马克思恩格斯文集(第9卷)》,人民出版社,2009年,第13页。
② 同上书,第461页。
③ 同上书,第92页。
④ 同上书,第93页。
⑤ 同上书,第94页。

在于一定时代和一定民族中的、而且按其本性来说是暂时的一定社会形式和国家形式的联系和结果"。①

恩格斯以真理、平等为例进行阐述。恩格斯认为,要研究真理问题,首先需要研究人的思维至上性问题。而要回答人的思维至上性问题,又需要认识到人的思维绝不是作为"单个人的思维"存在的,而"只是作为无数亿过去、现在和未来的人的个人思维而存在"。② 因此,人的思维至上性需要辩证地看待:"人的思维是至上的,同时又不是至上的""按它的本性、使命、可能和历史的终极目的来说,是至上的和无限的;按它的个别实现情况和每次的现实来说,又是不至上的和有限的""思维的至上性是在一系列非常不至上地思维着的人中实现的"。③ 在此基础上,恩格斯认为要辩证地看待真理问题:"拥有无条件的真理权的认识是在一系列相对的谬误中实现的"。④

对于平等问题,恩格斯认为也是如此。他举例:在最古老的自然形成的公社中,平等只存在于公社成员之间,而并不包括妇女、奴隶和外来者;在希腊人和罗马人看来,平等只存在于希腊人、自由民、公民、罗马的公民,而并不包括野蛮人、奴隶、被保护民、罗马的臣民(该词是在广义上使用的),如果谁"都可以要求平等的政治地位,那么这在古代人看来必定是发了疯";在罗马帝国时期,上述区别都逐渐消失,平等属于一切自由民,但仍然不包括奴隶;基督教承认原罪的平等,但"这同它曾经作为奴隶和被压迫者的宗教的性质是完全适合的",基督教承认上帝的选民的平等,但随着"僧侣和俗人对立的确立,很快就使这种基督教平等的萌芽也归于消失";在日耳曼人统治时期,西欧建立了空前复杂的社会的和政治的等级制度,消灭了一切平等观念,但"同时使西欧和中欧卷入了历史的运动",为后来谈论人权和人的平等提供了一个基础。⑤ 在封建的中世纪统治后期,其内部孕育出了资产阶级,提出了消灭阶级特权,"自由和平等也很自然地被宣布为人权";然而,伴随着资产阶级消灭阶级特权的平等观念的提出,无产阶级消灭阶级本身的平等观念也出现了。"平等应当不仅仅是表面的,不仅仅在国家的领域中实行,它还应当是实际的,还应当在社会的、经济的领域中实行"。⑥ 因此,"平等的观念,无论以资产阶级的形式出现,还是以无产阶级的形式出现,本身

---

① 《马克思恩格斯文集(第9卷)》,人民出版社,2009年,第94页。
② 同上书,第91页。
③ 同上书,第91~92页。
④ 同上书,第91页。
⑤ 同上书,第109~110页。
⑥ 同上书,第112页。

都是一种历史的产物,这一观念的形成,需要一定的历史条件,而这种历史条件本身又以长期的以往的历史为前提。所以,这样的平等观念说它是什么都行,就不能说它是永恒的真理。"①

然而,恰恰在绝不应该出现"最后的终极的""真正的、根本不变的真理"的社会历史领域中,人们却常常提出"永恒的真理"。恩格斯认为之所以这样,就在于人们受到自然科学领域中"形而上学的残渣"的影响。以杜林为例,他认为对社会历史领域中的问题"应当从单个的、简单的基本形式上,按照公理来解决,正如对待简单的……数学基本形式一样"。于是,"数学方法在历史、道德和法方面的应用,应当在这些领域内使所获结果的真理性也具有数学的确定性,使这些结果具有真正的不变的真理的性质"。②

的确,人们也通常像杜林一样,将自然科学领域中的"二乘二等于四""鸟有喙"等视为"永恒的真理",并企图从这些所谓的"永恒的真理"推导出:"在人类历史的领域内也存在着永恒真理、永恒道德、永恒正义等等,它们要求具有同数学的认识和应用相似的适用性和有效范围"。③ 所以,恩格斯认为,以数学为基础的自然科学领域中的"形而上学的残渣"(即自然科学所谓的"永恒的真理"),与人们受形而上学思维方式支配、缺乏辩证思维有着密切关系。

马克思在《哲学的贫困》中也曾针对这一问题得出过相同的结论。在该著作中,马克思指出,当时的资产阶级经济学家认为只有两种社会制度:一种是人为的封建制度,另一种是天然的资产阶级制度。而资产阶级经济学家对现存资产阶级生产关系是"天然的"论证方式,是借由"这些关系正是使生产财富和发展生产力得以按照自然规律进行的那些关系","这些关系是不受时间影响的自然规律",推导出这些关系"应当永远支配社会的永恒规律"。因此,在这些经济学家眼中,"以前是有历史的,现在再也没有历史了",没有历史的原因在于资产阶级社会生产关系是一种"自然的、因而是永恒的"生产关系。④

(二)"自然辩证法"与自然科学中"形而上学的残渣"的消除

在恩格斯看来,要理解、接受历史唯物主义及其结论,需要具备辩证思维;而要培养辩证思维,则需要清除自然科学研究中的"形而上学的残渣"。因此,恩格斯的"自然辩证法"正是从数学、天文学、力学、物理学、化学、生物

---

① 《马克思恩格斯文集(第9卷)》,人民出版社,2009年,第113页。
② 同上书,第101页。
③ 同上书,第95页。
④ 参见《马克思恩格斯文集(第1卷)》,人民出版社,2009年,第612~613页。

学等自然科学领域出发,以这些领域中的辩证实例推翻自然科学领域所谓的"永恒的真理",从而消除自然科学研究中的"形而上学的残渣"。

在数学领域,恩格斯指出,随着变数的应用以及它的可变性被推广到无限小和无限大,一向非常循规蹈矩的数学"吃了智慧果","犯了原罪",它在获得最大成就的同时,也走上了造成谬误的道路。"数学上的一切东西的绝对适用性、不可争辩的确证性的童贞状态一去不复返了;争论的王国出现了"。①

例如,传统数学坚持"直不能是曲,曲不能是直"②这一命题:"几何学开始于下列发现:直线和曲线是绝对对立的,直线根本不能用曲线表示,曲线也根本不能用直线表示,二者是不可通约的。"③但在高等数学中,一个重要理论推翻了这一规律,即"在一定条件下直线和曲线应当是一回事"。④ 在"微分三角形"中,可以将曲线视为直线;"曲线无限小的一次曲线",可以将直线视为曲线。⑤ 再如,在传统数学中,平行线不能是相交线,相交线不能是平行线。但在高等数学中,"在我们眼前相交的线,只要离开交点五六厘米,就应当认为是平行的、即使无限延长也不会相交的线。"⑥

于是,以数学为基础的天文学、力学、物理学、化学等也在自身发展过程中,"永恒的自然规律也越来越变成历史的自然规律"。⑦ 恩格斯举例,在0℃和100℃之间,水是液体,这是物理学中的一个自然规律。但是,这个规律得以成立,需要水、一定的温度和正常的压力。因此,这个看似永恒的自然规律其实是一个只在地球上才得以成立的规律;同样,看似永恒的气象学的规律,也只是以地球为中心的气象学。所以,恩格斯说道:"我们的整个的公认的物理学、化学、生物学都是绝对地以地球为中心的,都只是适用于地球的。"⑧如果把整个宇宙体系看作一部从产生到消逝的历史的话,"在这部历史中,每个阶段都有不同的规律",⑨永恒的规律变成了历史的规律。

因此,恩格斯认为,在整个自然科学领域"人们就像处在蜂群之中那样处在种种假说之中",⑩并不存在所谓的"永恒的真理"。在物理学和化学

---

① 《马克思恩格斯文集(第9卷)》,人民出版社,2009年,第92页。
② 同上书,第126页。
③ 恩格斯:《自然辩证法》,人民出版社,2015年,第195~196页。
④ 《马克思恩格斯文集(第9卷)》,人民出版社,2009年,第128页。
⑤ 参见恩格斯:《自然辩证法》,于光远等译,人民出版社,1984年,第171页。
⑥ 《马克思恩格斯文集(第9卷)》,人民出版社,2009年,第128页。
⑦ 同上书,第495页。
⑧ 同上。
⑨ 同上书,第496页。
⑩ 同上书,第93页。

中,"研究分子的运动""研究分子的原子构成"时,如果没有诸如光波的干扰等假说,那人们就绝对不会在某个时候亲眼看到这些有趣的东西,"最后的终极的真理在这里随着时间的推移变得非常罕见了";在地质学中,主要的研究对象是那些任何人都没有经历过的过程。"所以要挖掘出最后的终极的真理在这里要费很大的力气,而所得是极少的"。[1]

在研究活的有机体的科学中,"展现出如此错综复杂的相互关系和因果关系,以致不仅每个已经解决的问题都引起无数的新问题,而且每一个问题也多半都只能一点一点地、通过一系列常常需要花几百年时间的研究才能得到解决"。在这里,"总是一再迫使我们在最后的终极的真理的周围造起茂密的假说之林"。任何一个小的诸如细胞的发现,都足以"迫使我们对生物学领域中以前已经确立的一切最后的终极的真理作全面的修正,并且把它们整堆地永远抛弃掉"。[2]"因此,谁想在这里确立是真正的不变的真理,那么他就必须满足于一些陈词滥调"。[3]

可见,恩格斯创作"自然辩证法"、研究自然科学,主要是想借助自然科学领域各门科学中的事例来说明推翻所谓"永恒的真理"的"形而上学的残渣",促使人们摆脱形而上学思维方式,培养辩证思维,进而更好地理解、接受历史唯物主义及其结论。

四、恩格斯依据辩证思维对历史唯物主义及其结论的阐释

恩格斯依据辩证思维对历史唯物主义及其结论的阐释,主要体现在《反杜林论》的"引论"、第三编"社会主义编"和《社会主义从空想到科学的发展》中。因为后者本身改编自前者,[4]后者我们主要借助《社会主义从空想到科学的发展》来介绍恩格斯的阐释。正如恩格斯在该文1882年德文版第一版序言中所说:科学社会主义其实就是"唯物主义历史观及其在现代的无产阶级和资产阶级之间的阶级斗争上的特别应用"。[5] 所以,恩格斯在该文中依据辩证思维对历史唯物主义及其结论的阐释,其实就是"研究必然产生这两个阶级及其相互斗争的那种历史的经济的过程;并在由此造成的经济状况中找出解决冲突的手段",即"说明资本主义生产方式的历史联系和

---

[1] 《马克思恩格斯文集(第9卷)》,人民出版社,2009年,第93页。
[2] 同上。
[3] 同上书,第93~94页。
[4] 1880年,恩格斯应保尔·拉法格的请求,将自己《反杜林论》中的三章内容(《引论》的第一章、《第三编 社会主义》的第一章和第二章)改编为《社会主义从空想的科学的发展》一文。参见《马克思恩格斯文集(第3卷)》,人民出版社,2009年,第689~690页注释252。
[5] 《马克思恩格斯文集(第3卷)》,人民出版社,2009年,第495~496页。

它在一定历史时期存在的必然性","揭露这种生产方式的一直还在隐蔽着的内在性质","从而说明它灭亡的必然性"。①

在恩格斯看来,资本主义生产方式绝非资产阶级经济学家所说的天然合理的社会制度,而是在与封建制度的斗争中产生出来的。"资产阶级摧毁了封建制度,并且在它的废墟上建立了资产阶级的社会制度,建立了自由竞争、自由迁徙、商品占有者平等的王国,以及其他一切资产阶级的美妙东西。"②在那时,资本主义生产方式有其产生的必然性。所以,资本主义生产方式之下的生产力以前所未有的速度和规模发展。伴随着新的生产力的飞速发展,与封建行会制度制约工场手工业发展一样,资本主义生产方式也开始与新的生产力发展起来的大工业发生冲突。也正是在分析这种冲突的基础上,恩格斯揭示了资本主义生产方式存在的内在矛盾。恩格斯指出,资本主义生产方式存在的根本性冲突就是"社会化生产和资本主义占有的不相容性",③他也详细分析了这种冲突和不相容性。

恩格斯论述道,在资本主义生产方式出现以前,社会生产方式是以劳动者私人占有生产资料为基础的小生产。生产资料只供私人使用,是归生产者自己的,所以这些生产资料也是分散的、小的生产资料。而在资本主义社会,则是将以往分散的、小的生产资料加以集中和扩大,将其变为现代的、强有力的生产杠杆。恩格斯也指出,正如马克思在《资本论》第四篇的"协作""分工和工场手工业""机器和大工业"中所证明的:"资产阶级要是不把这些有限的生产资料从个人的生产资料变为社会化的即只能由一批人共同使用的生产资料,就不能把它们变成强大的生产力。"④于是,随着生产资料的社会化,生产本身也成为社会行动。

但此时与社会化生产相对应的产品占有方式却仍然是个人占有,而且是资本家占有。于是,冲突和不相容性出现了。恩格斯指出,在资本主义生产方式出现以前,生产资料归个人所有,生产属于个人行动,每个人用自己的生产资料,用自己的劳动来制造产品。那时,产品自然属于个人所有,当然不存在诸如"谁是劳动产品的主人""劳动产品归谁所有"等问题。但在资本主义社会,生产已是社会行动,产品已是社会产品。生产资料也随之集中在大的作坊和手工工场中,而成为社会化的生产资料。但这些社会化的产品和生产资料却仍被当作个人的生产资料和产品来处理。此时,产品占

---

① 《马克思恩格斯文集(第3卷)》,人民出版社,2009年,第545页。
② 同上书,第548页。
③ 同上书,第551页。
④ 同上书,第549页。

有者已不是那些真正使用生产资料、真正生产产品的劳动者,而是把社会化的生产资料集中在自己手里,借此不劳而获,占有别人劳动产品的资本家;此时,生产资料和生产的实质已经社会化,但占有形式却仍以之前的个体生产占有形式为前提,而且将这些社会化的产品在市场买卖。于是,社会化生产和资本主义占有的不相容性,已经包含了一切资本主义社会冲突的萌芽。①

这一冲突又进一步表现为两个方面的冲突,即"无产阶级和资产阶级的对立"②和"个别工厂中生产的组织性和整个社会中生产的无政府状态之间的对立"。③

第一方面,"无产阶级和资产阶级的对立"。恩格斯指出,在资本主义生产方式出现以前,虽然也存在雇佣劳动,但这只是一种例外、一种副业、一种辅助办法和一种暂时措施。但随着资本主义生产方式的出现和发展,生产资料越来越多地集中于资本家手中,农业劳动者和个体小生产者的生产资料和产品越来越没有价值。他们除了受雇于资本家、出卖自己的劳动力别无他路。于是,作为一种例外和辅助办法的雇佣劳动变成了整个生产的通例和基本形式;作为一种副业的雇佣劳动变成了工人的唯一职业;作为一种暂时的雇佣劳动者变成了终身的雇佣劳动者。随着封建制度崩溃、封建主的侍奉人员被解散、农民被驱逐出自己的家园,等等,终身雇佣劳动大幅度增加。越来越多的生产资料集中于资本家手中,出现了资产阶级;越来越多的人失去生产资料而成为除了自己的劳动力一无所有的无产阶级。两个对立的阶级和两个阶级的对立在这一过程中形成。④

第二方面,"个别工厂中生产的组织性和整个社会中生产的无政府状态之间的对立"。恩格斯指出,资本主义社会以商品生产、商品交换为基础,但每一个以商品为基础的社会都存在"生产者丧失了对他们自己的社会关系的控制"⑤的问题。也就是说,每个人都不知道自己的商品在市场上究竟需要多少、会出现多少,也不知道自己的商品是否真正为人所需、是否能卖出去收回成本。这就是社会生产的无政府状态,即"产品支配着生产者"。⑥在资本主义生产方式出现以前,这一问题并不会造成太严重的后果。因为,

---

① 参见《马克思恩格斯文集(第3卷)》,人民出版社,2009年,第550~551页。
② 同上书,第551页。
③ 同上书,第554页。
④ 同上书,第551页。
⑤ 同上书,第552页。
⑥ 同上。

那时的生产主要是供自己消费,生产商品是偶尔出现的事情。所以,那时"交换是有限的,市场是狭小的,生产方式是稳定的"。① 但在资本主义社会,商品生产扩展成为主要的生产行为。资本家仍然从自身出发来制订生产计划,必然会造成混乱的情况。于是,"社会生产的无政府状态已经表现出来,并且越来越走向极端。"②恩格斯将其形容为"动物的自然状态","自然界加倍疯狂地搬到社会中来"的"个体生存斗争"。③

在分析资本主义生产方式的内在冲突和不相容性及其具体表现基础上,恩格斯揭示了其灭亡的必然性。他指出,资本主义生产方式的内在冲突及其两种表现会导致资本主义社会的周期性经济危机。首先,社会生产的无政府状态会导致大多数人成为无产阶级。在社会生产的无政府状态下,每个工业资本家为了使自己处于有利地位而不致被淘汰,必然会不断改进自己的机器。但机器的改进就会造成人的劳动的过剩。在这种情况下,恩格斯说道:"一支真正的产业后备军"④出现了。这支产业后备军其实就是无产阶级,在经济发展情况好的时候他们可供随意支配,在经济崩溃时又可被随意抛到街头。于是,机器的改进导致越来越多的无产阶级出现。其次,在这种社会生产的无政府状态中,供需关系也会失衡。机器的改进、社会生产力的提高,使社会生产出来的商品数量日益增多。但同时机器的改进造成人的劳动过剩,失业人口增多,群众的消费能力要限制到忍饥挨饿的最低水平。于是,恩格斯引用马克思在《资本论》中的论述说道:在资本主义社会里,一极"是财富的积累",而同时另一极却"是贫困、劳动折磨、受奴役、无知、粗野和道德堕落的积累"。⑤

因此,资本主义生产方式的内在冲突及其表现最终导致了周期性经济危机。恩格斯提出,自1825年资本主义世界爆发第一次普遍经济危机以来,几乎每十年就会爆发一次经济危机。这些经济危机的实质就是傅立叶所总结的"crise pléthorique[多血症危机],即由过剩引起的危机"。⑥ 具体表现为:"交易停顿、市场停滞、产品大量积压滞销、银根奇紧,信用停止,工厂停工",工人群众因他们生产过多的生活资料而缺乏生活资料,"破产相继发生,拍卖纷至沓来"。经济危机持续几年后,"生产力和产品被大量浪费和

---

① 《马克思恩格斯文集(第3卷)》,人民出版社,2009年,第553页。
② 同上。
③ 同上书,第554页。
④ 同上。
⑤ 《马克思恩格斯文集(第5卷)》,人民出版社,2009年,第743~744页。
⑥ 《马克思恩格斯文集(第3卷)》,人民出版社,2009年,第556页。

破坏",大批积压的商品以低价出售,"生产和交换又逐渐恢复运转"。慢慢地步伐加快,慢步变成快步,快步变成跑步,跑步又变成工业、商业、信用和投机事业的狂奔,最终经过几次拼命跳跃后重新陷入崩溃的深渊。如此反复不已。

在恩格斯看来,资本主义生产方式的内在冲突及其表现导致的周期性经济危机,证明了资本主义生产方式无法通过自身来解决这些问题,这也证明了资本主义生产方式灭亡的必然性。"在危机中,社会化生产和资本主义占有之间的矛盾剧烈地爆发出来。商品流通暂时停顿下来;流通手段即货币成为流通的障碍;商品生产和商品流通的一切规律都颠倒过来了。经济的冲突达到了顶点:生产方式起来反对交换形式。"①

接着,恩格斯论述了资本主义生产方式产生的冲突矛盾的真正解决方法,只能是通过无产阶级革命以社会主义代替资本主义,即社会主义代替资本主义的必然性。他指出,解决资本主义生产方式产生的冲突矛盾的办法,其实已蕴含于资本主义生产方式自身之中。资本主义社会周期性经济危机暴露出资本主义生产方式无法继续驾驭其社会生产力,但同时指明要驾驭这种生产力,只能"在事实上承认它作为社会生产力的那种性质"。②

在这里,恩格斯强调:"社会力量完全像自然力一样,在我们还没有认识和考虑到它们的时候,起着盲目的、强制的和破坏的作用。"③但这种力量一旦被人们认识,理解了其活动、方向和作用,那么它就越来越服从人们的意志,使人可以利用它来达到自身目的。他指出,资本主义生产方式下的矛盾危机,其实根本就在于资本主义生产方式的辩护士们固执地拒绝理解现代生产力的本性和性质。

但恩格斯指出由于经济危机的出现,资本家阶级被迫采取的一些各种股份公司中的生产资料社会化形式,也证明了"这种解决只能是在事实上承认现代生产力的社会本性,因而也就是使生产、占有和交换的方式同生产资料的社会性质相适应"。④ 例如,19世纪末期出现的以托拉斯为代表的股份制公司和国家管理的行业等。1890年,英国制碱业中48个大工厂合并到一个唯一的、统一管理的、拥有12 000万马克资本的公司中;俾斯麦出任普鲁士首相后在一些行业中,即邮政、电报和铁路等行业,实行国家对生产的管理。当然,恩格斯指出这些措施并非真正的生产资料社会化。在托拉斯中,

---

① 《马克思恩格斯文集(第3卷)》,人民出版社,2009年,第556~557页。
② 同上书,第557页。
③ 同上书,第560页。
④ 同上。

自由竞争转变为垄断,资本主义生产方式的无计划生产为有计划的生产所代替,但仍然对资本家有利,在这里剥削也更明显;国家管理生产,只要国家性质仍然是资本主义性质,国家就仍然会维护资产阶级利益,仍然会剥削更多的工人。①

恩格斯认为真正符合现代社会生产力的现代生产资料占有方式应该是:"一方面由社会直接占有,作为维持和扩大生产的资料,另一方面由个人直接占有,作为生活资料和享受资料。"②因此,要解决资本主义生产方式所造成的矛盾危机,只能改革生产资料占有方式,将资本主义生产资料的私人占有改变为符合现代社会生产力的现代生产资料占有方式。

找到了解决资本主义生产方式矛盾危机的办法,接下来要寻求变革的道路,即无产阶级领导发动无产阶级革命。恩格斯指出:"社会的生产无政府状态的推动力使大多数人日益变为无产者,而无产者群众又将最终结束生产的无政府状态。"③资本主义生产方式日益将越来越多的居民变为无产者,无产者在死亡的威胁下不得不寻求改变自身命运的办法,而要改变资本主义生产方式,必须把大规模的社会化的生产资料变为国家财产。于是,"无产阶级将取得国家政权,并且首先把生产资料变为国家财产。"④

但这只是一个过渡阶段。恩格斯指出,国家是一个剥削阶级的组织。在迄今为止的阶级对立中运动着的社会,都需要国家。但以往的国家仅仅是"独自代表整个社会的那个阶级的国家:在古代是占有奴隶的公民的国家,在中世纪是封建贵族的国家,在我们的时代是资产阶级的国家"。⑤ 当国家成为整个社会的真正代表时,它就变得多余了。因为,再也没有需要镇压的社会阶级了,再也没有阶级统治和根源于至今的生产无政府状态的个体生存斗争了,再也不需要什么镇压了,也就不需要作为镇压力量的特殊形式的国家了。"国家真正作为整个社会的代表所采取的第一个行动,即以社会的名义占有生产资料,同时也是它作为国家所采取的最后一个独立行动。"⑥

随着国家的自行消亡,生产资料真正归整个社会所有。恩格斯指出,生产资料真正归整个社会所有后,生产力将摆脱资本主义生产方式所加给它

---

① 参见《马克思恩格斯文集(第3卷)》,人民出版社,2009年,第558~560页。
② 同上书,第561页。
③ 同上书,第554页。
④ 同上书,第561页。
⑤ 同上。
⑥ 同上书,第562页。

的桎梏,实现不断加速发展。生产的人为障碍将被消除;生产力和商品的明显浪费和破坏将被消除;以往统治阶级及其政治代表的穷奢极欲的挥霍将被消除。这样将节省大量的生产资料和产品,全体社会成员富足、富裕的生活将会得到保证,全体社会成员的体力和智力获得充分的、自由的发展和运用也将会得到保证。① 因此,"一旦社会占有了生产资料,商品生产就将被消除,而产品对生产者的统治也将随之消除。社会生产内部的无政府状态将为有计划的自觉的组织所代替。"②

恩格斯指出,那时资本主义生产方式下动物式的个体生存斗争也将停止。"人在一定意义上才最终地脱离了动物界,从动物的生存条件进入真正人的生存条件。"③人首次成为自然界和自身社会的自觉的、真正的主人;以往一直作为与人相对立的、异己的、支配着人的社会行动的规律,也终于因被人们熟练运用而听从人的支配;以往一直作为自然界和历史强加给人们而与人们相对立的自身的社会结合,那时也终将成为人们自己的、自由的行动;以往一直作为异己的统治着历史的客观力量,那时也终将处于人们的控制之下。从那时起,人们将能完全自觉地创造自己的历史;从那时起,由人们使之起作用的社会原因将大部分并且越来越多地达到他们预期的结果。恩格斯总结道:"只是从这时起,人们才完全自觉地自己创造自己的历史;只是从这时起,由人们使之起作用的社会原因才大部分并且越来越多地达到他们所预期的结果。这是人类从必然王国进入自由王国的飞跃。"④

至此,恩格斯依据辩证思维,科学地论证了历史唯物主义及其结论,揭示了资本主义生产方式产生的必然性,并揭示了由于其本身所具有的内在矛盾所导致其灭亡的必然性。恩格斯说道:"完成这一解放世界的事业,是现代无产阶级的历史使命。深入考察这一事业的历史条件以及这一事业的性质本身,从而使负有使命完成这一事业的今天受压迫的阶级认识到自己的行动的条件和性质,这就是无产阶级运动的理论表现即科学社会主义的任务。"⑤

可见,恩格斯"自然辩证法"研究的虽是自然科学领域的最新成果,但其最终目的始终在人类社会历史领域。在前面的论述中,我们始终强调马克

---

① 《马克思恩格斯文集(第3卷)》,人民出版社,2009年,第563~564页。
② 同上书,第564页。
③ 同上。
④ 同上书,第564~565页。
⑤ 同上书,第566~567页。

思、恩格斯"仅仅知道一门唯一的科学,即历史科学",他们的自然观和辩证法并无实质区别,只是二者的阐释侧重点有所不同。恩格斯之所以从一条不同于马克思的道路,即从"自然史"、自然科学领域出发来阐释自然观、辩证法,原因也在于他要借助自然科学领域的最新成果,使人更好地培养辩证思维,更好地理解、接受历史唯物主义及其结论,更好地捍卫二人共同创立的马克思主义。

第五章 "自然辩证法"与恩格斯对马克思主义辩证法的重大贡献

前面从批判者的观点切入，我们重新研究了"自然辩证法"所体现的恩格斯自然观、恩格斯对辩证法的理解、"自然辩证法"的真实内容，以及"自然辩证法"研究的最终目的，发现"自然辩证法"所体现的恩格斯自然观、恩格斯对辩证法的理解与马克思实质一致，恩格斯研究创作"自然辩证法"其实也与历史唯物主义、整个马克思主义有着密切关系。

在这一重新研究过程中，我们发现批判者通常将"自然辩证法"视作恩格斯"自己的独创"或"个人发明"，将其视作恩格斯自然观、辩证法与马克思不同的论据，将其排除在整个马克思主义辩证法之外的观点并不合理。恩格斯"自然辩证法"不仅不应该被排除在整个马克思主义之外，反而应将其视作恩格斯对整个马克思主义辩证法做出的重大贡献。本章主要揭示恩格斯"自然辩证法"对马克思主义辩证法所做出的重大贡献。

一、首次系统论述马克思主义辩证法

恩格斯"自然辩证法"对马克思主义辩证法的第一个重要贡献，便是首次对马克思主义辩证法进行了系统论述。如前所述，马克思曾多次表示要用"两三个印张"阐述一番"黑格尔发现、但同时加以神秘化的方法中所存在的合理的东西"，①即马克思主义辩证法，但最终他并未完成这个阐述。对此列宁、凯德洛夫等人认为，马克思虽未"遗留下'逻辑'（大写字母的），但他遗留下《资本论》的逻辑"。②

的确，马克思对辩证法相对集中的阐释总是以论述自己政治经济学批判方法的形式展现。在《政治经济学批判》导言的"政治经济学的方法"部分，马克思阐释自己研究政治经济学使用的方法时，其实也在与黑格尔对比

---

① 《马克思恩格斯文集（第10卷）》，人民出版社，2009年，第143页。
② 《列宁全集（第55卷）》，人民出版社，2017年，第290页。

中阐释了自己的辩证法。马克思指出，正确科学的政治经济学研究方法应该是"从抽象上升到具体的方法"。在介绍"从抽象上升到具体的方法"时，马克思论述了自己的方法和黑格尔的方法之间的不同：黑格尔将"思维""范畴"理解为"现实"，因此在黑格尔看来"从抽象上升到具体的方法"仅仅是"具体本身的产生过程"；而马克思则认为"经济范畴"来源于现实世界，"从抽象上升到具体的方法"本身来源于现实世界，是"思维用来掌握具体、把它当做一个精神上的具体再现出来的方式"。① 在这里，马克思在介绍自己的政治经济学研究方法的同时，也论述了黑格尔辩证法的唯心主义实质和自己的辩证法的唯物主义性质。

在《资本论》第二版跋中，马克思更是直接将自己政治经济学批判方法称作"辩证方法"，并且指出来自己的"辩证方法"与黑格尔辩证方法的不同。在这里，马克思针对伊·伊·考夫曼（Illarion Lanatyevich Kaufman）《卡尔·马克思的政治经济学批判的观点》一文中的观点说道：该作者"认为我的研究方法是严格的实在论的，而叙述方法不幸是德国辩证法的"。接着，马克思引用该作者的论述："在他看来，……最重要的是这些现象变化的规律，这些现象发展的规律，即它们由一种形式过渡到另一种形式，由一种联系秩序过渡到另一种联系秩序的规律。他一发现了这个规律，就详细地来考察这个规律在社会生活中表现出来的各种后果……"，"马克思竭力去做的只是一件事：通过准确的科学研究来证明社会关系的一定秩序的必然性，同时尽可能完善地指出那些作为他的出发点和根据的事实"。②

马克思反问道：这位作者"所描绘的不正是辩证方法吗？"③马克思解释道：叙述方法与研究方法是不同的，自己的叙述方法虽然看上去与黑格尔相同，但自己的研究方法却是"充分地占有资料，分析它的各种发展形式，探寻这些形式的内在联系"，在此基础上，"现实的运动才能适当地叙述出来"。④ 所以，在马克思看来，自己的叙述方法和黑格尔辩证法类似，但这种叙述建立于科学的研究基础之上，是唯物主义的。因此，他指出："我的辩证方法，从根本上来说，不仅和黑格尔的辩证方法不同，而且和它截然相反。"⑤

在这里，马克思还论述了辩证法的批判革命本质："辩证法在对现存事

---

① 《马克思恩格斯文集（第8卷）》，人民出版社，2009年，第25页。
② 《马克思恩格斯文集（第5卷）》，人民出版社，2009年，第20页。
③ 同上书，第21页。
④ 同上书，第21~22页。
⑤ 同上书，第22页。

物的肯定的理解中同时包含对现存事物的否定的理解,即对现存事物的必然灭亡的理解;辩证法对每一种既成的形式都是从不断的运动中,因而也是从它的暂时性方面去理解;辩证法不崇拜任何东西,按其本质来说,它是批判的和革命的。"①

以上两处是马克思论述自己的辩证法比较集中的地方,但仍以政治经济学研究方法为名展开,论述的目的也并非专门阐释辩证法,而是为了阐释自己的政治经济学研究方法或对别人批判的自己政治经济学研究的反驳,等等。通过这些论述,我们只能了解到马克思的辩证法是唯物主义的,与唯心主义的黑格尔辩证法截然相反,马克思的辩证法以现实科学研究为基础,马克思的辩证法具有批判性和革命性,等等,但仅借助这些论述并不能很好地理解、掌握马克思主义辩证法。《资本论》中的确包含着对这些论述的完整展现,但又由于著作本身的专业性,人们也无法借助《资本论》很好地理解、掌握马克思主义辩证法。

在这种情况下,恩格斯以"自然辩证法"为名对马克思主义辩证法进行的首次系统论述,对人们理解、掌握马克思主义辩证法起到了极为重要的作用。正如英国雷丁大学哲学教授 G.H.R.帕金森(G. H. R. Parkinson)所说的:"马克思关于这个题目的著作不多并且不系统,一位 1923 年的读者,也像现在的读者一样,会在恩格斯的著作中找到对马克思主义辩证法的经典阐述。……他能够读到《反杜林论》,它是在 1878 年出版单行本的。在对一位德国社会主义者的著作进行批判的过程中,恩格斯用三章篇幅(第一章、第十二章和第十三章)专门论述了辩证法。"②

当然,恩格斯对马克思主义辩证法的系统论述绝不仅仅局限于《反杜林论》之中,他在《自然辩证法》手稿、《路德维希·费尔巴哈和德国古典哲学的终结》及《社会主义从空想到科学的发展》等著作中对辩证法的论述,都可视作这种系统论述。恩格斯的这种系统论述,对人们理解、掌握马克思主义辩证法并进一步推进对马克思主义辩证法的研究,起到了极其重要的作用。

(一)首次系统论述:定义辩证法、揭示辩证法本性

恩格斯对马克思主义辩证法的首次系统论述是通过定义辩证法、揭示辩证法本性来展开的。在《反杜林论》第一编的第一章"概论"、第十二章

---

① 《马克思恩格斯文集(第 5 卷)》,人民出版社,2009 年,第 22 页。
② 杨金海总主编、冯章主编:《马克思主义研究资料(第 36 卷)》,中央编译出版社,2015 年,第 42 页。

"辩证法。量和质"、第十三章"辩证法。否定的否定"部分,恩格斯在反驳杜林对辩证法"三大规律"批判的基础上,做出了人们熟知的辩证法定义,即"辩证法不过是关于自然界、人类社会和思维的运动和发展的普遍规律的科学。"①

在《反杜林论》的引论和《自然辩证法》手稿中,恩格斯多次揭示辩证法的本性,即辩证法是形成于人类实践基础之上,对自然界和人类社会辩证运动总结概括的一种辩证思维。如前所述,在《反杜林论》引论中,恩格斯将辩证法理解为一种优于"古希腊哲学的世界观""形而上学的思维方式",以及黑格尔唯心主义的概念辩证法的"辩证思维";在《自然辩证法》手稿的《〈反杜林论〉旧序。论辩证法》中,恩格斯明确指出"辩证法"是科学研究的"最重要的思维方式";在《自然辩证法》手稿的"神灵世界中的自然研究"中,恩格斯将辩证法看作一种与"形而上学的思维方式"对立的"理论思维"。同时,在《自然辩证法》手稿的"《反杜林论》旧序。论辩证法"部分,恩格斯又说道:"每一个时代的理论思维,包括我们这个时代的理论思维,都是一种历史的产物,它在不同的时代具有完全不同的形式,同时具有完全不同的内容。"②这表明,恩格斯认为辩证思维与实践有密切关系。在《自然辩证法》手稿的"神灵世界中的自然研究"部分,恩格斯明确将辩证法定义为"建立在通晓思维历史及其成就的基础上的理论思维形式"。③

在《马克思主义基础理论研究》一书中,孙正聿曾将马克思主义经典作家关于辩证法的论述归结为五个基本命题,其中两个命题涉及恩格斯对辩证法的理解:第一个命题来源于恩格斯对辩证法的定义,被归纳为"辩证法是关于自然、社会和思维发展的普遍规律的科学";第二个命题则来源于恩格斯对辩证法本性的揭示,被归纳为"辩证法是建立在通晓思维的历史和成就的基础上的理论思维"。④

然而,人们通常仅仅注意到恩格斯对辩证法定义的第一个命题,而忽略恩格斯揭示辩证法本性的第二个命题。在此基础上,批判恩格斯"自然辩证法"的学者们,认为恩格斯将辩证法定义为一种与人无关的、具有普适性的科学规律,指责恩格斯仅仅从"自然主义""实证主义"出发理解辩证法;马克思主义哲学教学体系也在引用恩格斯对辩证法的定义时将其论述为一种具有普适性的科学规律。"世界处在普遍联系和永恒发展之

---

① 《马克思恩格斯文集(第9卷)》,人民出版社,2009年,第149页。
② 同上书,第436页。
③ 同上书,第460页。
④ 孙正聿等:《马克思主义基础理论研究》(上),北京师范大学出版社,2011年,第125页。

中,而联系和发展又是有规律的,任何一门科学都以研究和把握某种规律为己任。作为一门科学,唯物辩证法研究并揭示了自然、社会和思维发展的一般规律。其中基本的规律是:质量互变规律、对立统一规律和否定之否定规律。"①

其实,对恩格斯辩证法及其对马克思主义辩证法的贡献的理解必须将其有关辩证法论述的两个命题视为一个整体。孙正聿提道:"在当前坚持和发展马克思主义的辩证法理论,首先需要全面和深入地探析马克思主义经典文献关于辩证法的基本命题及其所蕴涵的深邃思想,并在这些经典命题的相互规定中重新理解辩证法。"②凯德洛夫在《恩格斯是精通马克思主义科学的百科全书式的学者》一文中也提到了恩格斯对辩证法的这两个定义。他指出,恩格斯对辩证法的这两个定义,体现了其对辩证法的两种解释:"一个是关于一切运动的最一般规律的科学,另一个是关于思维的科学"。并且,他说道:"这两个定义和两种解释实质上表达了同一种观点,它们不可能是彼此相对立的"。③

的确,在恩格斯那里,对辩证法的定义与对辩证法本性的揭示是密切相关的。只有结合他对辩证法本性的揭示,才能真正理解"辩证法不过是关于自然界、人类社会和思维的运动和发展的普遍规律的科学"这一定义。恩格斯在《反杜林论》中的结构编排也是如此。

在《反杜林论》的第十三章"辩证法。否定的否定"部分,恩格斯提出辩证法的定义,即"辩证法不过是关于自然界、人类社会和思维的运动和发展的普遍规律的科学。"但在此之前的"引论"部分,恩格斯就论述过"形而上学"和"辩证法",将它们视作两种不同的思维方式,而且说道:"所有这些过程和思维方法都是形而上学思维的框子所容纳不下的。相反,对辩证法来说,上述过程正好证明它的方法是正确的";④在第十二章"辩证法。量和质"部分,为了反驳杜林对"矛盾"的诘问,恩格斯也阐述过"形而上学地思维的知性绝对不能"理解"矛盾",而辩证法则能很好地理解"矛盾"。"辩证思维对形而上学思维的关系,总的说来和变数数学对常数数学的关系是一样的。"⑤这种结构编排表明,恩格斯是在揭示了辩证法作为一种辩证思维

---

① 李秀林等主编:《辩证唯物主义和历史唯物主义原理》(第5版),中国人民大学出版社,2004年,第172页。
② 孙正聿等:《马克思主义基础理论研究》(上),北京师范大学出版社,2011年,第127页。
③ 杨金海总主编、林进平主编:《马克思主义研究资料(第24卷)》,中央编译出版社,2014年,第158页。
④ 《马克思恩格斯文集(第9卷)》,人民出版社,2009年,第25页。
⑤ 同上书,第128页。

本性之后才提出"辩证法不过是关于自然界、人类社会和思维的运动和发展的普遍规律的科学"这一定义。

恩格斯对辩证法本性的揭示，其实蕴涵着他对黑格尔辩证法的"颠倒"。如前所述，恩格斯看到了黑格尔辩证法对培养辩证思维的重要作用。在《自然辩证法》手稿的"《反杜林论》旧序。论辩证法"中，恩格斯指出：为了更好地研究自然科学，需要从"形而上学思维向辩证思维复归"，而这种"复归"的最好方式就是学习"辩证哲学在历史上有过的各种形态"，其中最重要的就是"黑格尔辩证法"。①

但恩格斯也指出辩证法作为思维方式，并不是黑格尔所认为的单纯的思维规律，而是来源于对自然界、人类社会辩证规律的总结归纳。恩格斯在《自然辩证法》手稿中多次论述思维规律是自然界和人类社会辩证规律的总结归纳。在"毕希纳"一文中，恩格斯指出：辩证法在"黑格尔那里是神秘的"，在他那里各种范畴"表现为预先存在的东西，而现实世界的辩证法表现为这些范畴的单纯的反照"；实事却恰恰相反，"头脑中的辩证法只是现实世界即自然界和历史的各种运动形式的反映"。② 在"辩证法作为科学"的"札记和片断"的"规律和范畴"部分，恩格斯说："所谓的客观辩证法是在整个自然界中起支配作用的，而所谓的主观辩证法，即辩证的思维，不过是在自然界中到处发生作用、对立中的运动的反映"。③

在此基础上，恩格斯评价黑格尔辩证法是"倒立着的"，必须把它"倒过来"。前面我们也谈到，恩格斯对黑格尔辩证法的"颠倒"其实就是一方面用辩证法进行科学研究，另一方面用众多实例论证辩证法这种思维方式，不仅是思维规律，而且是自然界和人类社会辩证运动的规律。这正如恩格斯在《反杜林论》的"引论"部分谈黑格尔哲学的遗产时所说："留下的是辩证的思维方式以及关于自然的、历史的和精神的世界是一个无止境地运动着和转变着的、处在不断的生成和消逝过程中的世界的观点"，后继者需要做的就是"在自己的特殊领域内揭示这个不断的转变过程的运动规律"。④

因此，结合恩格斯对辩证法本性的揭示，会发现"辩证法不过是关于自然界、人类社会和思维的运动和发展的普遍规律的科学"这一定义，并非将辩证法视作普适于自然界、人类社会和思维领域的科学规律，而是指出辩证法作为一种辩证思维，不仅是思维规律，而且是自然界和人类社会的辩证规

---

① 《马克思恩格斯文集（第9卷）》，人民出版社，2009年，第438~439页。
② 同上书，第454页。
③ 同上书，第470页。
④ 同上书，第26页注释1。

律。并且,因为自然界和人类社会的辩证规律,才形成了对这些规律总结归纳的辩证思维。

恩格斯通过定义辩证法、揭示辩证法本性的方式首次系统论述了马克思主义辩证法,在其中又蕴涵了对马克思主义辩证法与黑格尔辩证法之间批判继承关系的揭示,对整个马克思主义辩证法研究意义重大。

(二) 首次系统论述推进马克思主义辩证法研究

恩格斯对马克思主义辩证法的首次系统论述,在马克思主义辩证法史上意义重大,对推进马克思主义辩证法研究起到了重要作用。

首先,恩格斯的首次系统论述并未偏离马克思对辩证法的理解。马克思对辩证法的论述虽并不集中系统,但零散的论述也能看出其对辩证法的理解。结合这些论述,可以看出恩格斯对辩证法的论述,与马克思的理解是一致的。

在《资本论》第二版跋中,马克思论述辩证法的"批判的和革命的"本性时说道:"辩证法在对现存事物的肯定的理解中同时包含对现存事物的否定的理解,即对现存事物的必然灭亡的理解;辩证法对每一种既成的形式都是从不断的运动中,因而也是从它的暂时性方面去理解";①《资本论》第一版序言中,马克思谈到自己的政治经济学研究时也说道:"分析经济形式,既不能用显微镜,也不能用化学试剂。二者都必须用抽象力来代替。"②这里的"抽象力",其实指的就是辩证思维。这表明马克思认为辩证法的本性是一种理解事物的辩证思维。

同时,马克思也指出自己的辩证方法与黑格尔辩证法的不同之处:在黑格尔那里,"辩证法是倒立着的","必须把它倒过来"。③ 除了上面的论述,在1868年5月9日写给约瑟夫·狄慈根(Joseph Dietgen)的信中,马克思也提道:"……一旦我卸下经济负担,我就要写《辩证法》。辩证法的真正规律在黑格尔那里已经有了,当然是具有神秘的形式。必须去除这种形式……"。④

马克思对黑格尔辩证法的"颠倒",也是揭示黑格尔辩证法中的范畴、概念并非单纯是思维领域的产物,而本身来源于人类社会。在《政治经济学批判》导言中,他以"交换价值"为例,指出这一范畴是以"在一定关系中进行

---

① 《马克思恩格斯文集(第5卷)》,人民出版社,2009年,第22页。
② 同上书,第8页。
③ 同上书,第22页。
④ 《马克思恩格斯文集(第10卷)》,人民出版社,2009年,第288页。

生产的人口为前提的"，①这一范畴产生于一定的社会关系基础之上；经济范畴的发展也并非单纯思维的结果，而是标志着"一个比较不发展的整体的处于支配地位的关系或者一个比较发展的整体的从属关系"的"比较简单的范畴"向"一个比较具体的范畴"的发展进程，这种发展进程本身源于"现实的历史过程"。②

早在《哲学的贫困》这本著作中，马克思批判普鲁东的政治经济学方法时，也表达过对黑格尔辩证法的这种批判。在该书第二章"政治经济学的形而上学"第一节"方法"的"第一个说明"中，马克思明确表示在这部分"谈的只是黑格尔的辩证法"。③ 马克思指出，黑格尔的辩证法其实就是"运动的抽象"，"设定自己，自相对立，自相合成"，"把自身规定为正题、反题、合题"，"自我肯定、自我否定和否定自我否定"。这种方法使人觉得"范畴似乎是刚从纯粹理性的头脑中产生的"，好像范畴"仅仅由于辩证运动的作用才互相产生、互相联系、互相交织"。④ 在"第二个说明"中，马克思批判应用黑格尔辩证法的蒲鲁东时也说道："经济范畴只不过是生产的社会关系的理论表现，即其抽象。"⑤

在1858年4月2日写给恩格斯的信中，马克思提到自己当时政治经济学批判计划分为6个分册，其中第1分册分为四篇："(a)资本一般(这是第一分册的材料)；(b)竞争或许多资本的相互作用；(c)信用，在这里，整个资本对单个的资本来说，表现为一般的因素；(d)股份资本，作为最完善的形式(导向共产主义的)，及其一切矛盾。"同时，马克思指出"从资本向土地所有制的过渡"，"从土地所有制向雇用劳动的过渡"，"不仅是辩证的过渡，而且也是历史的过渡"。⑥

在1868年3月25日写给恩格斯的信中，马克思同样论述概念、范畴来源于人类社会现实。"要是老黑格尔有在天之灵，他知道德文和北欧文中的 *Allgemeine*[一般]不过是公有地的意思，而 *Sundre*，*Besondre*[特殊]不过是从公有地分离出来的 *Sondereigen*[私人财产]，那他会说什么呢？真糟糕，原来逻辑范畴还产生于'我们的交往'！"⑦

可见，恩格斯对辩证法的论述，与马克思对辩证法的理解完全一致。但

---

① 《马克思恩格斯文集(第8卷)》，人民出版社，2009年，第25页。
② 同上书，第26页。
③ 《马克思恩格斯文集(第1卷)》，人民出版社，2009年，第602页。
④ 同上书，第601~602页。
⑤ 同上书，第602页。
⑥ 《马克思恩格斯文集(第10卷)》，人民出版社，2009年，第157~158页。
⑦ 同上书，第285页。

相较于马克思零散的论述,恩格斯首次系统论述了辩证法,为人们理解、研究马克思主义辩证法打下了坚实基础。

其次,恩格斯对辩证法的首次系统论述,也促进了以列宁为代表的后继者对马克思主义辩证法的研究。恩格斯对辩证法的论述有着承上启下的作用,在对马克思辩证法理解并无偏差的前提下,也开启了后继者对马克思主义辩证法的进一步研究,其中最具代表性的就是列宁的辩证法。

马克思、恩格斯逝世后的第二国际马克思主义理论家,以伯恩斯坦为代表极力主张将"黑格尔的矛盾辩证法残余"[①]排除马克思主义之外。在《社会主义的前提和社会民主党的任务》一书中,伯恩斯坦明确指出:"黑格尔辩证法是马克思学说中的叛变性因素,是妨碍对事物进行任何推理正确的考察的陷阱。"[②]自此之后,第二国际马克思主义理论家(无论与伯恩斯坦理论观点是否相同),都不注重对马克思主义辩证法的研究。在《历史与阶级意识》一书中,卢卡奇总结道:"伯恩斯坦就曾希望以'科学'的名义把黑格尔辩证法的一切遗迹从马克思主义中清除出去。而他的理论上的对手,首先是考茨基,也不过是要维护这种修正主义的传统。"[③]

在马克思、恩格斯逝世后,第一个正确对待马克思主义辩证法的人是列宁。在1913年底,列宁写下《马克思和恩格斯通信集》[④]一文的开头部分。在该文中,列宁明确指出:"如果我们试图用一个词来表明整个通信集的焦点,即其中所抒发所探讨的错综复杂的思想汇合的中心点,那么这个词就是辩证法。"他将整个通信集看作马克思、恩格斯将马克思主义辩证法"运用于历史、自然科学、哲学以及工人阶级的政治和策略"的体现。[⑤] 1914年,列宁撰写的《卡尔·马克思》一文专门有《辩证法》一节,他简单扼要地介绍了马克思主义辩证法的基本思想。[⑥]

自此之后,列宁开始系统研究马克思主义辩证法,留下了《哲学笔记》。《哲学笔记》是列宁1895~1916年研读哲学著作和探讨马克思主义哲学问题时所写的摘要、短文、札记和批注。其中包括列宁阅读黑格尔著作所作的

[①] 殷叙彝编:《伯恩斯坦读本》,中央编译出版社,2008年,第242页。
[②] 同上书,第247页。
[③] 〔匈〕卢卡奇:《历史与阶级意识》,杜章智等译,商务印书馆,1999年,第15~16页。
[④] 《马克思和恩格斯通信集》是列宁为1913年9月德文版四卷本《弗里德里希·恩格斯和卡尔·马克思通信集(1844—1883)》的出版而计划写的文章。列宁读了通信集中所收录的马克思和恩格斯相互写的书信共计1 386封,并认为这些书信极具价值。参见《列宁专题文集·论马克思主义》,人民出版社,2009年,第321页注释50。
[⑤] 同上书,第75页。
[⑥] 同上书,第10~12页。

摘要:《黑格尔〈逻辑学〉一书摘要》《黑格尔〈哲学史讲演录〉一书摘要》《黑格尔〈历史哲学讲演录〉一书摘要》,以及列宁自己所写有关辩证法的文章《黑格尔辩证法(逻辑学)的纲要》《谈谈辩证法问题》,体现了列宁对马克思主义辩证法研究的成就。通过分析这些论述,可以看出列宁在恩格斯理解、阐释辩证法的基础上,进一步丰富发展了马克思主义辩证法。

在《黑格尔〈逻辑学〉一书摘要》中,列宁多次提到恩格斯,提到自己借助恩格斯的论述来唯物主义地理解黑格尔辩证法。面对黑格尔逻辑学中"关于绝对的呓语",列宁指出自己"总是竭力用唯物主义观点来阅读黑格尔:黑格尔是倒置过来的唯物主义"。在这里,列宁提到"恩格斯的说法"。① 这其实借助的就是恩格斯在《路德维希·费尔巴哈和德国古典哲学的终结》中关于黑格尔的论断:"黑格尔的体系只是一种就方法和内容来说唯心主义地倒置过来的唯物主义。"② 在看到黑格尔关于"自在之物"的论述时,列宁也在第一时间想到恩格斯的论述:"自在之物以及它向为他之物的转化(参看恩格斯)。"③ 在看到黑格尔对数学无限的论述时,列宁评价"复杂的、费解的",同时指出"这里讲的是高等数学,参看恩格斯论微分和积分"。④

另外,结合列宁对辩证法的论述,也可以看出其深受恩格斯对辩证法阐释的影响。列宁指出:"逻辑不是关于思维的外在形式的学说,而是关于'一切物质的、自然的和精神的事物'的发展规律的学说,即关于世界的全部具体内容的以及对它的认识的发展规律的学说,即对世界的认识的历史的总计、总和、结论。"⑤这与恩格斯认为辩证法不仅是思维规律,也是自然界和人类社会发展的辩证规律,辩证思维形成于实践基础上对自然界和人类社会辩证运动的总结归纳是完全一致的。

列宁在评价黑格尔辩证法时也指出其优点:黑格尔"基本的思想是天才的",⑥"天才地猜测到了事物(现象、世界、自然界)的辩证法"。⑦ 但他也指出黑格尔辩证法是"倒置"的,需要"颠倒"过来:"万物之间的世界性的、全面的、活生生的联系,以及这种联系在人的概念中的反映——唯物地颠倒

---

① 《列宁全集(第55卷)》,人民出版社,2017年,第86页。
② 《马克思恩格斯文集(第4卷)》,人民出版社,2009年,第280页。
③ 《列宁全集(第55卷)》,人民出版社,2017年,第90页。
④ 同上书,第99页。
⑤ 同上书,第77页。
⑥ 同上书,第122页。
⑦ 同上书,第166页。

过来的黑格尔",①"事物的辩证法创造观念的辩证法,而不是相反","正是猜测到了,仅此而已"。②

在此基础上,对黑格尔辩证法的"颠倒",列宁的思路也与恩格斯是一致的。列宁指出:逻辑是从"全部自然生活和精神生活的发展"中引申出来的,③思维规律是由于"人的实践活动必须亿万次地使人的意识去重复不同的逻辑的式"才具备了公理意义。④ 黑格尔辩证法的主要内容"概念(及其关系、过渡、矛盾)"并不是单纯的思维规律,而是"作为客观世界的反映"被表现出来的,"概念的永恒的更换、运动"正是"事物、自然界的这样的关系"。⑤ 列宁指出:"概念(认识)在存在中(在直接的现象中)揭露本质(因果、同一、差别等等规律)——整个人类认识(全部科学)的一般进程确实如此。自然科学和政治经济学[以及历史]的进程也是如此。"⑥

因此,列宁多次强调理解辩证法和研究各门科学历史的关系:"要继承黑格尔和马克思的事业,就应当辩证地探讨人类思想、科学和技术的历史",⑦"从各门科学的历史来更具体地更详尽地研究这点,会是一个极有裨益的任务",⑧辩证法内容的正确性"必须由科学史来检验"。⑨ 在列宁看来,马克思的政治经济学批判和恩格斯的"自然辩证法"研究都是在辩证地探讨各门科学历史的过程,同样需要通过这一过程来理解、运用马克思主义辩证法。

可见,恩格斯以"自然辩证法"为名对马克思主义辩证法的首次系统论述,深谙马克思主义辩证法的本意,为以列宁为代表的后继者的研究打下了坚实基础,对马克思主义辩证法研究做出了重要贡献。

二、总结凝练辩证法"三大规律"

恩格斯"自然辩证法"对马克思主义辩证法的第二个重要贡献,是总结凝练辩证法"三大规律",帮助人们更好地理解、运用辩证法。前面我们论述了恩格斯对辩证法"三大规律"的总结凝练,指出他并非要以此为工具而形

---

① 《列宁全集(第55卷)》,人民出版社,2017年,第122页。
② 同上书,第166页。
③ 同上书,第73页。
④ 同上书,第160页。
⑤ 同上书,第166页。
⑥ 同上书,第289页。
⑦ 同上书,第122页。
⑧ 同上书,第289页。
⑨ 同上书,第305页。

而上学化马克思主义,而是发现辩证法"三大规律"对人们理解、运用马克思主义辩证法至关重要。在这里,我们结合恩格斯之前的黑格尔、马克思对辩证法规律的论述,以及恩格斯之后的列宁、毛泽东对辩证法规律的论述,来揭示恩格斯对辩证法"三大规律"总结凝练的重要贡献。

(一)黑格尔对辩证法规律的论述

马克思、恩格斯、列宁都多次表示马克思主义辩证法来源于对黑格尔辩证法的"颠倒",但黑格尔并未将辩证法的规律表述为"三大规律"。黑格尔对辩证法规律的论述,主要集中于其"逻辑学"的《逻辑学概念的进一步规定和部门划分》部分。在该部分,黑格尔将辩证方法分为三个环节:"(a)抽象的或知性[理智]的方面,(b)辩证的或否定的理性的方面,(c)思辨的或肯定的理性的方面",并且,他指出这三个环节存在于"每一概念或每一真理"中。① 第一个环节是思维获得的有限的抽象规定性,坚持着自身固定的规定性和各规定性之间彼此的差别;第二环节,思维意识到规定的有限性,扬弃它们自身,过渡到它们的反面;第三个环节,思维意识到前两个环节中对立规定的统一,在对立双方的分解和过渡中,认识到它们包含的肯定。在黑格尔看来,思维正是在这种辩证运动规律中从最抽象的思维规定性发展为内容丰富的"绝对理念"。

因此,马克思在《哲学的贫困》中对黑格尔辩证法规律作出了精确概括:"理性一旦把自己设定为正题,这个正题、这个与自己相对立的思想就会分为两个互相矛盾的思想,即肯定和否定,'是'和'否'"。接着,"'是'转化为'否','否'转化为'是'。'是'同时成为'是'和'否','否'同时成为'否'和'是',对立面互相均衡,互相中和,互相抵消"。再接着,"这两个彼此矛盾的思想的融合,就形成一个新的思想,即它们的合题","这个新的思想又分为两个彼此矛盾的思想,而这两个思想又融合为新的合题"。最后,"同简单的范畴一样,思想群也遵循这个辩证运动,它也有一个矛盾的群作为反题。从这两个思想群中产生出新的思想群,即它们的合题","正如从简单范畴的辩证运动中产生出群一样,从群的辩证运动中产生出系列,从系列的辩证运动中又产生出整个体系"。② 所以,黑格尔辩证法规律主要就是思维不断地"三环节"("肯定、否定、否定之否定"或"正题、反题、合题")运动。

黑格尔并未明确指出过辩证法"三大规律",但"三大规律"在他阐释辩证法时都曾论述过。在论述黑格尔辩证方法"三环节"时,就可以看出他将

---

① 参见〔德〕黑格尔:《小逻辑》,贺麟译,商务印书馆,1980年,第172页。
② 《马克思恩格斯文集(第1卷)》,人民出版社,2009年,第601页。

"否定的否定的规律"视为辩证法的实质。正如恩格斯所说:"否定的否定的规律"表现为黑格尔"构筑整个体系的基本规律"。①

黑格尔在"逻辑学"第一部分"存在论"的结尾处谈到了"量""质",以及二者统一的"尺度"。他说道:"尺度是有质的定量",尺度"是质与量的统一"。② 当一个"尺度"中的"量"超出了某种界限,则"它相应的质也就随之被扬弃了","这一特定的质立刻就被另一种特定的质所代替"。③ 并且,在黑格尔看来,任何规定都不是永远固定的,"质潜在的就是量","量潜在的也即是质"。④ 因此,这部分黑格尔虽然只论述了量变引起质变的规律,但其实也肯定了质变同样引起量变的规律。恩格斯总结道:"量转化为质和质转为量的规律"在黑格尔"的《逻辑学》的第一部分即存在论中"。⑤

在"逻辑学"第二部分的"本质论"中,黑格尔论述了"同一""差别",以及二者的统一。他说道:"不要把同一单纯认作抽象的同一,认作排斥一切差别的同一";⑥"差别"也不"并非彼此毫不相干的方面或观点,而是一方映在另一方之中"。⑦ 因此,"同一"和"差别"是对立统一的。在这一部分后面的论述中,黑格尔在谈论"内容与形式""现实性与可能性""必然性与偶然性""因果关系"等时,都在强调这些"对立规定"的"相互渗透"。所以,正如恩格斯所说,"对立的相互渗透的规律"规律占据了"《逻辑学》的整个第二部分"。⑧

因此,虽然黑格尔并未将辩证法规律归结为"三大规律",但"三大规律"都被他论述过,而且都在他的整个辩证法体系中占据着非常重要的位置。

(二) 马克思对辩证法规律的论述

如前所述,马克思并未集中系统论述过辩证法,因此他也并未总结凝练过辩证法规律。但在《哲学的贫困》中,马克思曾总结过黑格尔辩证法的规律,他认为应将辩证法的本质看作:"两个相互矛盾方面的共存、斗争以及融合成一个新范畴"。⑨ 当然,与黑格尔认为这种辩证运动源于思维本身不

---

① 《马克思恩格斯文集(第9卷)》,人民出版社,2009年,第463页。
② 〔德〕黑格尔:《小逻辑》,贺麟译,商务印书馆,1980年,第234页。
③ 同上书,第238页。
④ 同上书,第239~240页。
⑤ 《马克思恩格斯文集(第9卷)》,人民出版社,2009年,第463页。
⑥ 〔德〕黑格尔:《小逻辑》,贺麟译,商务印书馆,1980年,第249页。
⑦ 同上书,第253页。
⑧ 《马克思恩格斯文集(第9卷)》,人民出版社,2009年,第463页。
⑨ 《马克思恩格斯文集(第1卷)》,人民出版社,2009年,第605页。

同,马克思认为其源于现实的社会生产关系。

在被列宁视作马克思辩证法具体呈现的《资本论》正文中,马克思更是直接论述过辩证法"三大规律"。马克思曾称:"在关于价值理论的一章中",有些地方自己"甚至卖弄起黑格尔特有的表达方式"。① 这里所说的"特有的表达方式",指的就是政治经济学中商品、价值等经济范畴中"矛盾""对立规定的相互渗透的规律"。马克思分析商品具有两个因素:使用价值和价值,这两个因素彼此对立却又统一于商品之中;商品的两个因素又体现了包含其中的劳动的二重性:具体的有用劳动和抽象的人类劳动,这二重劳动又不是两种劳动,而只是一种劳动的两个方面。商品之所以表现为商品形式,是因为它具有两重形式:自然形式和价值形式;价值形式又表现为两极:相对价值形式和等价形式,一般等价形式慢慢发展到货币形式,商品又具有商品和货币的性质;能够获得利润的货币称作资本,货币又具有货币和资本的性质。可见,在"商品和货币"篇中,马克思在分析政治经济学中的经济范畴时,处处论述了辩证法的"对立规定的相互渗透的规律"。

至于"量转化为质和质转为量的规律",恩格斯在《反杜林论》中反驳杜林时就曾引用马克思有关价值额数量的变化使一个人实现了从普通人成为资本家的质的变化的论述。除此之外,在《资本论》中,马克思在论述协作时谈到了这一规律的另一方面,即"质变引起量变"。马克思指出:协作指的是"许多人在同一生产过程中,或在不同的但互相联系的生产过程中,有计划的一起协同劳动"。协作之后,劳动者所创造的生产力并不是"单个劳动者的力量的机械总和",而是创造了一种新的生产力,即集体力。这种集体力与"单个劳动者的力量"相比,是一种完全不同质的力量。"结合劳动的效果要么是单个人劳动根本不可能达到的,要么只能在长得多的时间内,或者只能在很小的规模上达到"。②

关于"否定的否定的规律",恩格斯在《反杜林论》中反驳杜林时,同样引用了马克思在《资本论》中的相关论述。马克思在谈论资本的原始积累时说道:在资本主义时代之前,存在着以"劳动者对它的生产资料的私有权"为基础的小生产。之后随着社会生产力的发展,"个人的分散的生产资料转化为社会的积聚的生产资料",资本主义私有制代替了靠"自己劳动挣得的私有制"。"从资本主义生产方式产生的资本主义占有方式,从而资本主义的私有制,是对个人的、以自己劳动为基础的私有制的第一个否定";随着资

---

① 《马克思恩格斯文集(第5卷)》,人民出版社,2009年,第22页。
② 同上书,第378页。

本主义私有制的发展,生产资料进一步集中,当这种集中和劳动的社会化达到同资本主义外壳无法相容的地步时,资本主义私有制就要灭亡,资本主义私有制就将为"在协作和对土地及靠劳动本身生产的生产资料的共同占有的基础上"建立的个人所有制所代替。"资本主义生产由于自然过程的必然性,造成了对自身的否定。这是否定的否定"。①

因此,与黑格尔一样,马克思虽并未总结凝练出辩证法"三大规律",但在《哲学的贫困》和《资本论》中对这"三大规律"都有所提及,而且他肯定了"三大规律"在政治经济学批判中的作用。

(三) 恩格斯对辩证法"三大规律"的总结凝练

在辩证法史上,恩格斯首次将黑格尔、马克思有所提及但未专门提出的辩证法"三大规律"予以总结凝练。我们前面论述了这种总结凝练经历了一个由《反杜林论》中的被动提及《自然辩证法》手稿中的主动论述的转变过程。这种凝练总结并非批判者所理解的恩格斯妄图通过"三大规律"形而上学化马克思主义,而是他意识到了理解"三大规律"对理解马克思主义辩证法的重要性,为了使人们更好地培养辩证思维而主动为之。

同时,我们可以看出,恩格斯对辩证法"三大规律"的总结凝练,其实也坚持了黑格尔、马克思对辩证法规律的理解。恩格斯在论述"三大规律"时重视"矛盾"("对立面互相渗透的规律"),认为这一规律决定了辩证思维和"形而上学的思维方式"的本质区别。黑格尔在批判"形而上学的思维方式"时也指出,依据"形而上学思维方式"获得的规定性和确定性仅是思维的第一个环节,它还须发展至其对立面。黑格尔辩证法的实质就是"矛盾",就是"变易","变易既是第一个具体的思想范畴,同时也是第一个真正的思想范畴";②马克思更是直接将"矛盾"看作辩证法的本质,他认为:"两个相互矛盾方面的共存、斗争以及融合成一个新范畴,就是辩证运动";③辩证法就是"在对现存事物的肯定的理解中同时包含对现存事物的否定的理解"。④

为了使人们更好地理解辩证法,尤其是马克思主义辩证法的唯物基础,恩格斯运用众多自然界和人类社会中的实例阐释"量转化为质和质转化为量的规律"和"否定的否定的规律"。恩格斯说道:"我们在这里不打算写辩

---

① 《马克思恩格斯文集(第5卷)》,人民出版社,2009年,第872~874页。
② 〔德〕黑格尔:《小逻辑》,贺麟译,商务印书馆,1980年,第199页。
③ 《马克思恩格斯文集(第1卷)》,人民出版社,2009年,第605页。
④ 《马克思恩格斯文集(第5卷)》,人民出版社,2009年,第22页。

证法的手册,而只是想说明辩证法规律是自然界的实在的发展规律"。① 同样,马克思在《资本论》中也多次在论述社会历史实例时提及"量转化为质和质转化为量的规律"和"否定的否定的规律"。

可见,恩格斯对辩证法"三大规律"的总结凝练,虽有从被动提及主动论述的转变过程,但仍在黑格尔、马克思论述辩证法规律基础上展开,对人们理解并运用辩证法、培养辩证思维起到了重要作用。列宁对此评价道:辩证法的正确性"必须由科学史来检验",辩证法"被当做实例的总和","恩格斯也这样做过。但这是'为了通俗化'"。②

(四)列宁对辩证法规律的论述

恩格斯之后,列宁也明确论述过辩证法规律,这也体现了恩格斯总结凝练对后世的影响。列宁对辩证法规律的论述侧重于"三大规律"中的"对立面互相渗透的规律",他将其称作"对立面的同一",并将其视作辩证法的实质和核心。

在《哲学笔记》的《黑格尔〈逻辑学〉一书摘要》中,列宁多次写道:"辩证的东西＝＝'在对立面的统一中把握对立面'";③"辩证法是一种学说,它研究对立面怎样才能够同一,是怎样(怎样成为)同一的——在什么条件下它们是相互转化而同一的";④"辩证法是什么?……概念之间对立的相对性……概念之间对面的同一";⑤"可以把辩证法简要地规定为关于对立面统一的学说。这样就会抓住辩证法的核心"。⑥

在《谈谈辩证法问题》一文中,列宁开篇就提到辩证法的实质是"对立面的同一","统一物之分为两个部分以及对它的矛盾着的部分的认识……,是辩证法的实质(是辩证法的'本质'之一,是它的基本的特点或特征之一,甚至可说是它的基本的特点或特征)。"⑦

虽然与恩格斯论述辩证法的"三大规律"不同,列宁仅强调其中的"对立面互相渗透的规律",但这二者并无实质区别,体现了列宁在恩格斯影响下对阐释辩证法规律的丰富与发展。

恩格斯在论述辩证法"三大规律"时,其实也强调"矛盾"("对立面互相渗透的规律")的本质性作用。在《反杜林论》中,他指出对待"矛盾"的态度

---

① 《马克思恩格斯文集(第9卷)》,人民出版社,2009年,第464页。
② 《列宁全集(第55卷)》,人民出版社,2017年,第305页。
③ 同上书,第83页。
④ 同上书,第90页。
⑤ 同上书,第167页。
⑥ 同上书,第192页。
⑦ 同上书,第305页。

表明究竟人们是受形而上学思维方式还是辩证思维支配。"形而上学地思维的知性"完全不可理解"矛盾";而辩证思维则认识到矛盾是"客观地存在于事物和过程本身中,而且可以说是见诸形体的"。① 在《自然辩证法》手稿的"毕希纳"中,他说明两个对立哲学派别(形而上学派和辩证法派)时,也指出两派区别就在于:形而上学派"主张固定范畴";而辩证法派则证明"理由和推断、原因和结果、同一和差异、现象和本质这些固定的对立是站不住脚的","一极已经作为核内的东西存在于另一极之中,到达一定点一极就转化为另一极,整个逻辑都是从这些前进着的对立中展开的"。②

列宁抓住"三大规律"中的"对立面互相渗透的规律"理解阐释辩证法的核心和实质完全符合恩格斯对辩证法规律本质的理解。另外,列宁的这种阐释更加有利于人们理解、运用马克思主义辩证法。

恩格斯对另外两大规律的阐释,主要是借助于现实实例说明马克思主义辩证法的唯物基础。在不理解恩格斯阐释深意的前提下,人们很容易将辩证法理解为"实例的总和"。列宁多次批评这种做法:早在1913年研究马克思和恩格斯通信集时,针对1861年12月9日马克思写给恩格斯评论拉萨尔对辩证法理解的信,列宁就写道:"拉萨尔是'意识形态家',辩证法也用得不对",并引用马克思的原话"把大量事例归纳成一个普遍原则,并不是辩证法"。③ 在《黑格尔〈逻辑学〉一书摘要》中,列宁写道:"辩证法的要素(1)考察的客观性(不是实例,不是枝节之论,而是自在之物本身)。"④在《谈谈辩证法问题》中,列宁批评在普列汉诺夫那里辩证法的这一方面没有得到足够重视,"对立面的同一被当做实例的总和……而不是当做认识的规律(以及客观世界的规律)"。⑤

正是为了防止出现将马克思主义辩证法理解为"实例的总和"的情况,列宁将辩证法规律进一步凝练为"对立面的同一"。另外,这种凝练并未舍弃辩证法的另外两个规律。"对立面的同一"可以更好地理解阐释"量转化为质和质转化为量的规律"和"否定的否定的规律"。在《谈谈辩证法问题》中,列宁指出:"对立面的同一"承认自然界、精神和社会的一切现象和过程"具有矛盾着的、相互排斥的、对立的倾向",这种"对立面的同一"是事物的发展(肯定、否定和否定的否定的运动),"飞跃""渐进过程的中断"(量转化

---

① 《马克思恩格斯文集(第9卷)》,人民出版社,2009年,第127页。
② 同上书,第454页。
③ 《列宁全集(第58卷)》,人民出版社,2017年,第318页。
④ 《列宁全集(第55卷)》,人民出版社,2017年,第190页。
⑤ 同上书,第305页。

为质和质转化为量)产生的"钥匙"。①

在恩格斯辩证法"三大规律"基础上,列宁将辩证法的核心和实质凝练为"对立面的同一",既把握了恩格斯对辩证法的理解阐释,又避免了将辩证法误解为"实例的总和",同时阐释了"三大规律"之间的内在联系,进一步丰富、发展了对马克思主义辩证法规律的论述阐释。

(五) 毛泽东对辩证法规律的论述

在马克思主义辩证法史上对辩证法规律展开论述阐释的,还有毛泽东。在《矛盾论》中,毛泽东坚持列宁的理解阐释,将"矛盾"视作辩证法的本质规律,并通过详细论述矛盾的普遍性和特殊性、主要的矛盾和矛盾的主要方面、矛盾诸方面的同一性和斗争性等对这一规律进行了创造性阐释。

在《矛盾论》的开篇,毛泽东就引用列宁的论述说道:"事物的矛盾法则,即对立统一的法则,是唯物辩证法的最根本的法则","列宁常称这个法则为辩证法的本质,又称之为辩证法的核心"。② 这里的"对立统一",其实就是列宁所说的"对立面的同一"。列宁说过:"对立面的同一……(虽然同一和统一这两个术语的差别在这里并不特别重要。在一定意义上二者都是正确的)"。③ 因此,毛泽东仍然在列宁阐释论述的基础上,理解辩证法、归纳辩证法规律。并且,毛泽东进一步展开了对"对立统一""矛盾"的各种具体方面规定的阐释。

(1) 矛盾的普遍性和特殊性。毛泽东指出矛盾的普遍性体现于:"矛盾存在于一切事物的发展过程中","每一事物的发展过程中存在着自始至终的矛盾运动"。④ 他在论述这个规定时,引用了大量恩格斯关于运动作为矛盾的论述,也引用了列宁评价马克思《资本论》从最简单但包含着现代社会一切矛盾的商品出发,叙述了整个资本主义社会生产方式产生发展过程。最后,毛泽东引用列宁的话将"矛盾"定义为"辩证法的……叙述(以及研究)方法";⑤矛盾的特殊性体现于:"各种物质运动形式中的矛盾,都带特殊性",⑥"每一个物质运动形式在其发展长途中的每一个过程"⑦的矛盾是特殊的。毛泽东指出,矛盾的特殊性要求我们解决问题时必须摒弃教条主义,忌带主观性、片面性和表面性,对于具体的事物必须作具体分析。坚持矛盾

---

① 《列宁全集(第55卷)》,人民出版社,2017年,第306页。
② 《毛泽东选集(第1卷)》,人民出版社,1991年,第299页。
③ 《列宁全集(第55卷)》,人民出版社,2017年,第306页。
④ 《毛泽东选集(第1卷)》,人民出版社,1991年,第305页。
⑤ 同上书,第305~308页。
⑥ 同上书,第308页。
⑦ 同上书,第310页。

的普遍性和特殊性的统一,才能坚持辩证法。

(2)主要的矛盾和矛盾的主要方面。主要矛盾指的是:"任何过程如果有多数矛盾存在的话,其中必定有一种是主要的,起着领导的、决定的作用,其他则处于次要和服从的地位";矛盾的主要方面指的是:"矛盾着的两方面中,必有一方面是主要的","事物的性质,主要地是由取得支配地位的矛盾的主要方面所规定的"。① 并且,毛泽东指出主要矛盾和非主要的矛盾、矛盾的主要方面和非主要方面是在一定条件下相互转化的,解决问题时必须注意抓主要矛盾和矛盾的主要方面,否则就不是坚持辩证唯物论。

(3)矛盾诸方面的同一性和斗争性。同一性表现在:"事物发展过程中的每一种矛盾的两个方面,各以和它对立着的方面为自己存在的前提,双方共处于一个统一体中";"矛盾着的双方以及一定的条件,各向着其相反的方面转化"。② 矛盾诸方面的同一性是有条件的、暂时的、相对的,而斗争性则是绝对的,"一切过程都有始有终,一切过程都转化为它们的对立物",这种矛盾的斗争性是无条件的、绝对的。③ 同样,毛泽东指出:"有条件的相对的同一性和无条件的绝对的斗争性相结合","相反相成",就是辩证法。④

与列宁相同,毛泽东同样将"矛盾"视为辩证法的本质。在此基础上,他对矛盾的普遍性和特殊性、主要矛盾和矛盾的主要方面、矛盾诸方面的同一性和斗争性等方面的论述,则是对马克思主义辩证法规律论述阐释做出的创造性发展。

可见,辩证法规律的阐释对理解马克思主义辩证法至关重要,恩格斯对辩证法"三大规律"的总结凝练建立于黑格尔、马克思论述辩证法规律的基础之上,又影响了后来的列宁、毛泽东对辩证法规律的论述阐释,对人们理解辩证法、培养辩证思维同样起到了至关重要的作用。

三、揭示马克思主义辩证法与自然科学研究之间的密切关系

马克思主义辩证法实质上是建立于实践基础上的一种辩证思维,马克思、恩格斯、列宁、毛泽东阐述辩证法规律,最终是为了使人具备辩证思维,可以更好地运用辩证思维研究解决问题。"自然辩证法"对马克思主义辩证法的第三个重要贡献就在于,恩格斯揭示了马克思主义辩证法与自然科学研究之间的密切关系,帮助人们通过研究自然科学的方式更好地培养辩证

---

① 《毛泽东选集(第1卷)》,人民出版社,1991年,第322页。
② 同上书,第327页。
③ 同上书,第332~333页。
④ 同上书,第333页。

思维。

马克思主义辩证法与自然科学研究有着密切关系,这并非恩格斯自己的论断,马克思同样重视自然科学研究对培养辩证思维的作用。为了更好地理解恩格斯的这一贡献,我们首先需要了解马克思在这一问题上的论述。

(一) 马克思对自然科学的研究

在前面的论述中,为了反驳批判者指责"自然辩证法"是恩格斯"自己的独创"或者"个人发明",以及分析恩格斯研究"自然辩证法"的真实目的,我们论述过马克思本人对自然科学研究非常重视。

在《反杜林论》第二版序言中,恩格斯曾说道:马克思和自己,"可以说是唯一把自觉的辩证法从德国唯心主义哲学中拯救出来并运用于唯物主义的自然观和历史观的人",但"要确立辩证的同时又是唯物主义的自然观,需要具备数学和自然科学的知识"。"马克思是精通数学的",对自然科学也作过"零星的、时停时续的、片断的研究"。①

恩格斯《在马克思墓前的讲话》中再次提道:"马克思在他所研究的每一个领域,甚至在数学领域,都有独到的发现","任何一个领域他都不是浅尝辄止","任何一门理论科学中的每一个新发现……都使马克思感到衷心喜悦","他曾经密切注视电学方面各种发现的进展情况",在其逝世前不久,"还密切注视马塞尔·德普勒的发现"。②

李卜克内西在回忆与马克思初相识时也曾说道:"不多一会儿我们便谈到自然科学","马克思异常兴奋地告诉我,几天前在瑞琴特街上展览出了一部牵引火车的电力机车的模型","在马克思谈到科学与力学的这种进步时,他的世界观,尤其是现在所谓的唯物史观,表现得如此清晰"。③ 在后来的交往中,他发现"马克思特别注意自然科学(包括物理学与化学)和历史学领域内的每一个新事物和每一个新成就。摩莱肖特、李比希、赫胥黎……这些名字常被我们这群人谈论着"。④

除此之外,马克思的手稿、书信也证明了他对自然科学研究的兴趣和重视。马克思留有专门研究数学——尤其是微积分——的《数学手稿》;在《马克思恩格斯全集》中文版中,也有多封与自然科学有关的信件。这些资料都表明马克思研究自然科学的时间跨度长、涉猎范围广、研究程度深。

---

① 《马克思恩格斯文集(第9卷)》,人民出版社,2009年,第13页。
② 《马克思恩格斯文集(第3卷)》,人民出版社,2009年,第601~602页。
③ 〔法〕保尔·拉法格、〔德〕威廉·李卜克内西:《忆马克思恩格斯》,杨启潾译,生活·读书·新知三联书店,1963年,第43页。
④ 同上书,第56~57页。

土耳其学者康加恩(Kaan Kangal)依据德国学者研究《马克思恩格斯全集(历史考证版第2版)》(MEGA2)的外文资料指出:"马克思很早就对自然科学感兴趣","马克思早在19世纪30年代末期和19世纪40年代前期对天文学和物理学就有兴趣"。① 在《马克思恩格斯全集》中文版中,最早与自然科学相关的信件写于1851年5月5日。在这封写给恩格斯的信中,马克思"附上一份关于在农业中应用电的文章的抄件"并咨询恩格斯。② 后来,在1851年5月16日写给恩格斯的信中,马克思解释了这份抄件来源于1845年4月26日和5月3日《经济学家》杂志第17期和18期发表的《引人注意的发现——电和农业》一文。③ 这同样证明马克思在19世纪40年代就已经关注电学,并对当时的最新研究成果予以摘录。

开始于19世纪40年代的自然科学研究,一直持续到1882年,即马克思逝世前不久。在1882年11月8日写给恩格斯的信中,马克思询问恩格斯对"慕尼黑电气展览会上展出的德普勒的实验"的看法,还提到自己想通过卡尔·龙格(Carl Runge)获得有关德普勒最新研究成果的著作。④ 其实,这里所说的就是恩格斯在墓前讲话中提到的马克思在逝世前不久还密切关注着德普勒有关电学方面的最新进展;在1882年11月11日写给恩格斯的信中,马克思还在关心着加特曼(Gattermann)有关电堆装置的最新发明;⑤ 在1882年11月27日写给恩格斯的信中,马克思还对恩格斯在电学研究中所获得的最新成就表示祝贺。⑥

马克思对自然科学的研究涉及学科门类众多。有关农业学的,如上所述1851年5月5日的信中,马克思提到了农业中应用电的文章;在1866年2月13日、2月20日写给恩格斯的信中,马克思提到了以李比希和申拜因为代表的德国"新农业化学";⑦有关生物学的,在1860年12月19日写给恩格斯的信、1861年1月16日写给费迪南·拉萨尔的信、1862年6月18日写给恩格斯的信中,马克思多次提及并评价体现达尔文进化论的《自然选择》一书;⑧有关物理学、天文学、化学的,在1864年8月17日写给莱昂·菲

---

① 〔土〕康加恩:《卡尔~马克思的自然科学札记——1990—2016德国MEGA2研究综述》,《现代哲学》2018年第3期。
② 参见《马克思恩格斯全集(第48卷)》,人民出版社,2007年,第260~262页。
③ 同上书,第273页。
④ 参见《马克思恩格斯全集(第35卷)》,人民出版社,1971年,第100页。
⑤ 同上书,第107页。
⑥ 同上书,第115页。
⑦ 参见《马克思恩格斯全集(第31卷)》,人民出版社,1972年,第181、185~186页。
⑧ 参见《马克思恩格斯全集(第30卷)》,人民出版社,1975年,第131、574、251~252页。

力浦斯的信、8月31日写给恩格斯的信中,马克思提及并评价格罗夫的《物理力的相互关系》一书。① 在1865年8月19日、8月22日写给恩格斯的信中,马克思提到了柯克伍德根据拉普拉斯行星学说发现了一种关于行星自转多样性的规律。② 在1867年6月22日写给恩格斯的信中,马克思提到了当时最新的化学分子理论。③

虽然马克思对自然科学的研究涉及门类众多,但他对每一门类的研究都绝非浅尝辄止,而是阅读大量相关著作,进行系统研究,在一些门类中他还有自己的独特见解。例如,数学。马克思的《数学手稿》主要研究微积分,马克思在研究前人思想基础上,运用辩证法观点,从质和量的辩证关系中来看待量的变化、消失,以比较简单的多项式函数的微分过程为例,运用具体的推导步骤说明微积分的合理性。在1881年8月18日写给马克思的信中,恩格斯称赞"这种求微分的方法其实比所有其它的方法要简单得多";④又如,天文学。马克思在向恩格斯介绍柯克伍德根据拉普拉斯行星学说发现有关行星自转多样性的规律时,能准确地指出问题的关键在于"用数学方法来确定每颗行星的引力范围";⑤再如,生物学。马克思在肯定达尔文进化论的积极意义之后,很快又发现其将自然界动物群体与人类社会等同的缺点。⑥ 并且,他指出特雷莫有关物种进化的思想比达尔文更加科学合理,因为后者"以地球发展的各个时期为基础",为物种进化提供了必然性。⑦

可见,从19世纪40年代到1882年逝世前不久,马克思一直广泛关注当时几乎所有的自然科学门类,并通过对这些门类代表人物思想著作进行系统研究,形成自己的独特见解。

(二) 马克思研究自然科学的目的

前面我们介绍过,马克思、恩格斯研究自然科学绝非局限于自然科学领域本身,而是始终借助自然科学研究为马克思主义服务。同样,在关注重视自然科学的过程中,一方面,马克思借助辩证法研究自然科学,另一方面,通过自然科学研究论证辩证法的科学性,也关注到自然科学与辩证法之间的密切关系。

马克思的《数学手稿》就是借助辩证法研究微积分的杰出成果。在《数

---

① 参见《马克思恩格斯全集(第30卷)》,人民出版社,1975年,第666~667、415页。
② 参见《马克思恩格斯全集(第31卷)》,人民出版社,1972年,第149、152页。
③ 同上书,第312页。
④ 《马克思恩格斯文集(第10卷)》,人民出版社,2009年,第465页。
⑤ 《马克思恩格斯全集(第31卷)》,人民出版社,1972年,第152页。
⑥ 《马克思恩格斯全集(第30卷)》,人民出版社,1975年,第251~252页。
⑦ 参见《马克思恩格斯全集(第31卷)》,人民出版社,1972年,第250页。

学手稿》中，马克思追溯了微分学的历史。微分学是由牛顿和莱布尼茨创立的，但创立之初微分学对大多数数学家来说是神秘的，人们认为："这种算法通过肯定是不正确的数学途径得出了正确的（尤其在几何应用上是惊人的）结果。"①因为，在同一个推导公式中，dx 在最初是被认为存在的，但在后来展开二项式时却"必须用魔术变掉"，dx 有时作为确定的值，有时又被变掉。

后来的数学家都致力于消除微分学的这种"神秘性"，马克思在研究了众多数学家有关微积分方面的书籍后指出必须用辩证法理解微分学。"理解微分运算时的全部困难（正象理解否定的否定本身时那样），恰恰在于"要看到微分运算过程，而不是只看到结果。dx 变为"零"或者"用魔法变掉"，只是微分过程运算的结果，并不是 dx 展现的关系消失了。② 马克思主张用"$\frac{dy}{dx}$"代替"$\frac{0}{0}$"："$\frac{dy}{dx}$"代表的就是 y 对 x 的函数关系所制约的关系。这样，甚至在 Δy 消失的时候，变量 x 的函数 y 对于变量 x 的依赖关系依然存在。这个 Δy 最终变为0，它的最终消失甚至仍然是变量 x 的增量即 Δx 消失的结果；一直到它们消失为零时，函数 y 对于变数 x 的依赖关系仍保留着。……在表达式"$\frac{0}{0}$"中，分子和分母之间，变量的函数和变量本身之间任何质的差异的痕迹都消失了。③

在1881年8月18日恩格斯写给马克思的信中，恩格斯谈到马克思求微分的这种方法时说道："为什么数学家们要那样顽固地坚持把它搞得神秘莫测。不过这是那些先生们的思想方法的片面性造成的。肯定地、直截了当地令 $\frac{dy}{dx} = \frac{0}{0}$，这是他们难以理解的。但是很明显，只有当量 x 和 y 的最后的痕迹消失，剩下的只是它们的变化过程的表示式而不带任何量时，$\frac{dy}{dx}$ 才能真正表示出在 x 和 y 上已经完成了的过程"，并评价道："这种求微分的方法其实比所有其它的方法要简单得多"。④ 在1882年11月21日恩格斯写给马克思的信中，恩格斯再次评价马克思的方法和数学家们的老方法的根本区别在于："把 x 变为 x'，也就是使之真正起变化，而其它人则是从 $x+h$ 出发，这终归是两个量的和，而不是表示一个量在变化"，因此，马克思的"x 纵

---

① 马克思：《数学手稿》，北京大学《数学手稿》编译组编译，人民出版社，1975年，第88页。
② 同上书，第2~3页。
③ 同上书，第14~15页。
④ 《马克思恩格斯文集（第10卷）》，人民出版社，2009年，第464~465页。

然通过 x' 再变回到原来的 x，毕竟和原先的已不是一回事""而如果先把 h 加到 x 上，然后再把它减去，x 是始终保持不变的"。① 可见，马克思一直在用辩证法解决当时的数学问题，而且借助辩证法成功地解释了微积分的科学性。

马克思对自然科学研究过程中也很重视用自然科学成果来论证辩证法的科学性。在1864年8月17日写给莱昂·菲力浦斯的信、8月31日写给恩格斯的信中，马克思评价了当时物理学家格罗夫的《物理力的相互关系》一书。他评价格罗夫"在英国（而且也在德国！）自然科学家中无疑是最有哲学思想的"。② 因为，格罗夫证明"机械运动的力、热、光、电、磁及化学性能，其实都不过是同一个力的不同表现，它们互相演化、替换、转化，等等"。③ 而当时其他的自然科学家则仍满足于"物理学形而上学的胡话"，用一些臆想词语诸如"潜热"解释"热"、电的"流质"解释"电"，等等。在马克思看来，格罗夫对同一力不同形式之间转化的论述，其实论证了辩证法在自然科学领域中现实存在。

在此之后的1865年3月29日，恩格斯写给弗·阿·朗格的信更证实了这一点。恩格斯说道："黑格尔的数学知识极为丰富，甚至他的任何一个学生都没有能力把他遗留下来的大量数学手稿整理出版。据我所知，对数学和哲学了解到足以胜任这一工作的唯一的人，就是马克思"，黑格尔"的真正的自然哲学是在《逻辑学》第二册即本质论中"，"现代自然科学关于自然力相互作用的学说（格罗夫——《力的相互关系》……）不过是用另一种说法表达了"，"是从正面证明了黑格尔所发挥的关于原因、结果、相互作用、力等等的思想"。④

从马克思对自然科学的研究及其研究自然科学的目的来看，马克思主义辩证法与自然科学研究有着密切关系。在此基础上，恩格斯更加系统地揭示了这种关系，促使人们重视自然科学研究、更好地培养辩证思维。

（三）恩格斯对辩证思维培养和自然科学研究关系的揭示

与马克思"零星的、时停时续的、片断的"自然科学研究不同，恩格斯对自然科学的研究及辩证思维培养和自然科学研究之间关系的揭示则更为集中系统。他多次表示："自然界是检验辩证法的试金石"，"现代自然科学为

---

① 《马克思恩格斯文集（第10卷）》，人民出版社，2009年，第488~489页。
② 《马克思恩格斯全集（第30卷）》，人民出版社，1975年，第415页。
③ 同上书，第666~667页。
④ 《马克思恩格斯全集（第31卷）》，人民出版社，1972年，第471~472页。

这种检验提供了极其丰富的、与日俱增的材料"。① 恩格斯的"自然辩证法"主要从以下两个方面来揭示辩证思维培养和自然科学研究之间的关系：一方面，自然科学成果论证了马克思主义辩证法的科学性和客观性；另一方面，研究自然科学发展史有助于人们培养辩证思维。

1. 自然科学成果论证马克思主义辩证法的科学性和客观性

在前面的论述中，我们已经论述了恩格斯借用自然科学最新成果，通过辩证法"三大规律"论证辩证法的科学性和客观性。除此之外，恩格斯还非常重视19世纪自然科学的三大发现，并以此论证马克思主义辩证法的科学性和客观性。

在恩格斯所处的19世纪，自然科学最大成就是三大发现：细胞、能量转化和进化论。在《路德维希·费尔巴哈和德国古典哲学的终结》和最终被收录到《自然辩证法》手稿的《〈费尔巴哈〉的删略部分》中，恩格斯介绍并评价了这三大发现。

首先，细胞是由施旺和施莱登发现的。"一切机体，除最低级的以外，都是从这种细胞的繁殖和分化中产生和成长起来的。"②恩格斯评价道：细胞的发现证明了"整个植物体和动物体都是从它的繁殖和分化中发育起来的"，"一切高等有机体都是按照一个共同规律发育和生长的"。③ 其次，能量转化是在罗伯特·迈尔、焦耳和柯尔丁的热的机械当量发现基础上提出的，"它向我们表明了一切首先在无机界中起作用的所谓力"，"都是普通运动的各种表现形式，这些运动形式按照一定的度量关系由一种转变为另一种"，"自然界中的一切运动都可以归结为一种形式向另一种形式不断转化的过程"。④ 恩格斯评价道：这一发现证明"自然界中一切运动的统一，现在已经不再是一个哲学的论断，而是一个自然科学的事实了"。⑤ 最后，进化论是达尔文提出的。这一发现说明了"一切多细胞的机体——植物和动物，包括人在内——"如何"从少数简单形态"发展成为"日益多样化和复杂化的形态"。⑥

恩格斯认为，能量转化的发现说明了无机界之间的联系，而细胞的发现和进化论的提出，则证实了有机界之间的联系。现在唯一的问题就是要说

---

① 《马克思恩格斯文集(第9卷)》，人民出版社，2009年，第25页。
② 同上书，第457页。
③ 《马克思恩格斯文集(第4卷)》，人民出版社，2009年，第300页。
④ 同上。
⑤ 《马克思恩格斯文集(第9卷)》，人民出版社，2009年，第457页。
⑥ 同上。

明有机生命如何从无机自然界产生。随着1828年维勒(F. Wöhler)第一次制造出尿素——这一由无机物制成的有机物——这一空白被彻底填补。①自此,"自然界本身中所存在的各个研究领域(力学、物理学、化学、生物学等等)之间的联系"②被证明,"我们现在不仅能够说明自然界中各个领域内的过程之间的联系,而且总的说来也能说明各个领域之间的联系了"。③

随着19世纪自然科学的飞速发展,自然界中的辩证思想不再是人们认为的主观想象,而为越来越多的自然科学成果所证实。因此,在1873年7月14日写给马克思的信中,恩格斯说道:如果黑格尔当时要写《自然哲学》,"那么各种事物会从四面八方向他飞来"。④

2. 研究自然科学有助于人们培养辩证思维

恩格斯借助自然科学成果论证辩证法的同时,更注重引导人们通过研究自然科学培养辩证思维。如前所述,马克思、恩格斯都肯定马克思主义辩证法批判继承于黑格尔辩证法,黑格尔辩证法又形成于德国古典哲学的辩证法传统之中,而德国古典哲学的辩证法传统却始于康德的自然科学研究。

恩格斯充分肯定康德自然哲学对辩证法的作用:"要精确地描绘宇宙、宇宙的发展和人类的发展,以及这种发展在人们头脑中的反映,就只有用辩证的方法""近代德国哲学一开始就是以这种精神进行活动的。康德一开始他的学术生涯,就把牛顿的稳定的太阳系和太阳系经过有名的第一推动后的永恒存在变成了历史的过程"。⑤

这指的其实就是康德于1755年出版的《自然通史和天体论》。在此之前,人们受形而上学思维方式支配将自然界理解为完全不变的:"这时的自然科学所达到的最高的普遍的思想,是关于自然界的安排的合目的性的思想","整个自然界被创造出来是为了证明造物主的智慧"。⑥并且,"太阳系的所有安排","就是为了保持现存的东西,保持其长久不变"。⑦

在《自然通史和天体论》中,康德首次向形而上学自然观发起挑战。他不认同以往牛顿借助"神的第一推动"解释整个自然体系,而用"天体演化假说"解释自然界。他指出,太阳系的形成,其开端是一个最简单的自然状态,即构成混沌星云的分散的物质。但这些最简单的微粒之间存在引力,这

---

① 参见《马克思恩格斯文集(第9卷)》,人民出版社,2009年,第458页。
② 同上书,第456页。
③ 《马克思恩格斯文集(第4卷)》,人民出版社,2009年,第300页。
④ 《马克思恩格斯文集(第10卷)》,人民出版社,2009年,第163页。
⑤ 《马克思恩格斯文集(第9卷)》,人民出版社,2009年,第26页。
⑥ 同上书,第413页。
⑦ 同上书,第414页。

些引力最强的地方就脱离了原来的混沌状态形成各种团块。由于存在与引力相反的斥力,就使向引力中心聚集的微粒及其垂直降落的运动变成了围绕着中心的圆周运动,这样就形成了一个自由的圆周运动。与此相似,比较复杂和广大的系统慢慢形成。最终整个太阳系形成。① 恩格斯评价康德的著作使"关于第一推动的问题被排除了;地球和整个太阳系表现为某种在时间的进程中生成的东西"。②

后来,受康德著作影响,拉普拉斯和赫歇尔形成了更为详细科学的"星云假说",整个现代辩证自然观慢慢形成。"保守的自然观"的"第一个突破口:康德和拉普拉斯","旧的目的论被抛弃了"。③ 更重要的是,康德的著作使原本发源于古希腊时期,在后来受到17和18世纪"形而上学"阻碍的辩证思维重新受到人们的重视。黑格尔也说道:"康德曾经把辩证法提得比较高,——而且这方面是他的功绩中最伟大的方面之一"。④ 结合黑格尔后面所说:"康德在纯粹理性的二律背反中所作的辩证法的表述……诚然值不得大加赞美",⑤可以知道他认可的恰恰也是康德最初自然科学对辩证法的贡献。

因此,恩格斯也重视自然科学研究对辩证思维培养。在《社会主义从空想到科学的发展》序言中,恩格斯说道:"这样的读者也会觉得奇怪,为什么在社会主义发展史的简述中提到康德-拉普拉斯的天体演化学,提到现代自然科学和达尔文,提到德国的古典哲学和黑格尔。但是,科学社会主义本质上就是德国的产物,而且也只能产生在古典哲学还生气勃勃地保存着自觉的辩证法传统的国家,即在德国。"⑥

恩格斯揭示自然科学研究和辩证思维培养之间的关系,指出要培养辩证思维必须研究自然科学历史,对后来的马克思主义者研究辩证法同样做出了重要贡献。列宁受其影响,在《哲学笔记》中也多次强调辩证法和自然科学的关系:在《黑格尔〈逻辑学〉一书摘要》中,他指出:"要继承黑格尔和马克思的事业,就应当辩证地探讨人类思想、科学和技术的历史";⑦在《黑格尔辩证法(逻辑学)纲要》中,他指出:"辩证法是思想史的概括。从各门

---

① 参见〔德〕康德:《宇宙发展史概论》,上海外国自然科学哲学著作编译组译,上海人民出版社,1972年,第65~66页。
② 《马克思恩格斯文集(第9卷)》,人民出版社,2009年,第414页。
③ 同上书,第407页。
④ 〔德〕黑格尔:《逻辑学》上卷,杨一之译,商务印书馆,1966年,第38页。
⑤ 同上书,第39页。
⑥ 《马克思恩格斯文集(第3卷)》,人民出版社,2009年,第495页。
⑦ 《列宁全集(第55卷)》,人民出版社,2017年,第122页。

科学的历史来更具体地更详尽地研究这点,会是一个极有裨益的任务";①在《谈谈辩证法问题》中,他强调:"辩证法内容的……正确性必须由科学史来检验"。②

可见,恩格斯深谙马克思辩证法的本意。基于马克思并未专门集中论述马克思主义辩证法的这一问题,他以"自然辩证法"为名对马克思主义辩证法进行了首次系统论述,为人们进一步研究马克思主义辩证法打下了坚实基础;为了使人们更好地理解、运用辩证法,恩格斯总结凝练辩证法"三大规律"、揭示马克思主义辩证法与自然科学研究之间的密切关系,同样为马克思主义辩证法研究做出了重大贡献。因此,恩格斯"自然辩证法"不仅不与马克思辩证法相冲突,不仅不应该被排除在马克思主义辩证法之外,反而应被视为马克思主义辩证法的重要组成部分,对马克思主义辩证法做出了重大贡献。

---

① 《列宁全集(第55卷)》,人民出版社,2017年,第289页。
② 同上书,第305页。

第六章 "自然辩证法"与恩格斯对马克思主义的独特贡献

我们前面从对恩格斯"自然辩证法"的批判观点切入,重新研究了"自然辩证法"。结果发现,"自然辩证法"作为最能体现恩格斯独特性的理论,并非批判者认为的是证明马克思、恩格斯思想"对立"的依据,反而处处体现着恩格斯对马克思主义的独特贡献。

"自然辩证法"所体现出的恩格斯自然观,注重从"自然史"、自然科学领域出发论证"自在自然"和"人化自然""自然史"和"人类史"的统一,既避免将马克思主义自然观唯心主义化,又为正确认识资本主义社会性生产力,避免周期性经济危机提供了帮助;"自然辩证法"所体现出的恩格斯辩证法,同样注重从自然科学领域论证马克思主义辩证法的科学性和客观性,既有利于人们摆脱形而上学思维方式,培养辩证思维、更好地理解并接受历史唯物主义及其结论,又为人们更好地理解、运用马克思主义辩证法,进一步推进马克思主义辩证法研究奠定了坚实基础。

其实,除了"自然辩证法",恩格斯在许多方面都对马克思主义做出了独特贡献。但长久以来,恩格斯的这些贡献都处于被严重低估、忽视的境地。这一状况是由多方面原因造成的。

在传统国际共产主义阵营中,马克思、恩格斯的思想关系通常被解读为"马恩一致论",但这是一种素朴的"完全一致论",即认为马克思、恩格斯的思想毫无差异。在这种解读模式中,恩格斯往往被视为"第二小提琴手",马克思的"从属""配角""第二位",恩格斯的思想也通常被视为马克思的思想的"注脚",人们认为没有必要单独研究恩格斯的贡献,恩格斯的贡献自然处于一种被低估、忽视的境地。

随着"西方马克思主义"和西方"马克思学"等思潮的兴起,马克思、恩格斯之间的思想关系作为一个专门的研究主题,即"马克思-恩格斯问题",逐渐兴盛起来。与传统国际共产主义阵营坚持"马恩一致论"不同,这些思潮往往强调"马恩对立论"。这种解读模式将马克思、恩格斯分别作为独立的个体来研究,但由于夸大二人之间的差异,提出"马恩对立论",制造出所谓"恩格斯篡改歪曲马克思思想""马克思反对恩格斯"等观点。"马恩对立论"将恩格斯的独特贡献视为"对立"的论据,将其排除出马克思主义之外,同样无法客观评价恩格斯的贡献。

然而,我们在"自然辩证法"问题上,从"马恩对立论"者的批判切入,重现研究恩格斯"自然辩证法",发现其对马克思主义辩证法的独特贡献这一研究思路,为超越素朴"马恩一致论",科学反驳"马恩对立论",客观评价恩格斯的独特贡献提供了可能。本章正是借助这一研究思路,去揭示恩格斯在更多方面对马克思主义的独特贡献。

一、"对立",还是"独特贡献"?

马克思主义由马克思、恩格斯共同创立,二人在马克思主义的产生发展过程中都有独特贡献,这本并不成问题。但随着"西方马克思主义"和西方"马克思学"等思潮的兴起,越来越多的"马恩对立论"者将这种"独特贡献"视作"对立"。

(一)"马恩对立论"者论证马克思、恩格斯思想"对立"的依据

在《"马克思-恩格斯问题"探本》中,周世兴将"马恩对立论"者论证马克思、恩格斯思想"对立"的论据进行了总结,并将其归纳为"自然辩证法问题""费尔巴哈问题""恩格斯阐释问题""恩格斯编辑修改问题"和"'哲学'与世界观问题"。[1]

"自然辩证法"是"马恩对立论"者的一个重要依据,这当然是由于其作为恩格斯独特的思想理论,无论研究领域、研究对象,还是研究方法都与马克思的思想理论有着显著不同。"马恩对立论"者认为"自然辩证法"所体现出来的恩格斯自然观和对辩证法的理解,都与马克思不同。其实,我们前面的介绍和反驳都是围绕这一问题展开的。

"费尔巴哈问题"指的是"马恩对立论"者认为马克思、恩格斯对费尔巴哈的态度是不同的:马克思对费尔巴哈的态度是批判的,在其思想发展的历程中,并未经历过所谓的费尔巴哈阶段;而恩格斯对费尔巴哈的态度则是始终肯定的,充满"对费尔巴哈的无条件的推崇和肯定,而丝毫看不出有何稍微的保留"。[2] 又由于费尔巴哈的思想属于旧唯物主义,马克思对其批判表明马克思的思想已经超越了旧唯物主义,而恩格斯对其肯定则表明恩格

---

[1] 周世兴:《"马克思-恩格斯问题"探本》,社会科学文献出版社,2017年,第17~19页。
[2] 何中华:《如何看待马克思和恩格斯的思想差别》,《现代哲学》2007年第3期。

斯的思想仍属于旧唯物主义。在前面的介绍和论述中,我们同样论证了马克思、恩格斯对费尔巴哈的评价其实是一致的,恩格斯并未停留于旧唯物主义思想水平思考问题。

"恩格斯阐释问题"指的是"马恩对立论"者认为恩格斯对马克思思想的阐释误解了马克思。"对恩格斯思想的评价在现代马克思主义的研究中起着重要作用……讨论得最多的问题是:恩格斯是否错误地(虽然不一定是有意地)把他自己那些不同于并且低劣于马克思的思想说成与马克思的思想完全一致,从而把不幸的重负加在马克思主义上面。对于这个问题……今天许多修正主义的和非马克思主义的解释者则作出了肯定地回答。"①

"恩格斯编辑修改问题"指的是"马恩对立论"者认为恩格斯在对马克思遗稿整理、编辑时,尤其在马克思逝世后对其《资本论》手稿的编辑工作中,篡改歪曲了马克思的思想。恩格斯在编辑《资本论》手稿时采取"释意,更改时间,重新编排,增添,删节,改述,变动结构和数学方面的改变"等种种手段,造成《资本论》本来意义"重点的转移"和"意义的变换"这两种变化。②

"'哲学'与世界观问题"指的是"马恩对立论"者认为恩格斯与马克思对哲学的理解是不同的。莱文指出:马克思、恩格斯"共同的地方多是在政治方面,在实际运用和策略方面。他们不一致的地方更带根本性。……他们的哲学观点是不同的。"③洛克曼也说道:"认为马克思和恩格斯持有相同观点的看法,如果是指政治而言是正确的,但如果是指哲学观点而言则是错误的",马克思的哲学理论是"由反实证主义所决定的",而"恩格斯会被描述为一位实证主义者"。④

在此基础上,其实还有一个"恩格斯经济资助问题"。因为,如果真如"马恩对立论"者所说,马克思、恩格斯的思想在如此多的方面有如此大的差异,那么为何马克思、恩格斯能坚持将近40年之久的合作呢?"马恩对立论"者对此的回答是马克思之所以长时间默许恩格斯与自己思想的不同,是

---

① 杨金海总主编、林进平主编:《马克思主义研究资料(第24卷)》,中央编译出版社,2014年,第298页。
② 参见诺曼·莱文:《辩证法的内部对话》,张翼星等译,云南人民出版社,1997年,第227~228页。
③ 杨金海总主编、林进平主编:《马克思主义研究资料(第24卷)》,中央编译出版社,2014年,第341页。
④〔法〕汤姆·洛克曼:《马克思主义之后的马克思——卡尔·马克思的哲学》,杨学功等译,东方出版社,2008年,第19~20页。

因为他及家人接受了恩格斯的经济资助。"要知道,马克思在情感上和经济上都依赖恩格斯。作为最忠实的战友,恩格斯在经济上始终资助马克思一家,以使马克思有可能从事私密性的理论研究。……正因为这种双重依赖关系,马克思才隐藏和压抑了自己与恩格斯的思想对立,以避免让深刻的思想对立毁灭他们之间的友谊。"①"也许考虑到他们持久的友谊,考虑到他们社会主义领导人的角色,以及恩格斯给他提供经济援助的益处,马克思保持了沉默并且对恩格斯的工作不加干涉。"②

(二) 对"马恩对立论"依据的简单反驳

在前面的研究中,我们的论述涉及了"自然辩证法问题"和"费尔巴哈问题",我们看到在这些问题上"马恩对立论"者的论据是经不起推敲的。在此,我们并不能一一展开论述详细反驳"马恩对立论"的种种依据,仅通过对"恩格斯经济资助问题"和"恩格斯编辑修改问题"的反驳来证明马克思、恩格斯思想并不存在本质区别。

1. 对"恩格斯经济资助问题"的反驳

"马恩对立论"的种种论据,初看起来,貌似细致合理,却忽略了马克思、恩格斯进行了长达将近40年的共同合作。在此期间,马克思、恩格斯事无巨细皆商议讨论,二人每本著作、每种思想皆为对方知晓了解,绝不可能出现"马恩对立论"者所说的"恩格斯篡改歪曲马克思思想""马克思反对恩格斯"等情况。"马恩对立论"对此提出的"恩格斯经济资助问题"这一理由其实也是站不住脚的,这完全不符合马克思的处事原则。

1844年8月,马克思、恩格斯在巴黎会面后开始合作。但在此之前马克思也曾与他人合作,他从未因为经济问题妥协过自己的原则。1843年3月,《莱茵报》被查封后,马克思急需找到稳定工作、维持生活,卢格邀请他来共同创办报刊,即后来的《德法年鉴》。此时,二人在批判青年黑格尔派"自由人"团体等问题上达成思想共识。

早在1842年11月30日,马克思就曾写信给卢格提到自己批判"自由人",并要求他们"少发些不着边际的空论,少唱些高调,少来些自我欣赏,多说些明确的意见,多注意一些具体的现实,多提供一些实际的知识"。③1842年12月4日,卢格回信表示自己完全赞同马克思的做法,并说道:"我

---

① 张亮:《从"西方马克思主义"到西方"马克思学"——诺曼·莱文教授访谈录》,《南京大学学报》2006年第6期。
② 特雷尔·卡弗:《马克思与恩格斯:学术思想关系》,姜海波等译,中国人民大学出版社,2008年,第119~120页。
③ 《马克思恩格斯全集(第47卷)》,人民出版社,2004年,第42页。

感到高兴的是,'自由人',或者更确切地说,这些轻浮的狂人,在您的身上——在我什么也没有向您说过的情况下——也找到了坚决否定他们那种轻浮举动的性格。"①正是这种没有事先谈论而达成的对"自由人"批判的思想共识,促使马克思与卢格合作创办了《德法年鉴》。

然而,这种共识没过多久就被打破,马克思和卢格对"共产主义"以及无产阶级革命的态度出现了分歧。卢格不能容忍共产主义并忽视当时工人起义的重要性。他在给自己的母亲写信时提道:共产主义者"希望通过把人变成手工业者、通过公平地重新分配公共财产从而消灭私有制的方式解放人"。他评价共产主义者为了使自身"在精神和物质方面"从苦难的重压下解放出来,而"把这种苦难普遍化,让所有的人都来承担这种重压"。② 而且,卢格认为当时的工人缺乏"政治精神",对西里西亚纺织工人起义持明确反对态度,表示任何工人起义在德国都不能成功。

马克思则从 1844 年开始就接受了"共产主义",并在《德法年鉴》发表的《〈黑格尔法哲学批判〉导言》中指出无产阶级在人类解放事业中的重要性,"德国人的解放就是人的解放。这个解放的头脑是哲学,它的心脏是无产阶级。"③1844 年 7 月,在《前进报》发表的《评'普鲁士人'的'普鲁士国王和社会改革'一文》中,马克思详细论述了自己和卢格思想的分歧。他指出,社会问题的解决不是依靠"政治精神",而是依靠现实革命。"具有政治精神的社会革命不是同义语就是废话","具有社会精神的政治革命却是合理的"。④ 马克思盛赞西里西亚纺织工人起义:"法国和英国的工人起义没有一次像西里西亚织工起义那样具有如此的理论性和自觉性",⑤"德国无产阶级是欧洲无产阶级的理论家"。⑥

《评"普鲁士人"的"普鲁士国王和社会改革"一文》的发表标志着马克思与卢格正式决裂,这种决裂的根本原因也在于思想的原则分歧。正如在1844 年 11 月 19 日致马克思的信中,恩格斯也说道:"我们和卢格之间存在着原则分歧","卢格不是共产主义者"。⑦

马克思与卢格由于对青年黑格尔派"自由人"批判达成思想共识而合

---

① 杨金海总主编、史清竹主编:《马克思主义研究资料(第 26 卷)》,中央编译出版社,2015年,第 351 页。
② 〔英〕戴维·麦克莱伦:《马克思传》,王珍译,中国人民大学出版社,2016 年,第 93 页。
③ 《马克思恩格斯文集(第 1 卷)》,人民出版社,2009 年,第 18 页。
④ 《马克思恩格斯全集(第 3 卷)》,人民出版社,2002 年,第 395 页。
⑤ 同上书,第 389~390 页。
⑥ 同上书,第 390 页。
⑦ 《马克思恩格斯文集(第 10 卷)》,人民出版社,2009 年,第 22 页。

作,最终由于对共产主义和无产阶级革命态度的原则分歧而决裂。这都表明马克思坚持和与自己思想原则一致的人合作,一旦出现任何一点思想分歧,他就会马上中止合作。马克思、恩格斯能坚持长达将近 40 年的共同合作,归根究底源于二人共同的思想原则。在 1860 年 11 月 22 日写给贝尔塔兰·瑟美列的信中,马克思所说的"恩格斯,您应当把他看作是我的第二个'我'",①是对"马恩对立论"最直接而有力的反驳。

另外,恩格斯对马克思的经济资助,也并非出于私心,而完全是国际共产主义者之间按"共产主义方式"彼此给予帮助的极其寻常的事情。1845 年 1 月,由于为《前进报》撰稿,马克思被法国政府驱逐。在 2 月 22 日~3 月 7 日致马克思的信中,恩格斯写道,一听到马克思"被驱逐出境的消息",就立即"按共产主义方式"为其募捐,并表示绝不能让反动政府用卑劣手段使其陷入经济困境。② 同样,虽然多数时候是马克思接受恩格斯的经济资助,但在恩格斯需要帮助的时候,马克思也会义无反顾地给予支持。

1848 年 9 月底,恩格斯因在科伦从事革命活动,被普鲁士当局威胁,被迫离开,之后辗转比利时、法国、瑞士等多地,于 1849 年 1 月中旬才返回德国。在此期间,恩格斯经济窘困写信向马克思求助,马克思接到书信后立即寄钱予以支持。1848 年 10 月 29 日或 30 日前后,马克思写信道:"因为你的信今晚才到,我已没有时间去询问期票的事。……现在我尽我手头所有给你寄去"。③ 11 月上半月马克思再次写信道:"明天我再寄一些给你","我的钱很紧"。④

1850 年欧洲资产阶级革命失败后,各国出现众多流亡者。此时的马克思、恩格斯仍"按共产主义方式",组织成立救济流亡者委员会,为流亡者募集捐款、提供住所食物。1850 年 4 月 9 日致约瑟夫·魏德迈的信中,马克思介绍了当时的状况:"要照管 60 名流亡者;预计还有几百个从瑞士被驱逐出境的人"。⑤ 1850 年 5 月 13 日致泰奥多尔·舒斯特的信中,恩格斯再次说道:"流亡者的人数每天都在增加""现在需要救济的流亡者,按其职业来说在这里几乎全是很少或者根本没有希望就业的"。⑥

---

① 《马克思恩格斯全集(第 30 卷)》,人民出版社,1975 年,第 569 页。
② 参见《马克思恩格斯全集(第 47 卷)》,人民出版社,2004 年,第 342~343 页。
③ 《马克思恩格斯全集(第 48 卷)》,人民出版社,2007 年,第 38 页。
④ 同上书,第 40 页。
⑤ 同上书,第 118 页。
⑥ 同上书,第 125~126 页。

可见，出于为了实现国际共产主义理想的"公心"，国际共产主义者之间舍弃"私利"、彼此帮助是极其寻常的事情。恩格斯对马克思及其家人长期经济资助也是出于这种"公心"的行为。恩格斯不会因为经济资助而妄图收买马克思；马克思也不需因为接受经济资助而"容忍"恩格斯。但由于"马恩对立论"者不熟悉，也不理解这种"公心"，只能按自己的方式将这种行为揣测为有目的的"阴谋"。

2. 对"恩格斯编辑修改问题"的反驳

恩格斯本人也承认对《资本论》第二、三卷手稿进行了加工。但需指出这种加工并非恩格斯为了歪曲篡改马克思思想，而是源于手稿的客观状况。1883年8月30日写给奥古斯特·倍倍尔的信中，恩格斯提到《资本论》第二卷"还很粗糙，全是草稿""引文没有条理，随便记在一起，仅仅是为了日后选用而搜集起来的"；①1884年1月28日写给彼得·拉甫罗维奇·拉甫罗夫的信，恩格斯再次提到第二卷第二、三册以后的部分"只有一些札记和一整本都是用方程式来表示剩余价值率同利润率关系的笔记"；②1885年6月3日写给弗里德里希·阿道夫·左尔格的信，恩格斯谈到《资本论》第三卷时说道，校订工作不太容易，因为这部分在"叙述形式"上写得很乱；③1889年7月4日写给尼古拉·弗兰策维奇·丹尼尔逊的信，恩格斯提到第三卷论银行和信用的部分，为了使读者看懂，"需要加很多解释性的注释"。④

可见，马克思留下的《资本论》第二、三卷部分在很大程度上还只是很粗糙的手稿。有的部分只是简单开头，需要恩格斯借助马克思不同手稿笔记中的材料来补充；有的部分明显有草稿性质，语言风格很随意，完全是作者头脑中最初的样子，需要恩格斯加工成符合正式出版物要求的样式。在这种客观状况下，恩格斯的加工完全是必要的。正如考茨基所说：最符合马克思思想的应该是"把马克思的全部手稿依据原样刊印出来"，但是这样"提供的将是一部根本没法读的书，也许只有几十位马克思研究者对此感兴趣"。⑤

更重要的是，马克思生前曾多次就《资本论》问题写信向恩格斯请教咨询。对于恩格斯所提供资料建议，马克思大多援引入《资本论》第一卷。在

---

① 《马克思恩格斯全集（第36卷）》，人民出版社，1975年，第57页。
② 同上书，第97页。
③ 同上书，第322页。
④ 《马克思恩格斯全集（第37卷）》，人民出版社，1971年，第236页。
⑤ 〔德〕考茨基：《〈资本论〉大众化序言》，《马克思恩格斯列宁斯大林研究》1996年第1期。

马克思创作《资本论》时,恩格斯为了给予其经济资助,经商数十年。也正是由于恩格斯的"商人"身份,马克思总是向其请教咨询资本主义相关问题。1851 年 3 月 31 日,马克思写信向其咨询"商人、工厂主"如何计算自己消耗部分利润的问题;①4 月 3 日,恩格斯回信详细地介绍了商人如何计算利润率。② 1858 年 3 月 2 日,马克思写信向其咨询工厂机器设备更新周期问题;③3 月 4 日恩格斯回信给予解答。④ 1865 年 11 月 20 日,马克思写信向恩格斯咨询纺织工工资、纺纱量,以及棉花和纱的价格问题,并将其提供的材料援引入《资本论》第一卷中。⑤ 1867 年 1 月 19 日,马克思写信向其咨询曼彻斯特的罢工问题。⑥ 1 月 29 日,恩格斯写信回复,其提供的资料同样被马克思援引入《资本论》第一卷中。⑦

也正是出于对恩格斯能力的认可,1866 年 7 月 7 日写给恩格斯的信,马克思明确表示希望在将来要出版的《资本论》第一卷上与其共同署名。"如果你能在我的主要著作(到目前为止,我只写了些小东西)中直接以合著者的身分出现,而不只是被引证者,这会使我多么高兴!"⑧基于此,马克思知道自己逝世后,恩格斯是唯一有资格整理《资本论》第二、三卷手稿的人,他临终前嘱咐小女儿艾琳娜转告恩格斯处理自己的全部文稿,特别是《资本论》和一些数学手稿。⑨

可见,恩格斯对《资本论》第二、三卷的编辑整理的确有一些修改,但这些修改出于使其成为能被普通读者阅读的目的。而且,通过《资本论》第一卷马克思对恩格斯建议的吸收采纳及其临终嘱托,可以证明恩格斯对第二、三卷的编辑整理绝不会篡改歪曲马克思思想。

(三)并非"对立",而是"独特贡献"

马克思、恩格斯合作将近 40 年,共同创立发展马克思主义哲学,完全基于二人共同的思想原则,二人的思想不可能有本质区别。"马恩对立论"者无视这一客观事实,提出的所谓种种论据并不合理。

但马克思、恩格斯作为独立个体,研究内容、论述方式有所差异,也属寻

---

① 《马克思恩格斯全集(第 48 卷)》,人民出版社,2007 年,第 236 页。
② 同上书,第 125~126 页。
③ 参见《马克思恩格斯全集(第 50 卷)》,人民出版社,2021 年,第 336 页。
④ 同上书,第 337~339 页。
⑤ 参见《马克思恩格斯全集(第 31 卷)》,人民出版社,1972 年,第 162 页、第 647 页注释 183。
⑥ 同上书,第 276 页。
⑦ 同上书,第 277~278 页、第 669 页注释 286。
⑧ 《马克思恩格斯文集(第 10 卷)》,人民出版社,2009 年,第 238 页。
⑨ 参见《马克思恩格斯全集(第 36 卷)》,人民出版社,1975 年,第 42 页。

常。我们从前面的论述可以看到：马克思侧重于从"人类史"、社会历史领域出发论证阐述马克思主义，而恩格斯则侧重于从"自然史"、从自然科学领域出发论证阐释。这与二人教育背景、走向马克思主义的经历、性格特长以及合作之后的理论分工等方面的不同有着密切关系。正如保尔·拉法格回忆时说道："他们两人的生活联系得如此紧密，简直是统一而不可分的。可是他们又都具有鲜明而突出的个性；……而且在性格、气质、思想和感情方面也都有所不同。"①

第一，马克思、恩格斯的教育背景以及走向马克思主义的经历不同。马克思在特利尔中学毕业后，先后进入伯恩大学、柏林大学学习法律学、哲学，接受了正规的大学教育。在柏林大学学习哲学期间，接触了作为当时激进思想的青年黑格尔派，成为其中一员。撰写博士论文，获得耶拿大学哲学博士学位之后。由于坚持的激进思想与普鲁士当局政府发生冲突，在毕业之后只能走向社会，为报刊撰写政治理论文章。在1842~1843年任《莱茵报》主编时期，他通过对出版自由的追求和对林木盗窃法的辩论、对黑格尔法哲学的批判和对唯心主义体系的批判、对国民经济学关于国家决定家庭和市民社会观点的批判，渐渐与黑格尔和费尔巴哈哲学思想决裂，为建立自己的新哲学观打下了思想基础。

恩格斯则在爱北斐特中学毕业前一年，迫于父命开始了自己的经商生涯。因此，作为中学肄业生的恩格斯并未接受过正规的大学教育。他的哲学基础来源于其1842年柏林服兵役期间在柏林大学哲学系的旁听，他的思想基础更多地来源于直接的社会实践和调查研究。尤其是恩格斯到达英国的曼彻斯特之后，通过观察调查英国社会的政治、经济、文化和工人阶级状况，开始重视英国的物质利益原则，慢慢抛弃以往德国的抽象原则，逐步与黑格尔和费尔巴哈哲学思想决裂，从而得出了与马克思相同的理论观点和共同的奋斗目标。

因此，二人教育背景、走向马克思主义的经历是完全不同的："马克思从书斋理论探索走向实际斗争，从哲学到政治学；恩格斯从社会实践走向理论研究，从经济学到政治学。……思想转变和所走过的道路，二人是有所不同的。"②

第二，马克思、恩格斯的性格特长不同。马克思受到了父亲的理性主义

---

① 中共中央马克思恩格斯列宁斯大林著作编译局编译：《回忆恩格斯》，人民出版社，2005年，第23页。
② 余其铨：《恩格斯哲学与现时代——评"新马克思主义"对恩格斯的责难》，广西师范大学出版社，1998年，第175页。

的影响,并且源于正规大学的哲学训练,性格刚毅、勤奋学习、善于思考,有极强的分析问题的理论思维能力,理论表述富于逻辑性和思辨性。"马克思理解事物的本质。他不仅看到事物的面目,而且看到事物的深处",①"马克思兼有一个天才思想家必须具有的两种品质。他能巧妙地把一种事物分解为它的各个组成部分,然后再综合起来,描述它的全部细节和各种不同的发展形式,发现它的内在联系"。②

恩格斯由于过早进入社会,性格刚强,善于学习,富于想象,对新鲜事物有着浓厚的情趣,擅长社交,理论表述比较务实通俗。"他用词严谨,文笔犀利","没有几个德国著作家能够写得象恩格斯那样准确,那样透彻,那样充实和那样通俗","他的文笔最为得体,这不是从形式来说的,而是从逻辑来说的。语言总是同事物是一致的。轻而易举地把问题分析得通俗易懂,用三言两语来解释和说明漫长的曲折的历史发展过程,从大量细节中找出一条引路线,剔除一切次要的东西,把注意力集中到最主要的问题上——这一切都是他的拿手戏"。③

因此,二人的性格特长是不同的:马克思"坚韧勤奋",具有不屈不挠地探索一切细节的精神和每个思想的顽强的无可辩驳的逻辑性;而恩格斯"有极高的判断力和清晰的头脑,积累了广博的知识,可以毫不费力地拿出令人信服的论据证明他的每一个论点"。④

第三,1844 年 8 月开始合作之后,马克思、恩格斯的理论分工不同。正如恩格斯在《论住宅问题》第二版序言中回忆当时的情形时所说:"由于马克思和我之间有分工,我的任务就是要在定期报刊上,因而特别是在同敌对见解的斗争中,发表我们的见解,以便让马克思有时间去写作他那部伟大的基本著作。因此,在大多数情况下,我都必须采用论战的形式,在反对其他种种观点的过程中,来叙述我们的观点。"⑤在 1865 年 7 月 31 日写给恩格斯的信中,马克思自己也承认当他意识到二人从事一个合作事业的时候,"我则把自己的时间用于这个事业的理论方面"。⑥

因此,二人的理论分工是不同的:马克思的毕生精力主要用于政治经济学的研究,用于完成《资本论》的写作。《资本论》的问世,又为整个马克

---

① 中央编译局编:《回忆马克思》,人民出版社,2005 年,第 194 页。
② 同上书,第 195 页。
③ 参见〔苏 德〕马列主义研究院合编:《恩格斯逝世之际》,斯人译,北京出版社,1985 年,第 70 页。
④ 同上。
⑤ 《马克思恩格斯文集(第 3 卷)》,人民出版社,2009 年,第 242 页。
⑥ 《马克思恩格斯全集(第 31 卷)》,人民出版社,1972 年,第 135 页。

思主义奠定了理论基础;为了马克思能够专心创作《资本论》,恩格斯承担了很多与反马克思主义思潮作斗争的工作。他的理论研究也呈现于自然科学、军事科学等多方面。

这些不同都决定了马克思、恩格斯思想存在差异。面对这些差异,不能像"马恩对立论"者一样作"有罪推论"。[①] 我们在前面通过分析研究"自然辩证法"问题,也发现了马克思、恩格斯之间的"差异",其实是实质一致基础上的"独特",体现了二人在马克思主义创立发展过程中的独特贡献。

二、恩格斯对马克思主义的独特贡献

马克思、恩格斯作为独立个体,其思想必然存在差异,这些差异其实体现着二人在马克思主义创立发展过程中所做出的独特贡献。"自然辩证法"体现着恩格斯在自然观和辩证法等方面对马克思主义做出的贡献,除此之外,恩格斯在许多其他方面也做出了这种贡献。在此,我们同样不能一一展开论述,仅仅从恩格斯在马克思主义创立发展过程中的多重身份出发,简单揭示这些贡献,以期引起人们对恩格斯所做出独特贡献的重视。

(一) 具有多重身份的恩格斯

恩格斯在马克思主义创立发展过程中的身份认同,是一个非常重要的问题。以往无论是坚持朴素"马恩一致论"的传统国际共产主义阵营,还是坚持"马恩对立论"的西方学者,在身份认同问题上往往仅将恩格斯视为马克思主义的解释者。但仅将恩格斯视为马克思主义的第一个解释者,就不可避免地将其视作马克思的"从属""配角""第二位",将其思想视作马克思思想的"注脚",就难免忽略恩格斯的贡献。同样,仅将恩格斯视作马克思主义的第一个解释者,不仅不能反驳"马恩对立论"、为恩格斯辩护,反而会陷入"马恩对立论"的圈套,毕竟作为解释者就不可能与被解释者没有任何差异。正如在《回到恩格斯:文本、理论和解读政治学》中胡大平所说:"把恩格斯作为马克思主义哲学的解释者,恰恰是在回应马克思恩格斯对立论中的倒退,它直接压抑了恩格斯创始人的地位。"[②]

事实上,恩格斯在马克思主义哲学创立发展过程中的身份是多重的,除

[①] 在《西方"马克思学"的差异分析方法及其当代反思——兼论马克思恩格斯关系论问题》一文中,赵立和张亮指出,西方学者之所以"善于发现差异",之所以善于夸大差异,就在于对恩格斯作"有罪推论",进而服务于其政治和学术的双重目的。参见赵立、张亮:《西方"马克思学"的差异分析方法及其当代反思——兼论马克思恩格斯关系论问题》,《南京社会科学》2022年第3期。

[②] 胡大平:《回到恩格斯——文本、理论和解读政治学》,江苏人民出版社,2011年,第48页。

了"解释者",还有其他身份。为了更好地理解恩格斯的贡献,我们首先介绍他的多重身份。

首先,恩格斯是马克思主义的创立者。与马克思一样,恩格斯是马克思主义的创始人之一。马克思、恩格斯从1844年8月在巴黎会面后开始创立马克思主义,但在此之前二人通过各自不同的方式达成了思想共识。在此需要注意的是,马克思和恩格斯分别通过不同的方式得出创立马克思主义的思想原则,而不是恩格斯受到马克思的影响才知道马克思主义的思想原则。对此,马克思非常明确地说道:恩格斯"从另一条道路(参看他的《英国工人阶级状况》)得出同我一样的结果"。① 在《关于共产主义者同盟的历史》中,恩格斯也明确指出:"当我1844年夏天在巴黎拜访马克思时,我们在一切理论领域中都显出意见完全一致,从此就开始了我们共同的工作。"②

其次,恩格斯是马克思主义哲学的发展者。1844年8月开始至1848年2月作为标志着马克思主义哲学正式问世的《共产党宣言》发表,马克思主义创立完成,其基本思想原则、思想理论也初步确立。之后,马克思、恩格斯又分别丰富发展了马克思主义的不同内容。马克思创作了《资本论》,详细揭示论证了资本主义社会的矛盾及其终结灭亡的历史趋势;而恩格斯的贡献则是创立了科学社会主义学说,研究自然科学领域辩证思想等。

再次,恩格斯是马克思主义哲学的解释者。这是人们通常对恩格斯身份的定位,即恩格斯是马克思主义的第一个解释者。但恩格斯之所以成为马克思主义哲学的第一个解释者,是由其经历专长决定的。恩格斯很早就迫于父命,离开学校到不来梅、曼彻斯特等地经商,靠自学哲学,业余时间观察思考,转向了对政治经济学和工人阶级的研究。他没有受过专门的、深刻的、系统的哲学训练,但善于学习、知识广博、精于观察、语言通俗。"恩格斯具有莱辛式的清晰头脑,撰写的东西也较马克思容易理解得多。这都是受他的性格的影响。同时也由于他所处的生活环境,把他这位工厂主的儿子推到了实际的活动中。"③"恩格斯的天赋在于他是一个文思敏捷和表述清晰的作家——一个最具有语言表达才能的普及者"。④ 这些经历与专长决定了恩格斯在马克思主义创立发展过程中担负起解释理论的任务。

---

① 《马克思恩格斯文集(第2卷)》,人民出版社,2009年,第592~593页。
② 《马克思恩格斯文集(第4卷)》,人民出版社,2009年,第232页。
③ 〔苏 德〕马列主义研究院合编:《恩格斯逝世之际》,斯人译,北京出版社,1985年,第165页。
④ 〔英〕戴维·麦克莱伦:《恩格斯传》,臧峰宇译,中国人民大学出版社,2017年,第104页。

最后,恩格斯是马克思主义的捍卫者。马克思主义自诞生之日起就受到了来自各方面的批判,为了维护马克思和马克思主义,恩格斯一直担负着与各种错误思潮作斗争、捍卫马克思主义的重任。恩格斯本人也说道:"我的任务就是要在定期报刊上,因而特别是在同敌对见解的斗争中,发表我们的见解,……因此,在大多数情况下,我都必须采用论战的形式,在反对其他种种观点的过程中,来叙述我们的观点。"①

(二) 恩格斯所作出的独特贡献

在整个马克思主义创立和发展过程中,身份多重的恩格斯对其做出了自己的独特贡献。

在马克思主义创立初期,恩格斯的贡献主要是促使马克思从哲学批判转向政治经济学批判。恩格斯早早就被父亲勒令退学开始经商。尤其是在英国曼彻斯特的岁月,使他非常清楚地认识到"经济事实"在社会发展中的作用。在《关于共产主义者同盟的历史》中,恩格斯回忆这段经历时说道:"我在曼彻斯特时异常清晰地观察到,迄今为止在历史著作中根本不起作用或者只起极小作用的经济事实,至少在现代世界中是一个决定性的历史力量"。② 在1843年9月或10月初至1844年1月中旬写作完成、发表于1844年2月《德法年鉴》的《国民经济学批判大纲》中,恩格斯更加清晰地"揭露了资本主义生产方式的矛盾",明确提出"只有消灭私有制、全面变革现存的社会关系,才能消除资本主义的弊端"。③

此时的马克思才刚刚经历了"莱茵报时期"的"物质利益问题",在费尔巴哈哲学的影响下,意识到了要通过革命实践、通过消灭私有制、对社会进行革命改造的方式才能实现人的解放。但具体到如何消灭私有制、如何对社会进行革命改造,他却没有具体的认识。也是在看到恩格斯的《国民经济学批判大纲》之后,马克思才认识到必须通过政治经济学批判的方式才能完成上述任务。因此,马克思将《国民经济学批判大纲》称作"天才大纲",而且指出自此著作发表后,自己才同恩格斯"不断通信交换意见"。④

因此,恩格斯在马克思主义创立之初就通过自身"独特道路"对其做出了"独特贡献"。对此,列昂节夫说道:"恩格斯极其审慎地谈到过自己在创立和制定新世界观方面的贡献。可是这个贡献是巨大的,对于马克思主义的牢不可破的堡垒,无论在根基或上层建筑方面,恩格斯都用他的劳动投入

---

① 《马克思恩格斯文集(第3卷)》,人民出版社,2009年,第242页。
② 《马克思恩格斯文集(第4卷)》,人民出版社,2009年,第250页。
③ 《马克思恩格斯文集(第1卷)》,人民出版社,2009年,《第一卷说明》第2页。
④ 《马克思恩格斯文集(第2卷)》,人民出版社,2009年,第592页。

了不少的巨石"。①

对标志着马克思主义正式问世的《共产党宣言》，恩格斯也做出了重要贡献。《共产党宣言》是以恩格斯的《共产主义信条草案》和《共产主义原理》为蓝本创作完成的。1847年6月，在共产主义者同盟第一次代表大会期间，恩格斯为同盟起草了第一个纲领稿本，即《共产主义信条草案》；1847年10月底~11月，恩格斯在此稿本基础上写出新的纲领草案《共产主义原理》；1847年11月，马克思、恩格斯在《共产主义原理》基础上写成了《共产党宣言》。

通过1847年11月23~24日恩格斯写给马克思的信可以知道，虽然《共产主义信条草案》和《共产主义原理》的"教条问答形式"不适合作为同盟纲领，但《共产党宣言》的主要内容"什么是共产主义"，"什么是无产阶级——它产生的历史，它和以前的劳动者的区别，无产阶级和资产阶级之间的对立的发展，危机，结论"，"共产主义的党的政策中应当公开的内容"等，②在前两个文本中都有所提及。所以，《共产党宣言》是在前两个文本基础上发展而来的。

马克思主义问世之后，恩格斯创立的科学社会主义学说也对其发展做出了重要贡献。③马克思在为恩格斯的著作《社会主义从空想到科学的发展》1880年法文版所写的前言中详细而系统地阐释了其创立科学社会主义学说的过程及价值。马克思说道："弗里德里希·恩格斯是当代社会主义最杰出的代表人物之一"，"所著《国民经济学批判大纲》表述了科学社会主义的某些一般原则"，④"为《前进报》撰写并讽刺地题为《欧根·杜林先生在科学中实现的变革》的最近的一组文章，是对欧根·杜林先生关于一般科学，特别是关于社会主义的所谓新理论的回答"，这部著作的"最重要的部分"摘录而成的《社会主义从空想到科学的发展》"可以说是科学社会主义的入门"。⑤

马克思逝世后，恩格斯更是推动了历史唯物主义的重大发展。在恩格斯晚年，将历史唯物主义误解为"经济决定论""历史自发论"的思想逐渐在社会中泛滥，为了纠正人们对历史唯物主义的曲解，恩格斯在和他人的书信

---

① 〔苏〕列昂节夫：《恩格斯在马克思主义政治经济学形成和发展方面的作用》，方钢等译，中国人民大学出版社，1982年，第46页。
② 参见《马克思恩格斯文集（第10卷）》，人民出版社，2009年，第55~56页。
③ 恩格斯"自然辩证法"研究在自然观和辩证法方面对马克思主义发展所做出的贡献，在此不再赘述。
④ 参见《马克思恩格斯文集（第3卷）》，人民出版社，2009年，第491页。
⑤ 同上书，第493页。

中抓住一切机会论述相关思想。在"晚年关于历史唯物主义的书信"中,恩格斯详细论述了经济基础之外的其他因素如何从经济基础上产生,并对经济基础产生反作用,以及这些因素之间的相互作用。恩格斯"晚年关于历史唯物主义的书信"在完整阐释历史唯物主义基础上,对历史唯物主义进行了丰富发展。

在马克思主义的创立发展过程中,恩格斯的解释也非常重要。恩格斯在《关于共产主义同盟的历史》中曾说:"我们决不想把新的科学成就写成厚厚的书,只向'学术'界吐露",而是要将其"深入政治运动中","同有组织的无产阶级"建立广泛联系。① 马克思本人同样重视人们对马克思主义的接受程度。在 1867 年 6 月 3 日写给恩格斯的信中,马克思询问《资本论》中"关于价值形态的阐述,有哪几点在附录中应当特别通俗化"而使人们更容易看懂;②在 1867 年 6 月 22 日写的信中,马克思针对恩格斯的建议写道:"我写了一篇附录,把这个问题尽可能简单地和尽可能教科书式地加以论述","把每一个阐述上的段落都变成章节等等,分别加上了小标题","在序言中告诉那些'不懂辩证法的'读者,要他们跳过 $x-y$ 页而去读附录"。③

恩格斯对马克思主义的解释也的确起到了让人们更好理解的目的。考茨基在《恩格斯的生平和著作》一文中就说道:"有人认为马克思的著作难懂,许多人读解释《资本论》的书而不读原著;恩格斯被看成是通俗叙述的能手,大多数有思想的无产者都愿意读他的文章。许多从事社会主义运动的人,都是从他的著作中获得知识并理解马克思和恩格斯的理论的","我们的大多数朋友,……满腔热情去攻读《资本论》,接着就会在价值理论上碰到困难,然后就弃而不读。如果他们先读恩格斯的小册子,认真学习探讨而后再去啃《资本论》,那效果就会完全不同了"。④

被马克思称为"科学社会主义的入门"、列宁评价为"概括社会主义发展史"⑤的《社会主义从空想到科学的发展》,也是恩格斯向人们阐释科学社会主义的代表性著作,"从 1883 年 3 月第一版问世以来已经印行了三版,总数达 1 万册",⑥"已经用 10 种文字流传开来了。……其他任何社会主义著作,甚至我们的 1848 年出版的《共产主义宣言》和马克思的《资本论》,也没有这

---

① 参见《马克思恩格斯文集(第 4 卷)》,人民出版社,2009 年,第 233 页。
② 参见《马克思恩格斯全集(第 31 卷)》,人民出版社,1972 年,第 306 页。
③ 《马克思恩格斯文集(第 10 卷)》,人民出版社,2009 年,第 263~264 页。
④ 中共中央马克思恩格斯列宁斯大林著作编译局编译:《回忆恩格斯》,人民出版社,2005 年,第 197 页。
⑤ 《列宁专题文集·论马克思主义》,人民出版社,2009 年,第 58 页注释①。
⑥ 《马克思恩格斯文集(第 3 卷)》,人民出版社,2009 年,第 497 页。

么多的译本"。① 这也用事实肯定了恩格斯对解释马克思主义做出的贡献。

除此之外,恩格斯面对错误思潮对马克思主义的攻击所作出的反驳批判,也对捍卫马克思主义也起到了重要作用。1875年,德国社会民主党内部实现了拉萨尔派和爱森纳赫派的合并。这次合并壮大了社会民主党规模的同时,也使各种机会主义分子混入党内。考茨基回忆社会民主党时说道:"社会民主党是冉冉升起的太阳,面向它的不只是无产阶级,还有一批有产阶级中的不得志者:不受资产阶级赏识而想从无产阶级那里找同情的天才、反对种牛痘的人、'自然'医学的拥护者、各种各样的文人和谢夫莱之流","他们想通过社会民主党发挥作用,但还想通过社会民主党取得资产阶级的承认。对他们来说,首要的是让社会民主党受到尊重,把它变成一个沙龙,失掉无产阶级的性质"。②

杜林作为这批"沙龙式"社会主义者代表,建构了一整套假社会主义理论及实践计划,公开向马克思主义展开全面的进攻。杜林的错误思想迅速在社会民主党中蔓延,在党内形成"杜林热",就连伯恩斯坦、倍倍尔等领导人都在党内宣传杜林的著作。伯恩斯坦盛赞杜林的《国民经济学和社会经济学教程》是马克思、恩格斯的《共产党宣言》以后对社会主义运动的基本思想和目的概括最好的著作,并且这一著作相比《共产党宣言》概括性的论述,更符合当前的运动现实;③倍倍尔也表示杜林在这一著作中的基本观点是出色的,是继马克思《资本论》之后属于经济学领域的优秀著作之列。④

面对杜林思想在社会民主党内的不良影响,党内另外一位领导人李卜克内西多次写信给马克思、恩格斯请求予以批判。在1875年10月15日写给恩格斯的信中,他介绍夸赞杜林著作的信件"不是独一无二的",并说道:"急需在《人民国家报》上刊登详细批判杜林的文章";⑤在1875年10月25日、11月1日、11月26日写给恩格斯的信中,他多次强调"必须尽快地提供批判文章"⑥,"别忘了收拾杜林,要狠狠地收拾他"⑦,"请别忘了清算杜林

---

① 《马克思恩格斯文集(第3卷)》,人民出版社,2009年,第500页。
② 〔德〕曼·克利姆编著:《恩格斯文献传记》,中央编译局译,湖南人民出版社,1986年,第459页。
③ 参见中共中央马克思恩格斯列宁斯大林著作编译局国际共运史研究室编译:《研究〈反杜林论〉参考史料》,生活·读书·新知三联书店,1980年,第2页。
④ 同上书,第41页。
⑤ 杨金海总主编、史青竹主编:《马克思主义研究资料(第26卷)》,中央编译出版社,2015年,第361页。
⑥ 同上书,第362页。
⑦ 同上书,第364页。

的哲学",①"收拾杜林的文章请不要让我久等"。②

  终于在1876年5月24日写给马克思的信中,恩格斯说道:"杜林对你进行了卑鄙的攻击";③1876年5月25日,马克思在回信中说道:"'我们对待这些先生的态度'只能通过对杜林的彻底批判表现出来。"④于是,1876年5月~1878年5月,恩格斯花费整整两年时间完成了《反杜林论》。

  《反杜林论》出版之后,其对捍卫马克思主义所起到的作用同样得到马克思的认可。在1877年4月11日致威·白拉克的信中,马克思说道:"真正有科学知识的人",都能够从恩格斯《反杜林论》的正面阐述中汲取许多东西。⑤ 在1878年10月3日致摩里茨·考夫曼的信中,马克思说道:"如果您还没有不久前出版的我的朋友恩格斯的著作《欧根·杜林先生在科学中实现的变革》,我也把它给您寄去,这本书对于正确理解德国社会主义是很重要的。"⑥

  马克思逝世后,德国讲坛社会主义者(国家社会主义者)宣扬马克思的剩余价值理论剽窃了约翰·卡尔·洛贝尔图斯(Johann Karl Rodbertus),针对此,恩格斯在《资本论》第二卷序言中展开了反驳。恩格斯指出,1859年前后,马克思对洛贝尔图斯的思想一无所知,而此时他自己的政治经济学批判"不仅在纲要上已经完成,而且在最重要的细节上也已经完成";⑦生产剩余价值其实早在几百年前就已出现,国民经济学家詹姆斯·斯图亚特(James Steuart)、亚当·斯密(Adam Smith)、李嘉图(David Ricardo)等都有所提及,但这些人都只知道剩余价值的存在,而在此止步不前。马克思却通过研究剩余价值,"第一次确定了什么样的劳动形成价值",建立了"第一个详尽无遗的货币理论","第一个详尽地阐述了剩余价值形成的实际过程","第一次指出了资本主义积累史的各个基本特征,并说明了资本主义积累的历史趋势"。⑧恩格斯对马克思剩余价值学说的辩护,对那些歪曲、诽谤和攻击马克思主义的人给予了充分的反驳,同时为马克思主义政治经济学思想提供了一个富有清晰逻辑、明晰学理的提纲挈领的阐述,坚决捍卫了马克思主义。

---

① 杨金海总主编、史青竹主编:《马克思主义研究资料(第26卷)》,中央编译出版社,2015年,第365页。
② 同上。
③ 《马克思恩格斯全集(第34卷)》,人民出版社,1972年,第13页。
④ 同上书,第15页。
⑤ 同上书,第242页。
⑥ 同上书,第322页。
⑦ 《马克思恩格斯文集(第6卷)》,人民出版社,2009年,第11页。
⑧ 同上书,第21~22页。

可见,恩格斯在马克思主义创立发展过程中的身份是多重的,在这多重身份中,恩格斯又在许多方面对马克思主义做出了众多贡献。"恩格斯对马克思主义的理论贡献是多维度的","既包括创立、发展的思想内容,也包括阐释、捍卫的思想内容","恩格斯既是马克思主义的创立者和发展者,同时也是最具理论修养、最具权威性的阐释者和捍卫者"。①

三、重视恩格斯的独特贡献

马克思、恩格斯作为马克思主义的共同创立人,有着长达40年的合作,二人思想不可能有着本质区别。但作为独立个体,由于教育背景、性格特长、理论分工等方面的不同,二人对马克思主义都做出了独特贡献。我们对恩格斯"自然辩证法"的重新研究及借此对恩格斯在众多方面贡献的揭示,正是期望改变低估、忽视恩格斯的贡献的境况。

(一)恩格斯的贡献被低估、忽视的原因

无论在西方学者那里,还是在国际共产主义阵营中,恩格斯的贡献都处于被低估、忽视的境地。造成这种境地的原因,最初源于恩格斯本人的论述。马克思逝世后,恩格斯曾多次谈到自己在马克思主义创立发展过程中只是从事"第二小提琴手"的工作。

1884年10月15日,抱病坚持进行《资本论》第二卷编辑工作的恩格斯写信给友人约翰·菲力浦·贝克尔,称其病不久将痊愈,但"不幸的倒是,自从我们失去了马克思之后,我必须代替他。我一生所做的是我注定要做的事,就是拉第二小提琴,而且我想我做得还不错"。恩格斯还说道:自己"代替马克思的地位去拉第一小提琴时,就不免要出漏洞",在他们之中"没有一个人像马克思那样高瞻远瞩,在应当迅速行动的时刻,他总是作出正确的决定,并立即切中要害"。② 在这里,恩格斯提到了人们通常评价其贡献的"第二小提琴手"的比喻。

在1886年发表的《路德维希·费尔巴哈和德国古典哲学的终结》中的一个脚注中,恩格斯在面对人们认为由于他参与马克思主义这一理论的制定而应将这一理论命名为"马克思恩格斯主义"的建议时,仍强调自己的工作只是从属工作。"我在这里不得不说几句话,把这个问题澄清。我不能否认,我和马克思共同工作40年,……但是,绝大部分基本指导思想(特别是在经济和历史领域内),尤其是对这些指导思想的最后的明确表述,都是属

---

① 周世兴:《"马克思-恩格斯问题"探本》,社会科学文献出版社,2017年,第139页。
② 《马克思恩格斯文集(第10卷)》,人民出版社,2009年,第524~525页。

于马克思的。我所提供的,马克思没有我也能够做到,至多有几个专门的领域除外。至于马克思所做到的,我却做不到。马克思比我们大家都站得高些,看得远些,观察得多些和快些。马克思是天才,我们至多是能手。没有马克思,我们的理论远不会是现在这个样子。"①

恩格斯曾多次表示马克思主义是马克思作为主导创立发展的。在《德国农民战争》1870年第2版序言中,恩格斯提到关于德国经济状况决定政治制度时说道:"这个唯一唯物主义的历史观不是由我,而是由马克思发现的"②。在《共产党宣言》1883年德文版序言中,恩格斯在概括了《共产党宣言》的"基本思想"后说道:"这个基本思想完全是属于马克思一个人的。"③在《共产党宣言》1888年英文版序言中,恩格斯同样表示:"虽然《宣言》是我们两人共同的作品,但我认为自己有责任指出,构成《宣言》核心的基本思想是属于马克思的。"④即便是自己的著作《反杜林论》,在1885年第2版序言中,恩格斯也指出:"本书所阐述的世界观,绝大部分是由马克思确立和阐发的,而只有极小的部分是属于我的,所以,我的这种阐述不可能在他不了解的情况下进行,这在我们相互之间是不言而喻的。"⑤

恩格斯也曾多次表示自己因为和马克思共同合作,才得到了过高的荣誉。在1890年11月26日写给弗里德里希·阿道夫·左尔格(Friedrich Adolph Sorge)的信中,恩格斯说道:"归根到底,我主要是靠了马克思才获得荣誉!"⑥在1893年7月14日写给弗兰茨·梅林的信中,恩格斯说道:"如果一个人能有幸和马克思这样的人一起工作40年之久,那么他在后者在世时通常是得不到他以为应当得到的承认的;后来,伟大的人物逝世了,那个平凡的人就很容易得到过高的评价——在我看来,现在我的处境正好是这样。"⑦

也正是由于恩格斯自己的表述,人们往往直接将其视为"第二小提琴手"、马克思的"从属"、马克思思想的"注脚",而极少去思考恩格斯在马克思主义哲学创立发展过程中的真实地位。

(二)合理评价恩格斯的贡献

其实,恩格斯作出上述论述完全源于他本人的谦逊品格。马克思的小

---

① 《马克思恩格斯文集(第4卷)》,人民出版社,2009年,第296~297页。
② 《马克思恩格斯文集(第2卷)》,人民出版社,2009年,第204页。
③ 同上书,第9页。
④ 同上书,第14页。
⑤ 《马克思恩格斯文集(第9卷)》,人民出版社,2009年,第11页。
⑥ 《马克思恩格斯全集(第37卷)》,人民出版社,1971年,第498页。
⑦ 《马克思恩格斯文集(第10卷)》,人民出版社,2009年,第657页。

女儿爱琳娜梅林曾说道:"说到马克思在世的时期,恩格斯曾经这样说:我'拉第二小提琴'","现在恩格斯已经担任乐队指挥,但是他还是那样谦逊、朴质"。① 梅林说道:"他知道,像卡尔·马克思那样的天才对于工人阶级的意义是多大,因此他能够谦逊。如果说许多第二流的人物由于妒忌而大肆攻击天才,结果弄得身败名裂,那么恩格斯……正因为丝毫没有一点妒意地站在他的旁边,而成为同等的导师。"② 维·阿德勒也曾说过:"恩格斯本人总是以只有最伟大的思想家才具有的谦虚态度说他的工作与自己的朋友的劳动相比是微不足道的。"③"他做的一切只有一个目标,就是让马克思充分发挥他的非凡的创造力。他只把自己看作是这位伟大思想家的助手,他富有谦让精神,一心想的是他们的共同事业,尽量贬低自己,甚至言过其实。"④

恩格斯对马克思主义的贡献明显高于其自身评价。我们在前面的论述中详细分析了恩格斯"自然辩证法"对马克思主义自然观和辩证法的贡献,也简单揭示了恩格斯作为创立者、发展者、解释者和捍卫者,在马克思主义创立发展过程中的贡献,这些都表明恩格斯绝不只是马克思的"从属"。梅林说道:"恩格斯从来也不仅只是马克思的解释者和助手——不论是在马克思生前或死后,始终一样——而是独立工作的合作者,虽然不能和马克思相等,但足以和他相比的。"⑤ 威廉·李卜克内西也说道:"他与马克思有所不同,但并不逊色于他。他们两人相互配合,相互补充,其中的一个与另一个完全相等。他们构成了历史上独一无二的强有力的合二为一的个人。"⑥

马克思生前也多次表示出对恩格斯及其贡献的高度评价。在1853年10月18日写给阿道夫·克路斯的信中,马克思说道:恩格斯是"唯一能指望提供实际帮助的人"。他盛赞恩格斯虽工作繁忙,却"是一部真正的百科全书","任何时候他都能够工作,写作和思索起来像鬼一样快","从他那里还是能指望得到一些东西的"。⑦ 在1864年7月4日写给恩格斯的信中,马克思更是直接说道:"你知道,首先,我对一切事物的理解是迟缓的,其次,我

---

① 中共中央马克思恩格斯列宁斯大林著作编译局编:《回忆恩格斯》,人民出版社,2005年,第43页。
② 〔德〕梅林:《保卫马克思主义》,吉洪译,人民出版社,1982年,第294页。
③ 〔苏 德〕马列主义研究院合编:《恩格斯逝世之际》,斯人译,北京出版社,1985年,第59页。
④ 同上书,第66页。
⑤ 〔德〕梅林:《保卫马克思主义》,吉洪译,人民出版社,1982年,第295页。
⑥ 〔苏 德〕马列主义研究院合编:《恩格斯逝世之际》,斯人译,北京出版社,1985年,第165页。
⑦ 参见《马克思恩格斯全集(第49卷)》,人民出版社,2016年,第483~484页。

总是踏着你的脚印走。"①保尔·拉法格在回忆时也证实了:"马克思不断称赞恩格斯博学、称赞他思想灵敏,能毫不费力地从一个题目转到另一个题目"。②

另外,低估、忽视恩格斯的贡献对整个马克思主义研究会产生严重后果。正如梅林所说:"恩格斯晚年常说,在他看来,他所享受的过分的尊重,只有当他将来不在人间的时候才能恰如其分",但事实却是"对他估计过低,而不是对他估计过高"。"卡尔·马克思的形象是庄严崇高的……但是,如果没有恩格斯和他一起提高,他也不能达到这种高度"。③ 安德森在《西方马克思主义的探讨》中也指出:"西方马克思主义……一般都反对恩格斯后来的著作。然而,一旦恩格斯的贡献被认为不值得一顾,马克思本身遗产的局限性就显得比以前更加明显"。④

其实,国外学者提出"马恩对立论"看似"褒马贬恩",实质针对的是整个马克思主义,质疑整个马克思主义的科学性。在1883年4月23日写给爱德华·伯恩斯坦的信中,恩格斯就提到从1844年8月二人合作以来,就开始有马克思、恩格斯思想不同的种种观点出现。例如,"凶恶的恩格斯诱骗善良的马克思"或者"阿利奥-马克思把奥尔穆兹德-恩格斯诱离正路"等。⑤ 这些观点的出现,其实就是为了制造马克思、恩格斯思想差异,借此指责批判整个马克思主义。针对此,恩格斯在1885年5月15日给海尔曼·施留特尔写信中谈到《新莱茵报》时期自己和马克思的文章时说道:"马克思在这一时期的文章,几乎不能同我的分开"。在此,恩格斯表述的是由于二人彼此有计划地作了分工,所以只有结合他们的文章共同来看,才能理解马克思主义完整的思想。⑥

马克思在谈到他和恩格斯的思想时,也多次强调其不可分割性。在1860年12月出版的《福格特先生》一书中,马克思明确指出自己和恩格斯"根据共同计划和事先取得的一致意见进行工作",恩格斯的《波河与莱茵河》是经他"赞同"发表的。⑦ 在1877年11月10日写给威廉·布洛斯的信

---

① 《马克思恩格斯全集(第30卷)》,人民出版社,1975年,第410页。
② 中共中央马克思恩格斯列宁斯大林著作编译局编:《回忆恩格斯》,人民出版社,2005年,第25页。
③ 同上书,第216~217页。
④ 〔英〕佩里·安德森:《西方马克思主义的探讨》,高铦等译,人民出版社,1981年,第78页。
⑤ 参见《马克思恩格斯全集(第36卷)》,人民出版社,1975年,第14页。
⑥ 同上书,第312页。
⑦ 参见《马克思恩格斯全集(第19卷)》,人民出版社,2006年,第178页。

中,马克思提到自己和德国社会主义工人党哥达代表大会上杜林派的分歧时,他一直强调"恩格斯也一样","我们两人","恩格斯和我"。① 在1879年9月19日写给弗里德里希·阿道夫·左尔格的信中,马克思更加详细地说明自己和恩格斯的这种一致性。当时由于身体原因,马克思委托恩格斯办理左尔格提出的"种种事情和委托"。他还提到面对莫斯特及其一伙,"我们'消极地'对待他们","我们同莫斯特的分歧","我们指责莫斯特",于是,"我和恩格斯将不得不发表一个'公开声明'"。作为"'和平'发展的拥护者",寄希望于"有教养的资产者","我们和他之间隔着一条很深的鸿沟"。针对此,恩格斯已草拟了通告信,"这封信直截了当地陈述了我们的意见"。②

马克思、恩格斯逝世之后的"西方马克思主义"和西方"马克思学"无视这些论述提出"马恩对立论",看似贬低恩格斯、抬高马克思,其实质仍是以"还原""补充"为名,将各种不同于马克思主义的思潮(存在主义、新托马斯主义等)补充进马克思主义,将马克思主义搞得面目全非。面对这些思潮,我们也必须像恩格斯晚年所说的那样,在坚持二人实质一致前提下,深入挖掘恩格斯对马克思主义的独特贡献,合理评价恩格斯在马克思主义创立发展过程中的作用。只有这样才能有力反驳"马恩对立论",捍卫马克思主义。

---

① 《马克思恩格斯文集(第10卷)》,人民出版社,2009年,第422~423页。
② 《马克思恩格斯全集(第34卷)》,人民出版社,1972年,第386~390页。

主要参考文献

著作

[1]《马克思恩格斯文集(第1—10卷)》,北京:人民出版社,2009。
[2]《马克思恩格斯全集(第1卷)》,北京:人民出版社,1956。
[3]《马克思恩格斯全集(第2卷)》,北京:人民出版社,1957。
[4]《马克思恩格斯全集(第22卷)》,北京:人民出版社,1965。
[5]《马克思恩格斯全集(第30卷)》,北京:人民出版社,1975。
[6]《马克思恩格斯全集(第31卷)》,北京:人民出版社,1972。
[7]《马克思恩格斯全集(第32卷)》,北京:人民出版社,1974。
[8]《马克思恩格斯全集(第33卷)》,北京:人民出版社,1973。
[9]《马克思恩格斯全集(第34卷)》,北京:人民出版社,1972。
[10]《马克思恩格斯全集(第35卷)》,北京:人民出版社,1971。
[11]《马克思恩格斯全集(第36卷)》,北京:人民出版社,1975。
[12]《马克思恩格斯全集(第37卷)》,北京:人民出版社,1971。
[13]《马克思恩格斯全集(第42卷)》,北京:人民出版社,1979。
[14]《马克思恩格斯全集(第3卷)》,北京:人民出版社,2002。
[15]《马克思恩格斯全集(第19卷)》,北京:人民出版社,2006。
[16]《马克思恩格斯全集(第47卷)》,北京:人民出版社,2004。
[17]《马克思恩格斯全集(第48卷)》,北京:人民出版社,2007。
[18]《马克思恩格斯全集(第49卷)》,北京:人民出版社,2016。
[19]《马克思恩格斯全集(第50卷)》,北京:人民出版社,2021。
[20]〔德〕马克思:《数学手稿》,北京大学《数学手稿》编译组编译,北京:人民出版社,1975。
[21]〔德〕恩格斯:《自然辩证法》,于光远等译,北京:人民出版社,1984。
[22]〔德〕恩格斯:《自然辩证法》,北京:人民出版社,2015。
[23]《列宁全集(第55卷)》,北京:人民出版社,2017。

[24]《列宁全集(第58卷)》,北京:人民出版社,2017。

[25]《列宁专题文集·论辩证唯物主义和历史唯物主义》,北京:人民出版社,2009。

[26]《列宁专题文集·论马克思主义》,北京:人民出版社,2009。

[27]《斯大林选集》(下),北京:人民出版社,1979。

[28]《毛泽东选集(第1卷)》,北京:人民出版社,1991。

[29]〔德〕康德:《宇宙发展史概论》,上海外国自然科学哲学著作编译组译,上海:上海人民出版社,1972。

[30]〔德〕黑格尔:《逻辑学》,杨一之译,北京:商务印书馆,1966。

[31]〔德〕黑格尔:《自然哲学》,梁志学等译,北京:商务印书馆,1986。

[32]〔德〕黑格尔:《小逻辑》,贺麟译,北京:商务印书馆,1980。

[33]〔德〕黑格尔:《哲学史讲演录(第一卷)》,贺麟等译,北京:商务印书馆,1959。

[34]〔德〕黑格尔:《历史哲学》,王造时译,上海:上海书店出版社,2006。

[35]〔德〕路德维希·费尔巴哈:《费尔巴哈哲学著作选集(上卷)》,荣震华等译,北京:生活·读书·新知三联书店,1959。

[36]〔德〕路德维希·费尔巴哈:《费尔巴哈哲学著作选集(下卷)》,荣震华等译,北京:生活·读书·新知三联书店,1962。

[37]〔德〕E.杜林:《哲学教程——严格科学的世界观和人生观》,郭官义等译,北京:商务印书馆,1991。

[38]〔德〕弗·梅林:《马克思传》,樊集译,北京:人民出版社,1965。

[39]〔德〕弗·梅林:《保卫马克思主义》,吉洪译,北京:人民出版社,1982。

[40]〔匈〕卢卡奇:《历史与阶级意识》,杜章智等译,北京:商务印书馆,1999。

[41]〔德〕卡尔·柯尔施:《马克思主义和哲学》,王南湜等译,重庆:重庆出版社,1989。

[42]〔法〕路易·阿尔都塞:《保卫马克思》,顾良译,北京:商务印书馆,2010。

[43]〔德〕海因里希·格姆科夫等:《恩格斯传》,易廷镇等译,北京:生活·读书·新知三联书店,1975。

[44]〔英〕戴维·麦克莱伦:《马克思传》,王珍译,北京:中国人民大学出版社,2016。

[45]〔英〕戴维·麦克莱伦:《恩格斯传》,臧峰宇译,北京:中国人民大学出版社,2017。

[46]〔苏 德〕马列主义研究院合编:《恩格斯逝世之际》,斯人译,北京:北京出版社,1985。

[47]〔法〕保尔·拉法格、〔德〕威廉·李卜克内西:《忆马克思恩格斯》,杨启潾译,北京:生活·读书·新知三联书店,1963。

[48]〔德〕曼·克利姆编著:《恩格斯文献传记》,中共中央马克思恩格斯列宁斯大林著作编译局编译,长沙:湖南人民出版社,1986。

[49]〔苏〕列昂节夫:《恩格斯在马克思主义政治经济学形成和发展方面的作用》,方钢等译,北京:中国人民大学出版社,1982。

[50]〔苏〕勃·凯德洛夫:《论恩格斯〈自然辩证法〉》,殷登祥等译,北京:生活·读书·新知三联书店,1980。

[51]〔苏〕B.M.凯德洛夫:《论辩证法的叙述方法——三个伟大的构想》,章云等译,北京:求实出版社,1988。

[52]〔苏〕柯普宁:《作为认识论和逻辑的辩证法》,彭漪涟、王天厚等译,上海:华东师范大学出版社,1984。

[53]〔英〕佩里·安德森:《西方马克思主义的探讨》,高铦等译,北京:人民出版社,1981。

[54]〔德〕A.施密特:《马克思的自然概念》,欧力同等译,北京:商务印书馆,1988。

[55]〔美〕悉尼·胡克:《对卡尔·马克思的理解》,徐崇温译,重庆:重庆出版社,1989。

[56]〔美〕诺曼·莱文:《辩证法内部对话》,张翼星等译,昆明:云南人民出版社,1997。

[57]〔美〕诺曼·莱文:《不同的路径:马克思主义与恩格斯主义中的黑格尔》,臧峰宇译,北京:北京师范大学出版社,2009。

[58]〔美〕特雷尔·卡弗:《马克思与恩格斯:学术思想关系》,姜海波等译,北京:中国人民大学出版社,2008。

[59]〔英〕戴维·麦克莱伦:《马克思以后的马克思主义》,李智译,北京:中国人民大学出版社,2008。

[60]〔法〕汤姆·洛克曼:《马克思主义之后的马克思——卡尔·马克思的哲学》,杨学功等译,北京:东方出版社,2008。

[61]〔美〕凯文·安德森:《列宁、黑格尔和西方马克思主义:一种批判性研究》,张传平译,南京:南京大学出版社,2012。

[62]〔比〕伊·普里戈金、〔法〕伊·斯唐热:《从混沌到有序——人与自然的新对话》,曾庆宏等译,上海:上海译文出版社,2005。

[63]中共中央马克思恩格斯列宁斯大林著作编译局编:《回忆恩格斯》,北京:人民出版社,2005。

[64] 中共中央马克思恩格斯列宁斯大林著作编译局国际共运史研究室编:《研究〈反杜林论〉参考史料》,北京:生活·读书·新知三联书店,1980。
[65] 艾思奇等主编:《辩证唯物主义 历史唯物主义》,北京,人民出版社,1978。
[66] 北京大学哲学系外国哲学史教研室编译:《西方哲学原著选读(下卷)》,北京:商务印书馆,1982。
[67] 孙正聿:《哲学通论》,北京:人民出版社,2010。
[68] 孙正聿等:《马克思主义基础理论研究》(上),北京:北京师范大学出版社,2011。
[69] 余其铨:《恩格斯哲学与现时代——评"新马克思主义"对恩格斯的责难》,桂林:广西师范大学出版社,1998。
[70] 周林东:《人化自然辩证法——对马克思的自然观的解读》,北京:人民出版社,2008。
[71] 胡大平:《回到恩格斯——文本、理论和解读政治学》,南京:江苏人民出版社,2011。
[72] 周世兴:《"马克思-恩格斯问题"探本》,北京:社会科学文献出版社,2017。
[73] 徐崇温:《怎样认识"西方马克思主义"》,重庆:重庆出版社,2012。
[74] 俞吾金:《被遮蔽的马克思》,北京:人民出版社,2012。
[75] 李秀林等主编:《辩证唯物主义和历史唯物主义原理》(第5版),北京:中国人民大学出版社,2004。
[76] 杨金海总主编、刘元琪主编:《马克思主义研究资料(第13卷)》,北京:中央编译出版社,2014。
[77] 杨金海总主编、林进平主编:《马克思主义研究资料(第24卷)》,北京:中央编译出版社,2014。
[78] 杨金海总主编、史清竹主编:《马克思主义研究资料(第26卷)》,北京:中央编译出版社,2015。
[79] 杨金海总主编、冯章主编:《马克思主义研究资料(第36卷)》,北京:中央编译出版社,2015。
[80] 殷叙彝编:《伯恩斯坦读本》,北京:中央编译出版社,2008。

论文

[1] 〔德〕考茨基:《〈资本论〉大众化序言》,《马克思恩格斯列宁斯大林研究》1996年第1期。

[2]〔美〕诺曼·莱文、张亮:《从"西方马克思主义"到西方"马克思学"》,《南京大学学报》2006年第6期。

[3]〔美〕约翰·斯坦利、恩斯特·齐默曼:《论马克思和恩格斯之间所谓的差异》,《马克思主义与现实》2009年第3期。

[4]〔土〕康加恩:《卡尔-马克思的自然科学札记——1990—2016德国MEGA2研究综述》,《现代哲学》2018年第3期。

[5]杨耕:《苏联马克思主义哲学模式:形成、特征和缺陷》,《学术月刊》2012年第7期。

[6]袁贵仁、杨耕:《马克思主义哲学教学体系的形成与演变》(上),《哲学研究》2011年第10期。

[7]俞吾金:《论两种不同的自然辩证法的概念——兼论康德哲学的一个理论贡献》,《哲学动态》2003年第3期。

[8]俞吾金:《自然辩证法,还是社会历史辩证法?》,《社会科学战线》2007年第4期。

[9]俞吾金:《论恩格斯与马克思哲学思想的差异——从〈终结〉和〈提纲〉的比较看》,《江苏社会科学》2003年第4期。

[10]孙正聿:《三组基本范畴与三种研究范式——当代中国马克思主义哲学研究的历史与逻辑》,《社会科学战线》2011年第3期。

[11]何中华:《恩格斯对"唯物—唯心"之争的态度——重读〈路德维希·费尔巴哈和德国古典哲学的终结〉》,《学习与探索》2009年第5期。

[12]何中华:《论马克思和恩格斯哲学思想的几点区别》,《东岳论丛》2004年第3期。

[13]何中华:《如何看待马克思和恩格斯的思想差别》,《现代哲学》2007年第3期。

[14]陈向义:《恩格斯〈费尔巴哈论〉的批判逻辑探析》,《教学与研究》2012年第6期。

[15]赵立、张亮:《西方"马克思学"的差异分析方法及其当代反思——兼论马克思恩格斯关系论问题》,《南京社会科学》2022年第3期。

后　　记

本书是国家社科基金后期资助项目《恩格斯"自然辩证法"研究》（19FZXB081）的最终成果，本书是在我的博士论文《辩证思维的自然科学论证——恩格斯的"自然辩证法"研究》的基础上修改而成的。

在本书出版之际，我要感谢我的导师孙正聿先生和师母李璐玮女士。在硕士和博士期间，我能够跟随老师学习，何其有幸！老师在学术上的造诣，有目共睹。每每聆听老师的教诲，我都深深为老师渊博的学识和严密的逻辑所折服。作为学生，我唯有"虽不能至，心向往之"。同时，老师豁达、乐观的性格，也使我在面对工作、生活中的困难时能够保持积极向上的态度。师母李璐玮女士温婉贤良，在生活上对我倍加关心爱护！愿老师、师母，身体健康！

感谢全国哲学社会科学工作办公室为本研究成果出版给予资助，感谢上海社会科学院出版社及责任编辑为本书出版所作的相关工作！

学术研究的道路艰辛而孤寂。谨以此书，激励自己在学术道路上继续砥砺前行！

赵江飞

2024 年 8 月